国家社科基金青年项目

"单位制度变迁与集体认同的重构研究"(项目号 12CSH077)

工业主义进程中的单位认同研究

——以东北 J 市 H 企业为例

张晓溪 刘清玉 著

On Danwei Identity in Process of Industrialization:

A Case Study of the Enterprise in City J

中国社会科学出版社

图书在版编目（CIP）数据

工业主义进程中的单位认同研究：以东北J市H企业为例/张晓溪，刘清玉著．—北京：中国社会科学出版社，2020.6
ISBN 978-7-5203-6530-7

Ⅰ.①工⋯ Ⅱ.①张⋯ ②刘⋯ Ⅲ.①国有企业—工业企业管理—人事管理—研究—东北地区 Ⅳ.①F427.3

中国版本图书馆CIP数据核字(2020)第086983号

出 版 人	赵剑英
责任编辑	刘晓红
责任校对	周晓东
责任印制	戴 宽
出 版	中国社会科学出版社
社 址	北京鼓楼西大街甲158号
邮 编	100720
网 址	http://www.csspw.cn
发 行 部	010-84083685
门 市 部	010-84029450
经 销	新华书店及其他书店
印刷装订	北京君升印刷有限公司
版 次	2020年6月第1版
印 次	2020年6月第1次印刷
开 本	710×1000 1/16
印 张	13.5
插 页	2
字 数	208千字
定 价	78.00元

凡购买中国社会科学出版社图书，如有质量问题请与本社营销中心联系调换
电话：010-84083683
版权所有 侵权必究

前　言

　　本书基于两个预设问题展开研究。其一，国有企业单位制改革的主流话语为一场"见制度不见人"的改革。制度变迁过程中传统与现代同时被反思、认同被唤醒。人类越现代、越文明，越需要思索人类存在的本原性问题即"社会的本性"能否诉诸当下焦虑的个体之上？它涉及制度与个体、群体与群体之间的关系问题。这需要解释学方法论上的转换：从社会转换到个体，从结构到行动，依次展开讨论。其二，一般认为，现代组织是一种人为的、非自然形成的共同体，具有较强的功利性特点。一些学者认为，运用主观理性与行动理性来解释组织中的认同问题更加有效。然而，单位制下的国有企业是处于制度与（工业主义）组织双重制度下的特殊存在形态。单位与单位人是合二为一的"自然归属"关系，它形构为一种结构化衍生模型，单位人身份也因此拥有一种"自然属性"；在改制剥离过程中，身份的瞬间转变，自然属性剥离，转化为制度之外的"无归属"主体，原有的结构化模型消解，无法单纯用理性选择来解释说明单位人的行动。因此，本书运用"制度授予"与"集体情感"相互交叠的分析路径，探究了工业主义进程中单位认同的情感化、制度松绑后的认同唤醒、认同分化等问题。

　　本书的切入点与主要内容。改革开放以来，国有企业单位制度的变迁，在企业组织结构等宏观领域，主要体现在产权、所有制结构的变革与治理结构的组织化重塑等方面；在微观领域，企业与个人之间多元互动关系凸显。本书选择东北地区一个大型国有企业为个案，以20世纪70年代末80年代初为起点，以"制度"与"个体"互构历程及样态为主要内容，展现单位认同的情感化、认同唤醒的制度场域与认同态势，探究国有企业单位制度的权威结构、权力重心、组织治理、社会关系等纵向变化问题，向学界展示工业主义主导下单位制变迁进程中个体的身份角色、行动建构、职业观念。揭示产权变革后的认同分化问题，阐明企业与员工之间的互动关系、集体认同的流变与重塑。

经过调查研究，本书提出，中国的工业主义能否超越公私界限构建新的集体认同？集体认同重构的根基与解决路径是什么？单位制度变迁这一现代性问题，能否发生与西方工业主义相似的影响与后果即工业主义的扩展必然导致集体观念的消逝、原子化观念的滋生？如果存在特殊性，具体表现是什么？本书主要围绕以下五个部分展开：一是单位身份与单位记忆：超稳定单位变革初的认同。二是躁动的个体与去单位化：流变单位的认同唤醒。三是工业人与新国有企业：趋稳单位的认同分化与情感疏离。四是单位观念与单位认同的历史转换：从制度授予、情感动员到精细管理。五是结语与探讨，梳理了认同语境中单位制度与工业主义之间的关系。

本书的研究方法与主要工作。根据调研对象及预设问题，借用民族志的深描、扎根理论的编码方法，建立了特定的核心概念与说明架构。借用民族志的深描，在单位人（包括非单位人）的认知、语言、行动及其社会结构中发现，单位人群体的行为符号及文化特征；运用主位解释方法，关注被研究对象对过程或事件的解释，强调从文化嵌入的角度分析、整理社会事实。本书所强调的深描不是对语言、认知的简单记录，而是语言与众多文化文本相互结合的构成体。描述从属于分析、情境从属于解释，理论高于材料。核心概念与架构是扎根理论的雏形，是课题展开研究的立足点。

本书的主要工作包括：第一，在研究主题上，以市场化改革、产权转变为前提对东北国有企业与工人之间的动态关系进行历时性跟踪与分析；承接研究主题，单位制度认同的情感化、认同唤醒、集体认同的转换与分化将成为进一步关切的问题。第二，以时间社会学为脉络，考察国有企业单位制度、产权模式、治理结构、企业内部权威结构（权力重心）的历史与现状，员工的"公""私"观念、"职业精神"与行动选择等问题。第三，具体研究路径上，主要通过对企业员工日常生活的观察及访谈，微观透视与宏观分析相结合逐层深入。注意避开调查研究的困境与"尴尬",使调查与分析具有一定的信度与效度。

　　经过调查研究得出的结论。工业制度不仅具有工业主义工序管理的数字化、精细化、开放的市场化等属性,也存在仪式聚集、集体合作的时间与价值的共享性、公众性等特征。单位制度在变迁革新过程中应吸纳精英引领的文化传统,工业主义的共享性、公众性等特征,超越狭隘的血缘伦理,开拓脱域性,以适应时间与空间的分离。改制后国有企业构建的平等主体间、契约式的集体认同,完全区别于依附式的、以情感淹没组织的单位认同。工业主义最重要的特点(亦为结果)是"工业人分为管理者和被管理者"。新型国有企业与作为制度结构的工业主义相结合,为预防或解决矛盾与冲突的发生,需要进行制度层面上持续的"反思性监控",以化解集体认同危机。货币制造了人类社会生活虚无的满足,工业主义为此推波助澜,个体常常背离终极价值。因此,需要唤醒并重塑职业精神、社会价值,使工业人与企业紧密互动,在个体价值的"自我实现"过程中塑造职业公共性、增进工业制度的集体认同,提升社会生活的共享性。

　　本书撰写分工如下,张晓溪主要承担前言、第一章(研究目标、方案设计、理论基础回顾部分)、第二章、第三章、第四章和结语部分;刘清玉负责第一章(包括案例原始资料与数据的收集整理以及问卷调查的撰写、方案实施等)、第五章以及访谈提纲的撰写。

目 录

第一章 研究目标、理论回顾与研究方案 …………………………… 1

    第一节 研究目标与研究价值 ……………………………………… 1

    第二节 单位制与认同唤醒相关研究回顾 ………………………… 2

    第三节 研究对象、研究方案及实施调查 ……………………… 15

第二章 单位身份与单位记忆：超稳定单位变革初的认同 ………… 23

    第一节 历史背景与社会场域（20世纪80—90年代前期） … 23

    第二节 变革初单位认同的情感化 ……………………………… 29

    第三节 变迁与思考 ……………………………………………… 52

第三章 躁动的个体与去单位化：流变单位的认同唤醒 …………… 55

    第一节 时空场域的变化（20世纪90年代中后期至
21世纪初） …………………………………………………… 55

    第二节 流变单位的认同唤醒 …………………………………… 60

    第三节 启迪与反思 ……………………………………………… 70

**第四章 工业人与新国有企业：趋稳单位的认同分化与
情感疏离** …………………………………………………… 73

    第一节 时空转换（2007年之后） ……………………………… 73

    第二节 趋稳单位的认同分化与情感疏离 ……………………… 76

    第三节 原因与影响 ……………………………………………… 91

第五章　单位观念与单位认同的历史转换：从制度授予、
　　　　情感动员到精细管理·· 109

　　第一节　从片面的假设说起·· 109
　　第二节　单位观念的制度授予··· 123
　　第三节　单位权威的情感动员··· 141
　　第四节　精细管理的型构与情感动员的摒弃······················ 154

第六章　结语与探讨·· 172

附　录··· 186

参考文献·· 202

第一章 研究目标、理论回顾与研究方案

第一节 研究目标与研究价值

一 研究目标

本书主要探究中国单位制度变迁进程中,国有企业产权转变、治理结构重塑的前提下单位认同主体身份的变化、认同唤醒及认同分化等问题。具体的预期目标为:对于国有企业而言,探明国有企业员工作为单位人向非单位人转换的历史场域、身份角色、行动选择及其产生的影响;揭示如何确定国有企业与员工之间的边界符号、如何确立单位制度的主体性、合法性与权威性;对于员工而言,探明其对单位认同情感化、认同唤醒的关注角度、认同样态与分化,考察员工如何认识自我的主体身份、价值及其行动,如何认识"制度变迁""集体认同"及"职业精神"等问题。通过透视国有企业与员工的互动状态及其之间的复杂关系,展示国有企业单位制度的发展历程、变革状态,揭示人(员工)与制度之间的互动关系,构建两者恰当融合之路。

二 研究价值

本书的研究既具有深刻的理论价值,又具有现实参考意义。理论价值表现在:单位制度在新中国成立以来,并非仅仅是"制度"调控的陷阱,也并非会在变迁的社会结构中迅速终结。承载现代性特征的市场

经济与智能技术并不能完全冲击中国的单位制度，正像学者李培林所说，即便产生了种种争论与制度认同问题，也并不会抛弃既有组织结构。实际上，围绕产权而产生的国有企业单位制度变迁这一议题，嵌入中国整体的社会结构之中，以国（公）—家（私）、单位—个体之间的复杂互动演绎着中国特有的社会关系。以国家—社会、制度—个体之间关系这一视域探析国有企业的单位制度以及"去单位化"了的企业组织，具有一定的理论价值，将此议题进一步探究其意义深远。其现实意义表现为：自改革开放以来，中国社会的整体结构都处于持续的变迁之中，相应的"改""变"也一直是环绕国有企业单位制度的主流话语。在大多情况下，"改"与"变"的承载主体呈现给公众的强势话语为"制度""体制"，而较少付诸"人"的意义之上。当国有企业单位制度经历了"新国有企业""去单位化"之后，个体与组织之间的联结、互动方式是否得到应有的关注？关注的层面有哪些？所谓"见制度不见人"的改革流程产生的社会问题有没有得到重视？重视了是否得到解决？对于单位制度与"去单位化"的企业员工来说，当同样面临货币化、市场化、契约化之时，"个体的人"在话语缺场的境遇下，如何认识制度变迁及其认同唤醒、认同分化问题？如何认识企业与个体之间公私符号边界？如何形塑变迁、趋稳中的制度结构的合法性、权威性？原有的单位认同与改革后的"集体认同"有何共性与不同？集体认同重构的路径是什么？无疑，上述问题的讨论与回答皆有利于企业组织的改革、发展与创新，也利于缓解社会矛盾，化解社会问题。

第二节 单位制与认同唤醒相关研究回顾

一 单位制相关研究的几个维度

单位制度的研究，自哈佛大学教授华尔德20世纪80年代发端以降，在学界引发一波又一波热议。实际上，真正将这一研究不断扩展开来的还是中国学者。其议论大体存在以下几个维度：

第一，以时间社会学的维度挖掘单位制度的起源、形成、变迁等问题，如路风、吕晓波、李路路、李汉林与田毅鹏等学者的著述。吕晓波谈到，在单位起源——"供给制"这一问题上，因战时共产党的军政单位的自力更生经济活动，存在一种"机关生产"或是"小公经济"，即鼓励军政单位从事经济活动的作用与意义，这实际上是独特的"小公"领域。它意味着在 1949 年以前，因其特定的经济和福利功能，单位可以从不同历史时期的其他实践与制度中找到其根源。正如裴宜理和叶文欣所表明的，单位的一个关键要素——工作场所（尤其是机关和其他非生产单位）的经济和福利功能乃是植根于延安时期的传统和制度中。他们提出，在未来的研究扩展中，还可以探讨小公经济是不是必要的和有益的，以及向上级隐瞒真实的收入和资产对于单位而言是否合理等问题。[①] 刘建军、渠敬东、翟学伟、李猛与周飞舟等学者潜入单位组织内部，对其中的日常社会关系及派系结构等问题展开了纵深探究。

在如何界定"单位制"这一点上，多数学者认同，单位组织内政治、经济与社会功能合一是单位制度的典型特征，并构成了一种"三位一体"式（生产上的期待、员工的期待、国家的期待）的结构上的均衡[②]。当然，仅仅从组织本身整体性、功能性这一角度进行分析还远不足以揭示单位组织在不同历史时空下的特定内涵。在此意义上，田毅鹏教授将"地方性"变量引入单位研究，基于对极具代表性的东北老工业基地的考察，提出"典型单位制"这一概念，揭示出单位制度具有历史性与动态性。他认为，"由于东北老工业基地特殊的历史背景和空间条件，使单位体制的诸要素在这里出现得最早，贯彻得最为彻底，持续时间最长，其内在机构更为单一，消解过程也非常缓慢，形成了一种别具特色的'典型单位制'。"[③]

第二，单位社会的组织存在形态与特征，一直为学者所热议。李路路等提出，新中国成立后政治经济体制经历了巨大变革，可人们的行为模式依然维持不变，单是政治结构和制度模式无法解释行为模式产生的原因。所以，"新传统主义"其实没有魏昂德（华尔德）强调的那么

[①] ［美］吕晓波：《小公经济：单位的革命起源》，载田毅鹏等《重回单位研究——中外单位研究回视与展望》，社会科学文献出版社 2015 年版，第 3—22 页。
[②] ［日］田中重好、徐向东：《"单位社会"起源之社会思想寻踪》，载田毅鹏等《重回单位研究——中外单位研究回视与展望》，社会科学文献出版社 2015 年版，第 23—37 页。
[③] 田毅鹏等《"单位社会"的终结》，社会科学文献出版社 2005 年版。

"新",只是从共产主义体制的制度结构中寻找解释,不能给出一个令人满意的回答。实际上,中国基层社会的权力结构,即国家深受传统中国社会的影响,而社会亦被国家所改造。国家和社会极具中国文化特性。① 加拿大学者比约克龙指出了中国城市单位的"社会—空间"特征,单位延续了"围墙分界"的传统原则来确定自身的空间地理、成员身份以及进出规范等。由于单位为职工提供住房,所以空间上工作场所、居住区域和服务部门彼此相邻或混在一起。此外,单位的组织制度存在上—下的层级结构。② 裴宜理从地缘身份认同的角度追踪了中观单位制的劳工来源及其影响问题,其真实意图在于指出,中国存在的依附性文化似乎并不能够有效地压制大众抗争。中国的地缘政治同样是一种抗争政治。③ 韩国学者丁夏荣认为,中国的单位组织存在一种特殊的"单位家族主义"文化,即家族和单位存在特定的"同构"关系。④ 此外,陈立行、林兵与腾飞分别探讨了非都市性城市化推进体系的机制问题⑤以及为本土文化所接受的支配意义上的复合式国有产权模式,并内在地附着了独特的关系网络。⑥

第三,以国有企业改制与新国有企业的建构为背景,对工人集体行动的动因、特征展开探究,如刘爱玉、佟新、唐军等学者的追踪。刘爱玉从四个城市、五个企业及工人的行动经验分析中得出结论,在制度变革过程中,国有企业工人选择以退出、服从、个人倾诉为主,其社会后果是无集体行动。而刘平、王汉生、张笑会等学者进一步研究了社会分

---

① 李路路等:《"新传统主义"及其后——"单位制"的视角与分析》,《吉林大学社会科学学报》2009 年第 6 期。
② [加拿大] 比约克龙(E. M. Bjorklund):《单位:中国城市工作地点的社会——空间特征》,载田毅鹏等《重回单位研究:中外单位研究回视与展望》,社会科学文献出版社 2015 年版,第 81—93 页。
③ [美] 裴宜理(Elizabeth J. Perry):《从原籍到工作场所:中国单位制的劳工来源及其影响》,载田毅鹏等《重回单位研究:中外单位研究回视与展望》,社会科学文献出版社 2015 年版,第 105 页。
④ [韩] 丁夏荣:《中国的组织文化——单位家族主义》,载田毅鹏等《重回单位研究:中外单位研究回视与展望》,社会科学文献出版社 2015 年版,第 129 页。
⑤ 田毅鹏等《重回单位研究:中外单位研究回视与展望》,社会科学文献出版社 2015 年版,第 132—144 页。
⑥ 林兵、腾飞:《单位制度及其偏好——经济社会学视域下的"传统单位制"国有企业研究》,《吉林大学社会科学学报》2012 年第 6 期。

化的集团性因素对中国社会结构的影响等问题。其特征之一为整体上的单位制解体之后，对体制内分化的解释应遵循传统体制的社会机制的分析逻辑；在两种社会分化机制大规模并存条件下，阶层一体化是不可能的。另一重要特征即为限制介入性大型国有企业经过被裁减和市场化洗礼以后，新国有企业条件下，由外部化控制到内部化控制，从国家资源的社会化占有到单位化占有，从对国家的依赖到对单位的依赖，劳动力市场的内部化和人才培养的地域化，以及低流动率，使限制介入性大型国有企业成为在体制内的分化中遗留下来的边界清晰的单位制孤岛。……作为单位制组织，浓缩了单位制的主要特征和变迁历程，成为解读中国城市社会结构变迁的重要视角。①

第四，田毅鹏等学者也展现了"复数单位人"终结后组织与个人之间的复杂关系。他们指出，从"单位人"向"工业人"转换，其结果是集体情结的碎片化、情感的疏离。田毅鹏教授指出，现有单位制研究基调不是从极权主义出发，就是将单位制度视为计划体制的附属物，多落在"转变"和"批判"之上，强调与旧体制告别的必然性及其过程，而忽略了转换进程中新旧体制间的密切的相互关联和复杂的继承关系。李猛、周飞舟、李康提出："尽管已经有学者对单位的历史沿革作了十分细致的分析，但对单位何以形成今天这种组织形式，尚缺乏系统的理论分析。在我们现在的研究中实际上是将单位作为静态的'理想型'来处理的，但单位的'长期动态学'是理解单位特征的一个不可或缺的方面。我们描述的单位特征也只有放在单位的长期发展中，才容易理解。"② 而真正立足于个案开展实证研究的成果却不多见，尤其对单位人向非单位人—工业人状态转变过程中集体认同、集体情结的变化少有关注。

此外，单位制度作为一个研究议题，跨越时空的研讨场景见诸华尔德（Andrew G. Walder）著述的《共产党社会的新传统主义：中国工业中的工作环境和权力结构》，美国学者李静君（Ching Kwan Lee），日本

---

① 刘平、王汉生、张笑会：《变动的单位制与体制内的分化——以限制介入性大型国有企业为例》，《社会学研究》2008年第3期。
② 李猛、周飞舟、李康：《单位：制度化组织的内部机制》，载中国社会科学院社会学研究所编《中国社会学》（第二卷），上海人民出版社2003年版，第135—167页。

学者小岛丽逸、荒木武司、小林弘二、桥爪大三郎等人的研究。

二　认同与认同唤醒相关理论

在西语中,"identity"即认同这一概念由 Foote 于 1951 年提出。一般认为,认同即为个体进行自我分类,以激发其按照组织的利益行事。它直接涉及"我是谁"或"我们是谁"、"我在哪里"或"我们在哪里"的反思性理解,兼本质、属性与特征的揭示。"identity"通常又被译成同一性、统一性或身份,它是对"某一事物与其他事物相区别的认可,其中包括其自身统一性中所具有的所有内部变化和多样性。这一事物被视为保持相同或具有同一性"[①]。社会认同论起源于 20 世纪 70 年代初期,是泰弗尔[②]与其同事以及其他热衷于此的学者在群际关系、社会变迁、认同和自我概念、群体凝聚力、社会影响与遵从、群体极化等众多方面展开的经验研究。社会认同研究路径建立在特定假设基础之上,这些假设涉及人类和社会的本质以及它们之间的相互关系。具体主张为:社会是由社会范畴(如民族国家、种族、阶级、性别、职业、宗教等)组成的,这些范畴在权力和地位关系上彼此相关。认同自身隐含着与相似、差别、分类、尊严、满足等问题相关,即在这些范畴的比较中社会认同获得价值与意义,它包含情感与行为两个层面。[③] 社会认同存在结构功能论、冲突论、社会心理学和符号互动论等视角。

对组织认同的关注与研究,于 20 世纪 80 年代前后在西方组织研究领域逐渐兴起,后又成为组织行为学的一个重要研究主题。组织认同概念由 March 和 Simon 于 1958 年在组织理论研究中以认同的因素为主要框架提出。赫伯特·西蒙(Simon)曾指出:"在过去两百年中,组织认同在现代组织的兴起过程中发挥了主要作用,并使他们在与传统市场机制的竞争中取得成功。我们对组织的研究一直没有对'认同'给予

[①] James M. Baldwin, *Dictionary of Philosophy and Psychology*, Volume 1, New York: The Macmillan Company, 1998, p. 504.

[②] John C. Turner, "Some Current Issues in Research on Social Identity and Self-categoriaztion Theories", In N. Ellemers, R. Spears & B. Doojse (Eds.), *Social Identity: Context Commitment, Content*, Oxford: Blackwell, 1999, pp. 6 – 34.

[③] 苏雪梅、葛建华:《组织认同理论研究述评与展望》,《南大商学评论》2007 年第 4 期。

足够的关注。"① 一般认为,组织认同是社会认同的一种特定形式,是经过自我分类的认知机制。学者王彦斌说,组织认同是最现实的社会认同形式。组织认同使认同的目标与对象增具了明确的实在性②,达到了广泛性与确定性的某种契合。吸纳西方组织认同理论营养元素,对中国有企业业进行本土化实证探究,如李汉林、王彦斌、孙健敏、葛建华、姜铠丰等学者开展的讨论,让人耳目一新。其中王彦斌对中国组织认同问题的研究延伸广泛,如组织认同理论、组织认同的测量与模型验证,转型中的组织与组织认同等。其涉猎的对象范围包括企业组织、政府组织、事业单位组织等。王彦斌的相关研究总体表现为领域广阔、探究纵深、自成一体。

集体认同一般与民族国家等问题相连,更强调相似性与凝聚力等特征。"我们是谁?"同意、参与的权利能否得到展现?企业组织中到底需要一种什么样的集体认同?哈贝马斯认为,随着传统社会向后传统社会的转型,集体认同也不能再依赖于那些非反思的授予性特征(如文化传统),它必须通过参与程序由社会成员集体地决定:"个人不再从传统的、非反思的集体认同中获得构建个人认同的源泉;相反,他们共同参与文化与集体意志的形成过程,在这个过程中,集体认同需要他们共同的塑造。""个人认同的解中心化和集体认同的解中心化是两个相互补充的过程……因不加批判而得来的传统文化与规范对于已经启蒙了的个体不再具有说服力,因而,只有那种经过主体间交往并体现了个体的自主性的集体认同形式才会在现代社会取得合法性。"③ 如果只谈组织不涉集体,那么人们很容易陷入"工业人"的无意义感。

如果进一步延伸迪尔凯姆的观点,集体认同应来源于集体意识的存在状况。作为一般社会成员共同的信仰和情感的总和,集体意识不同于个人意识,它按照自己的规律而演变,而不仅仅是个人意识的表现或结果。这种集体意识的外延和力量依社会的不同而大小有异。在"机械

---

① [美]赫伯特·西蒙:《今日世界中的公共管理:组织与市场》,杨雪冬译,《经济社会体制比较》2001年第5期。
② 王彦斌:《中国组织认同》,社会科学文献出版社2012年版,第74页。
③ 马珂:《哈贝马斯集体认同理论的发展及其对中国的意义》,《学术探索》2007年第10期。

团结"占主导地位的社会里，集体意识驾驭着大部分个人。在古代社会，隶属于共同情感的个人几乎相近或相似；在分工日益明显的社会里，分工的发展（导致有机团结的出现）并没有消灭共同的集体意识；它只是降低了"集体意识"在日常生活微小调节中的重要性。这为个人的主动性和社会的异质性留出了余地，但这并不一定导致人们逐渐完全与基于道德一致的社会联系相脱离，这是非常关键的。集体意识提供了支持契约关系的非契约性道德的基础。[①] 其实，韦伯也间接地涉及集体认同问题，只不过将其置于工业主义的理性化、科层制度等框架之中，讨论的是理性化与科层制之下的组织、集体如何形塑个体的集体认同问题。将单位制度置于工业主义、民族国家等现代性论域下展开检视，探究集体认同重构的复杂性，如学者田毅鹏、陈华的论析。陈华从社会管理的组织创新角度梳理了集体认同的变迁与重构问题[②]，使单位制的认同问题研究更加充实。

尽管如此，笔者认为，此议题仍存在未触及的研究空间。第一，西方的组织认同理论并不能有效地解释极具本土化特征的中国单位制度问题。尤其是当用其解释东北老工业基地的单位制认同问题会面临种种尴尬。第二，在近年来的单位研究中，学术界一般都是将"单位制度"作为一种普遍的制度和体制纳入研究视野的。虽然有些研究者已经注意到单位制度不同类别的存在，开始探讨单位级别和单位类型对单位制度的影响，但却没有注意将"单位制度"置于不同时间和空间地域文化背景下探讨其具体的多元意义的变异，其结果是在泛泛议论中扼杀了"单位研究"的生机和活力。第三，对于中国单位制度的起源、变迁、特点、功能、弊端、消解等议题的研究已趋系统化。其间，却似乎为一种"传统—现代"两分的思维所限，往往强调变迁的直线过程，而忽略了单位制"转型"过程的复杂性和长期性，尤其单位制度的认同唤醒及由单位制转型而产生的其他组织、集体认同的分化、集体情感的变迁等问题还没有引起学界足够的重视。近几年，虽然有学者在企业的组

---

① 谢立中主编：《西方社会学名著提要》，江西人民出版社2007年版，第17页。
② 陈华：《集体认同的变迁与重构：社会管理创新的组织研究》，《学术界》2011年第10期。

织认同议题上发表了一系列观点独到的文章，但他们都没有就单位制度及其转型进行考察与论述，没有就特定区域的特定问题展开历时性考察。例如以产权变革为背景的国有企业（公）与工人（私）之间复杂的变动关系，以及由身份向契约转变后工人对所有制及其产权、企业制度、企业权威结构的认同等问题皆成为盲区。当深入研究与思考后就会发现，认同领域仍存在未被关注的问题。比如，很多学者认为，新中国成立不久后形成的计划经济体制，造就了高度集中的劳动就业和工资分配体制，因此也形成了以"制度性依附"为基础的工厂秩序。它稳定、有序，获得工人的高度认同。① "它（中国）的政府有不同寻常的组织能力，并且能将其政治意志贯彻到最基层，实现其雄心勃勃的发展计划。"② 此时，单位认同占据了中国城市生活的全部，成员以全面依赖对单位组织高度认同。在"个体—单位—中国"重合的情境中，单位"几乎构成了一种强制性的组织认同"。③ 这种高度认同让我们思考，它究竟是怎样产生的？"认同"这一话语何时成为单位人的关切重心、又是怎样进入学者视域的？在没有差异与比较、个体与组织制度充分互动的条件下，这种"单位"的认同问题是不是还需要进一步追问？认同问题作为一种认知，它存在一个休眠、觉醒、觉知的过程，换言之，认同是在制度与个体相互交往的进程中被逐步唤醒的。现在我们需要做的是，将认同从描述转向解释，从结论转向反省——对原有的认同研究进行一种翻转，以此探究认同是如何唤醒的。

虽然西语"identity"即认同，在一系列范畴的比较中获得其价值与意义。④ 但是，认同唤醒并不一定带有认同结构的全面确定性，相反它与对社会制度、场域变迁的反思、认知密不可分。当个体与组织制度

---

① 宓小雄：《构建新的认同：市场转型期国有企业的劳动控制》，社会科学文献出版社2007年版，第178页。

② 魏昂德等著，涂肇庆、林益民主编：《改革开放与中国社会》，载《西方社会学文献述评》，牛津大学出版社1999年版，第19页。

③ 王伟、武中哲、成锡军：《国内学术界关于"单位制"的研究综述》，《发展论坛》2001年第3期。闵学勤：《社区认同的缺失与仿企业化建构》，《南京社会科学》2008年第9期。喻琰：《单位制传统下的当代企业组织认同研究》，《企业天地》2011年第8期。

④ 苏雪梅、葛建华：《组织认同理论研究述评与展望》，《南大商学评论》2007年第4期。

互动时，需要对制度结构、社会场域变化的分析与比较，在差异、不同与比较之中产生的认同多维性使认同唤醒具有更多的社会性与意义。

认同是如何唤醒的？吉登斯援引本体性安全和生存性焦虑这一理论视域，阐明在现代性的场景中自我认同是如何唤醒的。吉登斯提出："由于现代制度的导入所引起的日常社会生活的嬗变，从而与个体生活进而也与自我以一种直接的方式交织在一起。"然而，自我的多重性——主我、客我与宾我在分离与分化过程中产生的非我提供了自我呈现的潜在空间。自我认同假定了反思性觉知的存在，就是在"自我意识"这个术语的意义上，个体具有能动的非意识。"人类能动者的可知性，并不局限于对其行动条件的话语意识。能够继续下去的诸多因素是在实践意识的层面上完成的，并被容纳到日常活动的连续性中。实践意识和行动的反思性监控融合在一起，但它是'非意识的'（non-conscious），而不是'无意识的'（unconscious）。"吉登斯坚持，个人认同与特定情境紧密相关，并在特定的情境下催生出来。即"个人的认同不是在行为之中发现的，也不是在他人的反应之中发现的，而是在保持特定的叙事进程之中被开拓出来的。"这种相关性实为现代性的反思，"现代性的反思性已延伸到自我的核心地位。或者说，在后传统秩序的场景中，自我成为反思性投射。个体生活中的变换总是需要心理重组，它在传统文化中常常以过渡的仪式（rites de passage）被仪式化"①。

哈贝马斯试图进行反省式建构，将集体认同用来分析传统社会向现代社会变迁过程中呈现的交往互动形式。他提出，随着传统社会向后传统社会的转型，集体认同也不能再依赖于那些非反思的授予性特征（如文化传统），它必须通过参与程序由社会成员集体决定："个人不再从传统的、非反思的集体认同中获得构建个人认同的源泉；相反，他们共同参与文化与集体意志的形成过程，在这个过程中，集体认同需要他们共同的塑造。……个人认同的解中心化和集体认同的解中心化是两个相互补充的过程。……因不加批判而得来的传统文化与规范对于已经启蒙了的个体不再具有说服力，因而，只有那种经过主体间交往并体现了

---

① 吉登斯：《现代性与自我认同：现代晚期的自我与社会》，赵旭东、方文译，生活·读书·新知三联书店1998年版，第1、39、60、35页。

个体的自主性的集体认同形式才会在现代社会取得合法性。"① 集体认同并不必然表现为单一主体、单向度的行为特征，在哈贝马斯看来，在个人与集体意识相互渗透过程中，传统的集体认同需要唤醒，需要在参与行为中体现双向互动的合理性与合法性。因此，集体认同的唤醒在个人认同的解中心化和集体认同的解中心化这两个相互补充的过程中建构并生成。

与前两位理论家相比，卡斯特直言不讳地指出，合法化认同的根源正在面临枯竭。"公民社会的制度与组织……已经变成了空壳，在许多社会中越发不能关联上人们的劳动与价值。……认同的分解，相当于作为一个有意义的社会系统的社会之分解，正是我们历史时期的情境。这并未意味着新的认同必须浮现，新的社会运动必须重建社会，以及新的制度朝着'歌颂明天'之重建。……然而，强有力的抵制认同（resistance identities）浮现出来，拒绝被全球流动与激进的个人主义所冲走。虽然这种抵制认同并不限于传统价值，但是，仍然会期待变成计划认同（project-identity）的浮现，能有潜力重构一种新的公民社会。"② 在卡斯特看来，本来作为社会制度基础的劳动与价值一旦被忽略，那么社会系统的内在联结就会出现危机，由此认同必然遭遇解组；同时，虽然认同的分解并不一定带来制度的变迁与重建，然而，一种全新的"计划认同"及其形构的新的公民社会依然是最后期待的结果。显然，卡斯特的思维世界里，认同的现状并非是其关键，重心其实在于认同的合法性根基坚固与否，这是公民社会得以存在的基础。

认同唤醒不仅源于承诺型认同（identity commitment），更源于冲突型认同（identity militancy），这是心理学这一研究领域给予的启示。晚近几年，心理学领域中的认同研究使学科交错与互动的社会意义凸显。据 Ibrahim A. Kira 等学者考察，当集体认同创伤感不断被感召、评议之时，冲突型认同便会不断增强，认同知觉不断唤醒。任何对于集体认同创伤感、生存创伤感的正面评价都会预示着冲突型认同而不是承诺型认

---

① 马珂：《哈贝马斯集体认同理论的发展及其对中国的意义》，《学术探索》2007 年第 5 期。

② 曼纽尔·卡斯特：《认同的力量》，夏铸九等译，社会科学文献出版社 2003 年版，第 410、413 页。

同这一结果。① 对于认同唤醒来说，冲突型认同会引发难以控制的社会后果，比如直接袭击等。

与国外学者相呼应，国内学者虽然大多没有直接探讨认同唤醒，但却在现代性及其后果上试图揭示认同所嵌套的结构与情境。梳理了国外认同理论之后，周晓虹教授的评议为，"社会"是个体置身于其中的群体关系背景。在这个背景下，个体对群体的认同被放在解释个体行为的核心位置上。② 通过学者姚德薇对认同多学科流变的追踪，可间接得出结论：社会学意义上的认同大多是在"现代性"这一维度上言说的，认同是在"现代性"——社会变迁与社会价值感、相似性、社会凝聚力这一意义上唤醒的。因为现代性出现了"问题"，如社会公共道德的褪色，恒久价值的晦暗以及消费社会政治自由的丧失，由此导致个体与群体的认同浮现"危机"③。学者詹小美、王仕民提出，因全球化扩张对民族国家内部排斥机制的结构性侵袭以及社会转型的影响，承载文化认同的政治认同正在面临现实式微危机④。无独有偶，学者金太军、姚虎也透视到，在"流动的现代性"的时代背景下，民族国家所面临的结构性难题是，"怎样获得国家认同"已置换为"国家认同何以可能"的问题⑤。由此，国家认同正在被外部的全球化时代、内部的社会转型重新唤醒。与上述结构情境分析相较，学者郭台辉突出了"公民身份"这一认同的个体化属性。他援引卡斯特的三种认同类型——合法化建构的、拒斥性的和重新规划的认同，将公民身份与认同统合起来，进行内外分形的结构分析⑥，揭示了民族国家整合路径下认同唤醒的复杂性和持续性。总之，无论是宏观、微观的考虑，还是虚、实层面的解释，认同唤醒都与"危机"存在不解之缘，这是人类社会正面临的焦点问题。

---

① Ibrahim A. Kira, Abdul Wahhab Nasser Alawneh, Sharifa Aboumediane, "Identity Salience and Its Dynamics in Palestinians Adolescents", *Psychology* 2011, Vol. 2, No. 8, p. 781.
② 周晓虹：《认同理论：社会学与心理学的分析路径》，《社会科学》2008 年第 4 期。
③ 姚德薇：《论社会认同研究的多学科流变及其启示》，《学术界》2010 年第 8 期。
④ 詹小美、王仕民：《文化认同视域下的政治认同》，《中国社会科学》2013 年第 9 期。
⑤ 金太军、姚虎：《国家认同：全球化视野下的结构性分析》，《中国社会科学》2014 年第 6 期。
⑥ 郭台辉：《公民身份认同：一个新研究领域的形成理路》，《社会》2013 年第 5 期。

三 总结与启示

上述相关研究可获得诸多启示。将认同与现代性融合起来考察，现代性从传统秩序的解组过程中诞生，并将秩序的反思性与个体的反思性认同（如开始寻求自我，自我安全、社会信任等）置于同一情境之下，传统与现代同时被反思、认同被唤醒。这种认同唤醒不仅能在承诺型认同体系之中觉察，而且在冲突型认同中也容易让人觉知。总体上看，这种认同危机表现为价值感的失落与社会凝聚力的低迷，认同的唤醒同样随着"变动"而产生。如社会分化、社会解组、社会结构的变迁、社会风险的叠加。因此，这种认同唤醒基于人类社会本性，即"社会学"探求的"人类何以能够共同生活"这一根本问题而引发。人类越是现代、越是文明，越是需要思索人类存在的本原性问题——"社会的本性"能否诉诸当下焦虑的个体之上，诉诸个体主观意义的理解性之上？假如可能，原有的思考路径需要进行一种翻转，即解释学方法论的转换：从社会转换到个体，由结构到行动，由此推演，认同的唤醒是不是在个体存在的意义上[①]追问与探索才是真实有效的？

实际上，不容置疑的一点是，认同唤醒表述的是，认同嵌入的结构、场域的状态与进程问题。也就是说，关于认同，我们不能仅仅就认同观察认同，而首先应该在环绕认同周围的场域与结构体系下考察，才能真切明了。作为中国单位制的场域背景，即新中国成立前后单位形式的萌发、新中国成立之初的国有化进程以及计划体制逐渐转轨为市场体制下的持续改革等，作为特定的历史场域与根源，考察认同何以发生会更加合理、更加充分。因为，单位制度的形成过程即为国家经济、政治等组织制度自上而下形成、发展的历程，所以，单位制的认同问题，可能在国家发展上升时期（此时单位制度与个体之间高度整合）不是非常凸显，可是一旦国家处于变迁、变革阶段即彰显出来，从而作为一个"问题"而显现或者被反思。本书提出，正是在单位制度的起源、变迁等"变动"阶段出现了认同危机问题，才让我们觉知认同是一个历时

---

① 这种意义表现为个体对所处的制度场域及相互关系、行动特征的理解与阐释，如正文中配合访谈及之后的评述，即为质性研究方法中的解释学范式。

性、非时间节点问题。而这一认同危机实际应概括为认同唤醒——认同这样一个逻辑展现出来，并因之发出社会行动、产生社会影响与后果。由此，可以这样说，首先是认同唤醒在制度结构、社会场域当中（即变迁阶段）展现出来的，而后才能出现认同的诸多现状。如果借助社会学家特纳在《人类情感：社会学的理论》中有关社会结构水平的分析，那么单位制的认同唤醒嵌入的社会结构情境可表述为这样一种模式（见图1-1）。如将其再次延伸，问题即一目了然。特纳的情感唤醒跟交易需要、社会结构与文化三个层面紧密相关，如果从主体与结构互动的角度来观察，认同唤醒在两个层面上展开：一是个体在单位组织内存在状态的流变；二是制度变迁。这里的问题是，两者的关系是在怎样一个社会情境下互动的？这种认同唤醒在制度给付与生存状态之间是怎样激发的？这即为单位制认同研究中所要思考的问题。如图1-1所示，即为本书探讨的认同唤醒嵌入的社会结构。

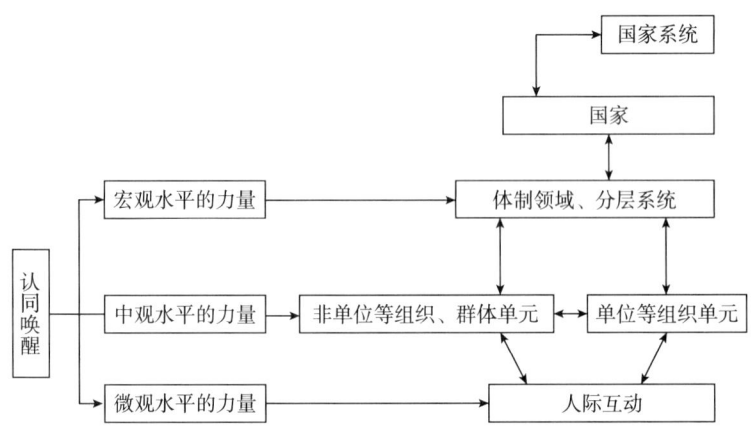

图1-1 认同唤醒嵌入的社会结构①

基于上述，本书需要立足于J市H企业认同唤醒的前后变化，基于纯粹的单位身份与单位记忆时期单位认同的情感化—认同唤醒—认同

---

① 国家与国家系统实质为不同场合的不同称谓，国家系统包括体制领域、分层系统、社团单元、范畴单元等中观层面。图1-1根据乔纳森·H. 特纳著述、东方出版社2009年版的《人类情感——社会学的理论》整理。

分化以及国有企业单位的情感疏离这一纵向过程试图作一系统探究。

第三节 研究对象、研究方案及实施调查

一 研究对象

本书以东北老工业基地 J 市 H 企业为研究对象进行实地研究①与质性访谈。该企业是"一五"期间兴建的全国第一个 HG 基地。1954 年开工建设，1957 年投产，1958 年组建、形成了 MHG 生产系统。20 世纪 70 年代后，通过自行翻版设计和引进技术，发展了 LY 和 SH 新系统。1988 年以前，以 R、H、D、L、YH 五大生产为主体，兼有科研设计、机械加工、仪表制造、矿山开采、建筑安装等企事业单位的综合性大型联合企业。进入 20 世纪 90 年代，逐渐由 HG 延伸至加工、精细 HG、工程技术服务、机械仪表制造、信息网络电信、商贸经营、医疗服务和社会服务等行业。1994 年，通过企业重组和股份制改造，创立了"JLHX 股份有限公司"，JLHX 工业公司作为母公司更名为"JH 集团公司"。1998 年开始，集团上划到 ZY 集团，由其管理。1999 年，经新一轮重组改制，重组为 ZJL 公司（含股份公司）和 JH 集团公司。2006 年 2 月，ZY 集团全面要约收购 JH 股份公司工作全部结束。2007 年 6 月 11 日，一"国"字头大型国有企业将其重组整合为一分公司，并对其进行全面管理，之后该企业转型为新国有企业模式。截至目前，公司下设职能部室 27 个，下辖企事业单位 40 个。现有在册合同员工 3 万余人，其中专业技术人员近 3000 人，管理人员 6000 余人，操作技能人员 2 万余人，另外市场用工 800 余人，劳务用工 1.8 万人。具体构成如图 1-2 所示：

---

① 所调研的公司及相关社区走访路线：YX 工厂，TD 区 JH 一中、JH 一小、JH 二医院（单位办社会特征）、JH 会议中心（体育娱乐活动中心）、LH 住宅、JH 住宅、JH 公司的大体育场、104 厂、JH 公司铁路运输部、LH-JL 机械厂（归 ZY）、JL-SH 研究所、ZY-HJ、101 厂（RL 厂）、SB 厂、TD 区（此为当地俗称，其中包括几个小的行政社区）、十二中、JH 三小、TCZ 区（俗称小 JB，也包括 HY 社区等几个小的社区）、新 JL（JH 公司老住宅区）、TD 西区等。

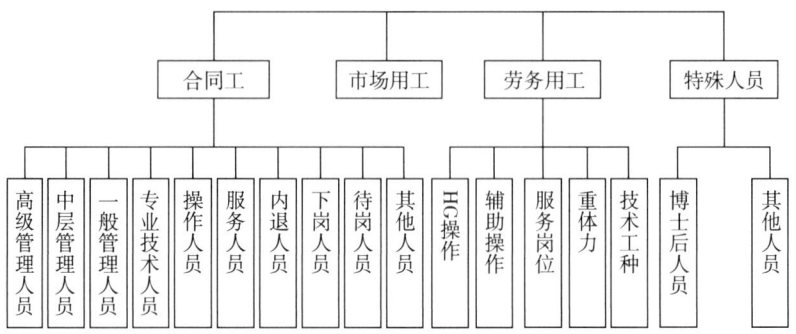

图 1-2 员工身份结构

员工身份百分比分布为：正式干部为 27%，聘任制干部为 0，工人为 54%，市场化用工为 0，内部退养为 9%，不在岗人员为 10%。图 1-3 是员工身份百分比分布：

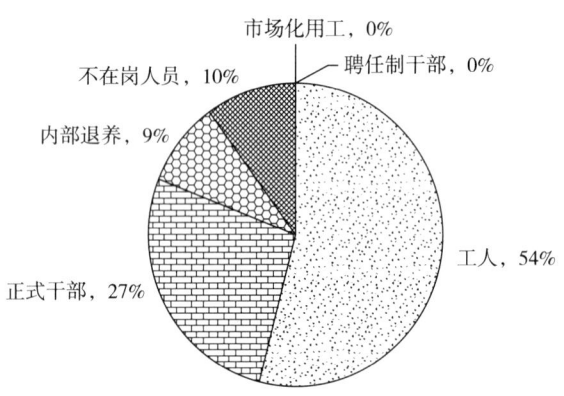

图 1-3 员工身份百分比分布

从图 1-3 中可以了解到，如果以身份为观测点，那么在企业中处于在岗的群体主要由两大部分组成：正式干部（即三级管理人员），比例为 27%；工人，比例为 54%，两者相比，管理人员大约为工人总数的一半，这样一个比例，也意味着工人与管理者（企业组织）之间的关系问题，将成为本书的一个关注焦点。此外，还有两部分非在岗的群体——内部退养和下岗、待岗人员以及其他特殊状况人员，这部分合计近20%，意味着 H 企业仍然留存着改制前的一些问题。因研究需要，主要对企业的改革历程①以及企业（见图1-4）内三厂②进行跟踪调查。H-LY 厂为 YY 初级加工厂，为 H 企业固定资产原值最高（80 亿元）的一个厂。因 H 企业历经改革，该厂现转型为 H 企业新国有企业模式下的一个厂。2010 年，H-LY 厂设 7 个管理科室，19 个生产及辅助车间，员工 2059 人；D-J-Y 厂现为 YRC 厂，原隶属于 H 企业 DS

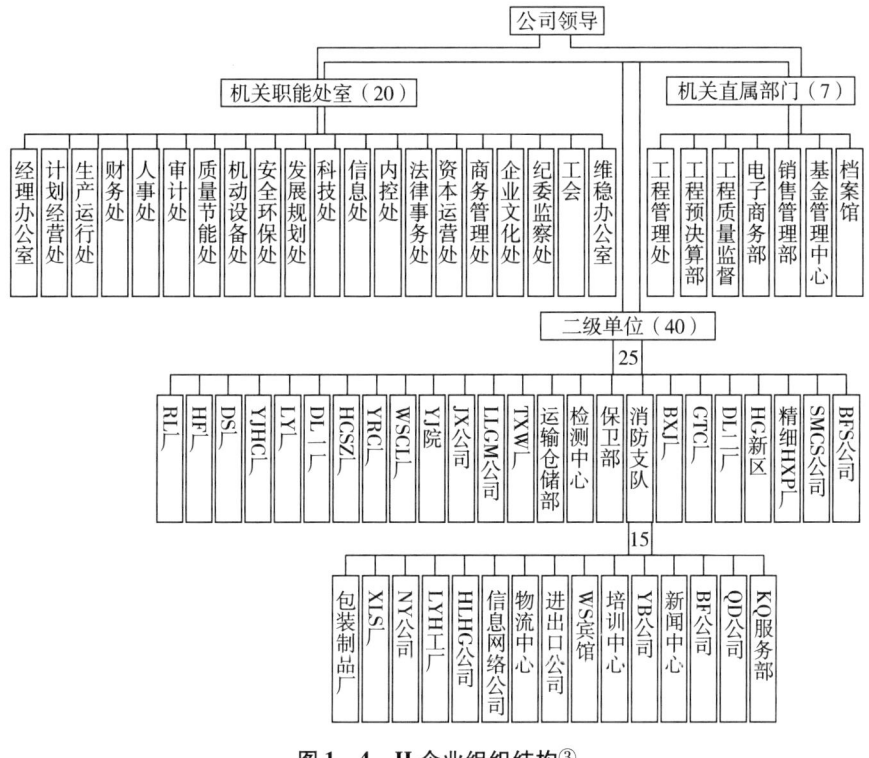

图 1-4　H 企业组织结构③

---

①　即总体上生产功能与社会功能的整合——分离过程具体内容见文后各个阶段的具体论证。

②　自 H 企业建立以来组织结构变革多次，这是参 "2010 年企业志" 改制后的组织结构图。这三厂分别为 L（LY 厂）、D-J-Y（DS 厂-JL 公司-YRC 厂）和 D-S 厂（DS 厂-SN 厂）。因该企业厂级单位四十个，不可能面面俱到，只能选择改制变迁较为典型的几个厂。此外，为了研究企业的发展历史，研究团队还走访、查阅了该企业所在区的档案馆（J-L 区档案馆）馆藏资料以及企业所在市的档案馆（J 市档案馆）相关资料，了解企业组建缘起，社会制度场域及改制变迁的政府决策、相关社会政策等。

③　参见 H 企业史志编撰委员会《JLH 企业志》，2010 年，第 26 页。

厂，2000年3月与原厂分离，2010年工厂设5个科室，下辖3个生产车间和3个辅助车间，员工427人。其中H企业改组时期，还曾收转JL公司。1993年12月，DS厂一车间与HK联合股份集团公司合资组建合资企业，为中方控股，称JL公司。原签订50年合同，2002年一新领导来H企业上任，为了扩展本企业资源及收益，于2002年毁约，10月将公司重组为H企业一分厂，将其所属生产装置和人员分别划给H-YRC厂和H-DS厂，原公司解体。2010年，H-YRC厂设5个科室，下辖3个生产车间和3个辅助车间，有员工427人。H-DS厂为SN厂，原来是H-DS厂的一个分厂，前身是GT厂，属于公司后期处理的一个厂。于2001年11月从H企业彻底剥离，经地方政府划转给C市一私营企业集团。曾被H企业命名为无泄漏工厂、文明生产厂，被化工部命名为清洁文明工厂，连续多年被评为先进单位。2001年11月与H企业剥离前，工厂有员工1035人，其中各类专业技术人员159人；设专业管理科室16个；下辖生产车间5个，辅助车间5个。

从2012年3月至2015年5月，笔者与课题组相关人员数次到H企业调研，并得到该企业档案馆工作人员帮助，获得"企业发展史志"与"企业记忆""人物传记"等珍贵资料。其中，"企业发展史志"两册，编撰记录的事件时间起始为从建厂直至2010年。"企业记忆"与"人物传记"包括"党和国家领导人关怀H企业记述""公司领导及老同志回忆录""英模回忆录""科技工作者回忆录""主要生产装置形象纪略""文学作品选""书画摄影作品集""企业经验研究"等。借助居住便利经常走访工人生活区，各类人员的针对性访谈116人。其中，在职一线工人42人，管理层12人，工会干部6人，档案馆工业人员6人，退休厂长3人，退休工人15人，下岗、转岗（包括再安置）人员32人。有关企业的史志、文件资料300万字，访谈记录55万字。调查访谈中，为了达到某种程度的细节、深度和集中，笔者设计了主要问题、探测性问题和追踪问题。主要问题使谈话在一个特定的题材上进行，并且确保覆盖全面的主题，而探测性问题则是为获取更多深度和细节并运用鼓励谈话伙伴继续标准化的方式。为了获得丰富和深刻的理解，访谈作为一种倾听方式，通过追踪问题、鼓励被访者更详细地阐述他/她之前谈到的那些研究者认为重要的内容，由此，探讨关键词、观点和主题（Rubin，H. J. and Rubin，I. S.，2010），并在历史文献、语言及行动内容中发现意义。这些意义的发现存在三级诠释。做出这些社会行动的人其行为动机或理由，是第一级诠释；研究者的发现以及对第一级诠释的重现建构，为第二级诠释；因为研究者以局外人的身份介入，从资料和数据中引申出隐藏的连贯性与意义感。由于意义形成于一组社会行动和社会事实之中，第二级诠释把其所研究的人类行动置入"行为链"或与该行动相关的事件——它的背景情境之中。如将第二级诠释通则化，即将其与一般理论相连，即构成了第三级诠释——给出该研究的一般性理论意义。① 根据同质性、异质性原理，样本及访谈择选依据为主题及意义诠释达到一定程度的饱和，本书依此路径及方法探索单位制变迁中工人与单位之间的互动关系。

二　研究方案与实施调查

如图 1-5 所示，本书研究的基本目标是，在单位制度变迁、产权转变、治理结构重塑的前提下，在个体与制度之间的关系中探究国有企业单位认同主体身份的变化、认同唤醒及认同分化等问题。基于研究目标，形成了一系列的概念框架，如单位认同、单位认同的情感化、单位认同唤醒、认同分化、单位情感疏离、新型集体认同等。本书提出并对其展开探讨的主要问题为，国有企业单位认同的情感化是如何形构的？在何种场域下单位发生了认同唤醒问题？又是怎样呈现的？其后果怎样？这样的单位情感是否发生了一些变化？是否出现了单位情感分化与情感疏离问题？另外是否还存在单位认同的情感延续问题？最后探讨一下单位制度与工业主义之间的关系问题。

本书所采纳的主要研究方法，如质性研究方法中的个案法、符号互动论、现象学与解释学范式下的访谈法、数据分析法。具体的资料收集和研究方法包括焦点团体法、观察法、档案记录法、田野研究、视觉影像资料、个人经验体悟资料、口述历史法、情节内容语词分析等。同时借鉴了民族志的深描与扎根理论的编码过程、编码方法以及敏感概念和

---

① ［美］劳伦斯·纽曼：《社会研究方法——定性和定量的取向》（第五版），郝大海译，中国人民大学出版社 2007 年版，第 193 页。

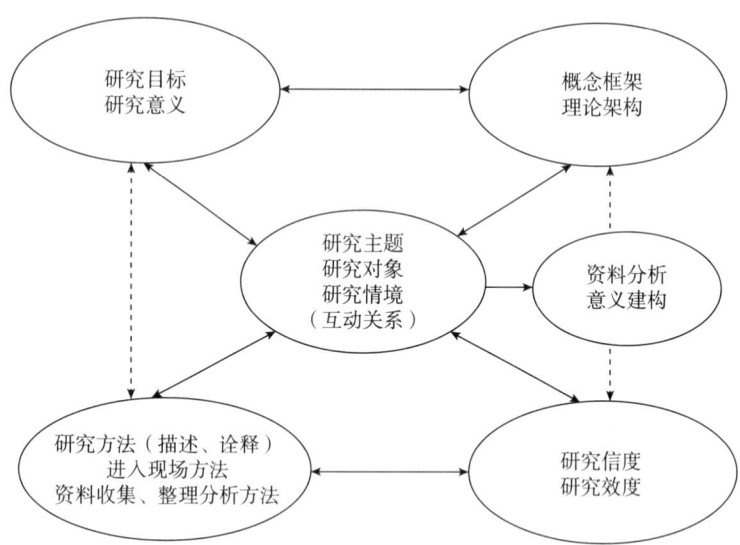

图 1-5　本书研究设计交互模型

关键词的提炼等方法。质性研究方法虽然不能像纯粹的量化研究那样去验证逻辑假设，但也需要建立自己特定的说明架构、揭示主旨与主题，通过区别、比较与联系建构想法，形成特定的核心概念及理论架构，证据和量化研究一样坚硬、具体。在调研过程中，研究团队深刻体会到，仅仅停留或徘徊在被访谈者的言谈里面，势必会遭遇解释的困境。所以借用民族志的深描，即在单位人与非单位人的认知、语言及其行动、社会结构中发现单位人群体的行为符号、文化特征，并展开系统阐释；与此同时，离不开主位的解释方法，即关注与强调被研究对象对过程或事件的解释，强调从文化嵌入的角度分析、整理社会事实。由此可见，本书所强调的深描不是对语言、认知的简单记录，而是语言与众多文化文本相互结合的构成体。描述从属于分析、情境从属于解释，理论高于材料。依此与扎根理论的相关方法融合统一，保持研究的开放性。在本书中，虽然提出了"单位认同的情感化""单位认同唤醒""单位情感疏离"等主要概念，但又不能够像扎根理论那样"完全控制"研究过程[1]，因此，将民族志的深描与扎根理论方法融合，对 H 企业展开调查与研究。

---

[1] 本书依据 H 企业的发展历程与当前状态加以描述，完全控制会失去"社会事实"的有效性。

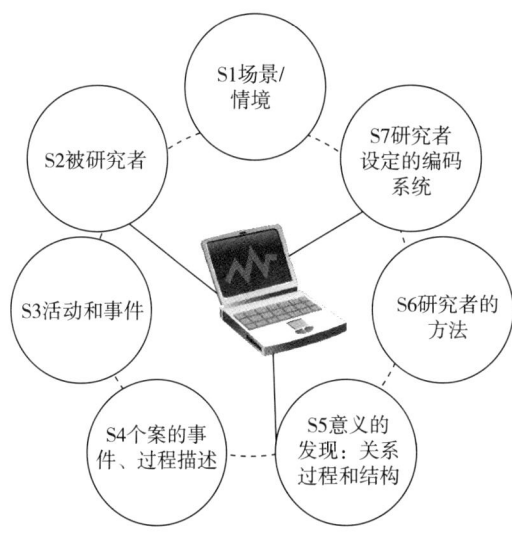

第一级诠释：包括S1、S2、S3，其中Step2包括被研究者对事情的定义；被研究者看问题的角度；被研究者看待人和事的方式。Step3活动和事件的客观事实。

第二级诠释：包括S4，Step4将活动和事件分为三个阶段，研究者对事件和过程的描述与加工整理过程；二级诠释也包括研究者对S1、S2、S3的分析、描述与阐释。

第三级诠释：包括S5、S6、S7，Step7，研究者设定的编码系统，包括数据管理—数据缩减—概念发展，即进行三级编码——开放式编码、轴心编码（聚焦编码）、选择性编码。或包括敏感性概念或关键词，意义的发现、建构以及内在逻辑关系；研究方法的运用等。

图1-6 本书案例资料编码系统

本书研究的前期基础工作包括，问题的提出—调研对象的确立—拟定调研方案—文献收集与整理—根据问题进行调研（并随时回访）、深入理解问题及其实质。中后期的研究实施：根据主题框架法①，以单位认同为主线，将本书的主要内容划分为三个时间段、四个部分，即20世纪八九十年代前期国有企业单位认同的情感化，20世纪90年代中后期至21世纪初期国有企业单位的认同唤醒，2007年以后的认同分化时期国有企业单位变迁中的情感疏离问题，以及单位认同的历史转换。

本书研究的资料（或数据）编码分类过程，逐层划分为几个大类。首先，第一层次类属划分：市区级资料（包括市档案馆、企业所在区档案馆、企业所在街道）归为一类，即以 J、JL - 为代码进行编码；企业内部档案馆资料归为一类，即以 H - DA - 为代码进行编码；企业内部机关职能处室、机关直属部门资料归为一类，即以 H - J - 为代码进

---

① 北京大学公共卫生学院张拓红介绍了主题框架法在结核病控制研究中的应用。主题框架分析法主要是指用主题、概念和不断出现的范畴组织资料，为资料分类。主题框架法五个常用步骤分别为：深度阅读和资料整理、建立主题词表、编码、作表、归纳和分析。见陈思颖、强子珊《定性研究应以理论创新为旨趣》，2012年4月2日，资料来源：《中国社会科学报》，http：//www.cssn.cn/15/1509/150900/201204/t20120405_254321.shtml。

行编码;二级单位资料中 LY 厂资料与访谈归为一类,即以 H-LY-为代码进行编码;二级单位中 DS 厂资料与访谈归为一类,即以 H-D-为代码进行编码;二级单位与 DS 厂分离出来的 JL 公司、YRC 厂资料与访谈分为一类,即以 H-JL-、H-Y-为代码进行编码;二级单位中与 DS 厂分离出来的 SN 厂(后与 H 企业剥离)资料与访谈归为一类,即以 H-S-为代码进行编码。第二层次类别是将被访谈者划分为,按照工作年限(十年以上)、年龄层次是否退休、与 H 企业是否剥离等划分。第三层次按照社会事件及其情境以 H-SQ-为代码进行标注。第四层次按照活动过程进行划分,以 H-G-为代码进行标注。第五层次按照被访者的人际关系和社会结构,以 H-RJ-进行标注。第六层次依据研究者的方法、策略以 Z-FC-进行标注。

第二章 单位身份与单位记忆：超稳定单位变革初的认同

第一节 历史背景与社会场域（20世纪80—90年代前期）

一 历史背景

据 H 企业史志记载，H 企业的雏形应源于 R 国的经济掠夺计划项目。曾计划建 JT 工场、合成 XJ 工场、制 L 工场及 LJ 炉、DS 炉、SH 炉和 M 城采矿所，到 1945 年 "八·一五" 光复时，所建工程没有全部完工，R 投产人员被遣返回国时，烧毁了生产技术资料，工厂遭到破坏。1948 年 J 市解放后，DXG 部接管工厂，后开始修复工作，设置了办事机构。在恢复生产过程中，深感缺乏骨干和技术人员，办了几期学习班，为工厂的恢复和发展培养人才，1948 年年末，又派来了 30 多名技术干部。至此，工厂组成了 514 人的职工队伍。1949 年 2 月底，M 城采矿所修复投产。10 月 29 日，生产出第一炉 DS。是年末，又成立技术室，后扩大为设计处。截至 1952 年，工厂生产 19 种产品，年总产值为 706 万元。1953 年，S 国援助技术设计及施工图，1954 年 4 月，"SDH"（当时一通用简称）建设破土动工，RL 厂、NF 厂、DS 厂正式建立。1957 年，"SDH" 工厂陆续建成投产。同年 10 月 25 日，DS 委员会正式验收。

H 企业经过 20 世纪四五十年代的兴建、60 年代的联合及动荡的

"文化大革命"、70 年代的恢复与改造，至 80 年代初的继续改造与扩建，改变了以 M 为主的原料路线，增加了产品和产量，提高了技术水平，已初步建成以 S 和 M 为原料的大型联合企业。1982 年，H 企业产品品种与 1957 年相比，RL 厂由 11 个发展到 65 个，HF 厂由 11 个发展到 29 个，DS 厂由 5 个发展到 41 个。1982 年，H 企业完成工业总产值 92733 万元，实现利税 34817 万元。

随着企业产品品种与规模的扩展，效益大幅增长，用工人员开始增加，至 20 世纪 80 年代前期，企业进入建章建制的关键时期。如对领导班子（厂级组织）的整顿，加强了各级岗位责任制；经济责任制、劳动组织、奖惩制度等方面进一步细化并健全，同时加强了计划管理、能源管理、计量管理与经济核算。在具体工艺方面，完善各种工艺规程 130 种、岗位操作法 662 个；修订了 15844 个仪表控制参数，重新审定了 236 个产品执行标准。1983 年 5 月 14—17 日，J 省和国家相关部委联合组织企业整顿检查验收团，对 H 企业进行全面检查、验收，并被确认合格。整个 80 年代中后期，通过"包干任务分解""以浮动升级办法改变分配制度""扩大厂级经营自主权""开展对外贸易""扩大联合、统一管理"以及"经理（厂长）负责制"等逐步提升企业总体经营、管理、分配机制水平，达到了新中国成立以来（90 年代之前）的鼎盛时期。

1985 年，为适应承包经营的需求，H 企业运用国家、部、省下放的权力，依照发展有计划商品经济的指导方针，重新划分了公司与厂的经营权限。先后四次向二级厂下放计划、供销、人事、工资、奖励等权力，使二级厂扩大经营自主权，调动了生产经营的积极性。1985 年年底，经国家有关部门批准，H 企业成立了全国本行业第一家工贸结合、自负盈亏的进出口公司。还在深圳、海南等地建立了对外贸易窗口。这些贸易机构，利用特区优惠政策，与外商接触，拓展了提高经济效益的领域，进一步奠定外向发展的基础。

1987 年 9 月，H 企业联合了 J 市 13 家企业，并采取大厂包小厂的形式成立了企业总厂，对联合后的 13 家工厂的人、财、物、产、供、销实行了统一管理，并派出 60 多名专家和技术干部到 13 家企业任职。1988 年与 1986 年相比，13 户企业的产值增长 35.22%，企业实现利润增长174.70%，税金增长65.64%，利税合计增长95.78%，企业留利增长4.3倍，职工的人均收入增长82%。是年，H企业又组建了集体企业公司，当年产值达3亿多元，实现利税7000多万元。至此，形成了"一个主体，两个侧翼"——股份、集体、全民三种所有制形式并存的新格局。1988年7月1日，经省委、省政府批准，H企业和所属各单位实行了厂长（经理）负责制，既发挥厂长（经理）在企业生产经营中的中心作用，又发挥各级党组织在企业中的政治核心作用，建设新型的社会主义现代化企业。1988年末，工程公司成立，把H企业科研开发、工程设计、设备制造、仪表生产、建筑安装的优势形成拳头，到国内外承包工程，结束了只引进技术、不输出技术的历史。自1983年企业推行经营承包责任制以来，经济效益逐年提升。据统计，1983—1985年，企业向国家上缴利税额平均递增10%，增加超额利润留成0.87亿元，职工工资平均晋升两级。[①]

1988年以前，H企业的发展重心主要集中在组织管理的制度规范化、经营规模扩展与经营模式、所有制形式上的革新。实际上，H企业的发展与纵深改革，以1989年为分界，1989年之后，与国家的承包经营责任制相连，企业启动了厂长（经理）目标负责制。即从扩大企业自主权出发，在国家、企业和职工的关系上，逐渐改变了过去"统收统支""吃大锅饭"局面，企业尝试性地步入了"自主经营、自负盈亏、自我约束和自我发展"的轨道，初步转换经营机制并有效地提高了经济效益。

H企业的"三大承包"即1983—1985年（老装置包上缴利润、新装置包建设投资和费用补贴）、1987—1990年（包上缴利润递增8%、实现利税与工资总额1∶0.75浮动挂钩）和1991—1995年（包效益、包发展、包管理，工资总额与经济效益挂钩）三个阶段为典型，内容较为具体、目标相对明确，责任权利更为清晰，相对于改革的推动力较大。对内承包过程中，全面推行了为期三年（1989—1991年）的厂长（经理）目标负责制。具体包括，厂长（经理）在任期内，对本企业的

---

① 摘自《JH记忆》（公司领导及老同志回忆录）（二），J省资料性出版物（第0220140330号），第28页。

生产发展、经济效益、技术改造、人才开发、思想政治工作、治安管理、职工福利等工作目标全面负责；并确保签订的成本任务完成。依此目标责任，又进一步完善了对二级单位的承包经营责任制。包括：一是对生产厂上缴利润递增包干，实现利税与工资总额（浮动）挂钩措施。二是对事业单位实行任务目标与费用承包挂钩措施，并逐步向企业化经营过渡。三是对工程公司实行独立核算、自负盈亏措施。1989年、1990年实行零字包干，1991年实现上缴利润承包。四是对进出口公司实行出口创汇自负盈亏承包。五是对研究院实行向企业化过渡，加快科研成果转化生产力，实现自负盈亏承包。六是对HJ公司实行上缴利润递增包干和百元产值工资含量包干。七是对前几年行之有效的短线产品超产承包等13项承包办法继续施行。

1992年，国家对全民所有制工业企业的改革开展了转换经营机制的总体部署，H企业为此进一步重申了全面实施4年不变的承包方案。为了配合国家"加快发展第三产业"的精神举措，H企业也开始兴办"三产"（经济实体），搞活经营机制，安置富余人员近万人。从1993年年末至1995年年末，第三产业企业从666家（含集体企业）增长至860家，从业人员15798人。此外，1993年，企业又持续完善出台了《1993年承包经营责任制方案》和《JH公司二级单位承包经营者奖惩办法》及其配套文件。强调销售收入、利润总额、工业总产值各增长10%的"三大"目标，进一步细化了承包方式和办法。在生产单位中，一是实行利润分段承包。其中，对RL厂等5家企业实行利润超基数部分，工厂按1∶0.7提取工资总额后，公司与工厂先按5∶5分成；利润超目标部分，工厂按1∶0.9提取工资总额后，公司再与工厂按2∶8分成。对JX厂等4家企业实行利润超基数部分，工厂按1∶0.7提取工资后，与公司5∶5分成；利润超目标部分，工厂按1∶0.9提取工资总额后全部由企业自留。二是实行上缴利润定额包干。其中，对动力厂等4家企业实行利润超定额部分按1∶0.9提取工资总额后全部归企业自留。对未达到利润总额的，按提取比例扣减工资总额，并以自有资金补充应上缴公司利润数额。三是对ZJX厂和JCK公司两家企业实行零字利润包干。在企业化经营单位中，一是实行利润分段包干。其中，对通信中心超基数利润部分，按1∶0.7提取工资总额后，与公司5∶5分成；超目标利润部分按 1∶0.9 提取工资总额后归企业自留;未达到基数利润部分按分段提取工资总额的相同比例扣减工资总额。对财务公司实行超基数利润部分,按 1∶0.7 提取工资总额,超目标利润部分按 1∶0.9 提取工资总额,未达到基数利润部分按分段提取工资总额相同比例扣减工资总额。二是实行零字包干。其中,对 GC 公司实行自收自支,以丰补欠,超收自留;对 GYS 公司实行超收部分全部自留;对 BG 实行超零部分按 10% 提取工资总额后按规定自主使用。三是实行定额补贴、创收提成承包。其中,对 S 疗养院等 4 单位按上年实际发生费用确定补贴定额和创收基数。创收超基数部分按比例提取工资总额,其余用于减亏;反之,按同比扣减工资总额。四是对 YJ 院、GX 公司实行亏损补贴包干。五是对 XX 中心实行减亏提成包干。在事业单位中,一是对 ZXX 等 9 家单位实行经费定额补贴包干。工资奖金与公司整体效益及完成工作任务挂钩。二是对 ZYY 实行经费定额补贴创收提留承包。创收超基数部分按 35% 提取工资总额,其余部分按规定自主使用。

通过这种承包经营责任制的全面推行,使企业在社会主义市场经济体制改革进程中,迅速得以脱离传统体制束缚,尽早建构新型市场体制下的主体角色;同时也推进了企业的"四自"(自主经营、自负盈亏、自我约束、自我发展)进程,提高了企业内部活力。届时,企业与省的第三轮承包期尚未结束,但由于中央崭新的市场经济体制改革政策的提出,承包经营责任制开始逐步淡出国有大中型企业的经营和管理,取而代之的是以建立现代企业制度为标志的更深层次的改革。1994 年开始,H 企业逐步进入了股份制改革阶段。

二 社会场域分析

20 世纪八九十年代的 H 企业正值国家针对国有企业进行改革的初期,"扩大企业经营自主权""推行承包经营责任制""利润分成""组建企业集团"等改革措施,实际上皆为国家对企业开展的激励模式的改革,但都没有涉及产权问题。激励对象包括两个主体,一为企业中的个体,二为企业的经营者。按照孙立平教授的说法,"国有企业改革的核心问题是解决激励机制以实现绩效的目标。就对一般员工的激励来说,在改革初期就基本解决了问题。一直没有得到很好解决的是对经营者的激励问题。"① 但无论怎样还没有进入改革攻坚阶段,没有涉及"关、停、并、转"甚至"倒闭""出售"的问题。由于员工的激励措施部分实现,因此,这一时期员工个体与国有企业单位之间仍然是紧密的。针对 H 企业而言可以这样概括,即新中国成立后至改革开放前这段时期,在发展历程上由于特定历史原因(如"文化大革命")曾经被迫中断,由此探究单位认同也较为复杂,不可能在此笼统分析。而改革开放后至 20 世纪八九十年代,H 企业创造的 20 世纪最辉煌的十年其实就在 80 年代初至 90 年代前期。因其在改革、发展上较为稳定、较为连续,也是单位制度较为平稳的一个时期,因此,将其作为一个时间域来探索认同的情感化问题比较充分。H 企业历经民族国家之间的较量、党派斗争的洗礼、国家制度、体制变革等宏大的场域变迁之后,自 1979 年改革开放政策的实施,80—90 年代初处于稳定、上升阶段,国有企业单位与国家保持同步同速,同时也步入面向国际化、市场化初步改革阶段。总体上,在这个时期国家的宏观政策决定了国有企业改革的进程、速度及内容。

现在的问题是,面对单位认同的情感化问题,以什么为言说对象并在什么向度上探索具有社会学意义?比如社会秩序、社会结构、社会制度、组织结构甚至是个体的身份、个体与组织的关系、个体与群体的关系等都可作为一定视域进行分析,对比而言,其中四个层面具有显要意义,即社会秩序(包括社会制度、社会结构)、国有企业的组织结构、个体与组织(群体)的关系、单位人的社会认知心理及其行动倾向等方面的考察意义凸显,也是必然选择。在学界,一般认为,组织中人的

---

① 孙立平:《"冰棍现象"与非常态国有企业》,《经济观察报》2006 年 4 月 24 日。孙立平教授提出了这样一个问题:从理论上来说,解决对经营者的激励问题有两种不同的思路。一是产权的思路,就是使经营者拥有所经营企业的全部或部分股权。按照诺斯产权理论,就是产权只有落实到个人才能形成有效的激励;二是非产权的思路,即建立有效的"委托—代理机制"。这个思路的逻辑是,如果"委托—代理机制"是完备而有效的,照样能形成有效的激励机制。无论是国外经营成功的国有企业,还是实行所有者与经营者分离的现代私营企业,都可以证明这样的逻辑是可以成立的。当然,第二种激励是否会有第一种激励效果强,则是一个可以探讨的问题。……两种激励机制并不存在绝对意义上的孰优孰劣问题。但弄清楚为何放弃第二种思路的原因却是异常重要的。因为在许多社会中都可以行得通的两种激励机制,却有一种在我们的社会中行不通。这可能说明我们这个社会中存在某种问题,而这个问题一方面使第二种思路行不通,另一方面也许会影响到第一种思路实行的过程和结果。

活动都具有理性，个体的心理及其行为自然带有理性特点，认知过程中既有理性的成分，也存在情感等非理智因素，但理性占据主导。① 本书的考察对象 H 企业，作为特定时空下的国有企业单位，实施改制、改组与剥离措施之前，它将国家—国有企业单位—个体联结起来，形塑了特有的"关系束"② 及认同模式。这种"关系束"是以"仿血缘"和"仿亲情"形式展现的，它无法单纯以利益权衡与理性计算来描述人的认知心理。因此，与理性主导的认同模式不同，这种认同模式以情感及其亲疏远近为重心向外延伸，形构了特有的单位认同的情感化模式。

第二节　变革初单位认同的情感化

一　认同的情感化：思想与理论渊源

在学界的现有研究中，对于认同是以理性为主宰，还是渗透着大量情感，并没有达成统一，实际上，这是人类社会中一个非常复杂的问题。理性与情感孰轻孰重？早在古希腊时期，柏拉图、亚里士多德等思想家们就开始为此争论不休，柏拉图将人的灵魂划分为三个等级，从高到低分别为理性、激情、欲望，三种灵魂对应三个等级的群体——由高及低依次为哲学家、武士和军人、农人与工匠。亚里士多德并没有柏拉图那么绝对，但也将是否拥有理性作为城邦社会分层的标准之一。亚氏也认为，放弃理性只能是过与不及，要达到过与不及之间的最佳位置，可顺从理性，理性具有节制和中庸的美德。历史上的惯常思维，常常将情感与理智作为相反的两种力量，一端是情感和非理性，另一端是认知和理性。实际上，两者严格对立起来是错误的。③ 理性与情感并非决然分割、对立，两者无法分割。如要分割，只有在特别说明与区分的时

---

① 王彦斌：《中国组织认同》，社会科学文献出版社 2012 年版，第 62 页。
② 周雪光：《关系产权：产权制度的一个社会学解释》，《社会学研究》2005 年第 2 期。关于"派系结构及其关系束"的阐释，参见张晓溪《认同唤醒视角下的单位认同研究》，《学习与探索》2015 年第 6 期。
③ ［美］特纳、［美］丝戴兹：《情感社会学》，孙俊才、文军译，上海人民出版社 2007 年版，第 18 页。

候,才具有一定意义,否则没有必要特别对其进行对立式区分。若针对认同问题谈理性与情感,仍然绕不开个体与群体(或组织、制度、民族)之间关系这一言说对象。认同是在行动场域、互动关系之中产生的,主体对象单一、没有互动无所谓"认同"或"不认同"。① 重心应该在组织或群体与其成员之间的互动关系。

涂尔干曾说,"个体灵魂只是群体的集体灵魂的一份;它是以膜拜为基础的匿名的力,但是已经具体体现在一个人格与之相结合的个体之中了;它是个体化的曼纳(涂尔干借用了特莱基尔在毛利语——波利尼西亚语词典中的解释,曼纳一词与另外一组词联系起来,诸如'Manawa''manamana'等,这些词似乎属于同一词族,意指心脏、生命和意识等)。……一种圣物的功效被心灵表现为抽象的形式还是被归结为某种人格的代理,实际上无关紧要。这两种信仰的心理根基是一码事:一个事物之所以神圣,是因为它以这种或那种方式激发出了尊崇的集体情感,这情感使之从凡俗的感触中超脱出去"。② 神圣客体即集体意识并非来自社会(或群体)之外,而是社会本身。神圣客体的确立,意味着个体情感的社会化转换与凝聚,从而实现个体情感向社会情感的转换,由此才能超越个体的任意性与狭隘,形成集体团结与集体情感。也正因为这一点,"集体团结成为积极情感唤醒的根本目标"③ 才得以可能。社会团结与集体情感即为一种宗教力,虽然它不一定来自宗教形式,但却具有同样可预期的约束力。经由对社会环境(关联个体的社会现实)的认知呈现的集体表象("representations collectives"实际为社会事实在脑海中的再现和看法④)确立的集体意识只是提供了一种主体客体化(企业中个体对单位制度的认同过程)的可能性,它还需要客体主体化(单位制度将僵硬的组织转换为情感、权威形象,并为企业个体内化)的行动约制——道德权威的形塑。

---

① 张晓溪:《认同唤醒视角下的单位认同研究》,《学习与探索》2015年第6期。
② [法]涂尔干:《宗教生活的基本形式》,渠东、汲喆译,上海人民出版社1999年版,第339、341页。
③ [美]特纳、[美]丝戴兹著:《情感社会学》,孙俊才、文军译,上海人民出版社2007年版,第59页。
④ [美]帕森斯(Parsons,T)著:《社会行动的结构》,张明德、夏翼南、彭刚译,译林出版社2003年版,第400–403页。

"事实上，社会对意识所拥有的绝对权力，主要不是由于它在物质上所特有的无上地位，而是由于它所赋有的道德权威。如果我们服从于社会的指令，那不仅是因为强大的社会足以战胜我们的反抗，而首先是因为社会是受到尊崇的对象。一个对象，不管是个体的还是集体的，只要它在我们心中的表现赋有一种力，能够自动地引发或抑制我们的行为，而不计行为的任何利弊后果，那么我们就说它激发出了尊崇。……当我们感到这种内在的、不折不扣的精神压力作用于我们的时候，我们所体验的情感就是尊崇。……（社会）舆论的效力仅仅来自它的心理属性，而恰恰就是依据这个迹象，人们才认识到了道德权威的存在。"[1] 除了上述两种条件，还需要第三个条件——互动仪式与情感能量的刺激与集聚。柯林斯承继了涂尔干的集体仪式观念，提出互动仪式过程中，情感能量是一重要的驱动力。认为人们发展情感是最有价值的，人们可能通过参与这些互动仪式来增进这种积极情感，从而由这种互动仪式再生出一种共同的关注焦点，一种共同的情绪，并形成群体的情感共鸣且根据道德规范将它们符号化。[2] 借此，柯林斯将共同行动与情感刺激、仪式的组成要素以及仪式的结果构建为一个互动仪式模型。如图 2-1 所示：

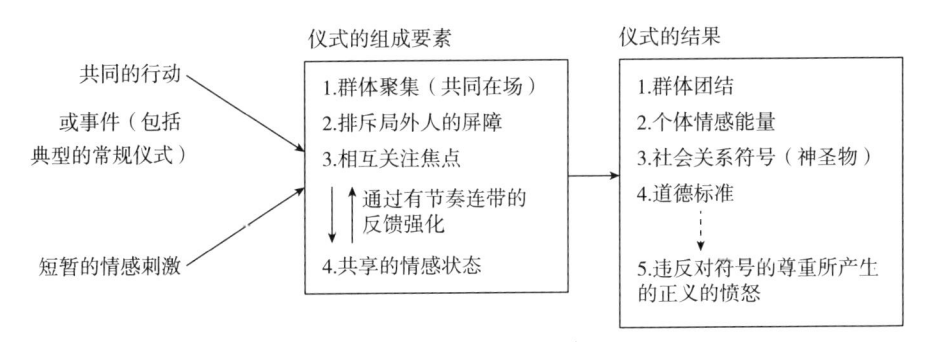

图 2-1 柯林斯互动仪式的一般模型[3]

---

① [法]涂尔干：《宗教生活的基本形式》，渠东、汲喆译，上海人民出版社 1999 年版，第 277—278、279 页。

② [美]兰德尔·柯林斯：《互动仪式链》，林聚任等译，商务印书馆 2012 年版，"译者前言"部分，第 vii 页。

③ 根据柯林斯与特纳著述整理，参见 [美]兰德尔·柯林斯《互动仪式链》，林聚任等译，商务印书馆 2012 年版，第 80 页；另参见 [美]特纳、[美]丝戴兹《情感社会学》，孙俊才、文军译，上海人民出版社 2007 年版，第 65 页。

这种社会的或群体的情感认同来源于神圣物（神圣符号）、道德权威与互动仪式的结合，依此情感才能与个体的本性融合为一体。"社会灵魂只是由少量的观念和情感构成的，它很容易完整地体现在个体意识中。个体所持有的社会灵魂完全内在于他，是他的一部分。因此，当他投入社会灵魂所激起的冲动中，他并不觉得他是在强制面前作出了让步，而是在奔向他本性的召唤。"① 情感联结的媒介，也是象征符号的载体。如同特纳发现的，"表面看来，涂尔干似乎不能为理解面对面的互动以及情感社会学带来许多理论上的指导，然而，深刻反思他的研究，就可以发现这启发了情感理论研究者。……涂尔干强调赋予文化符号神圣力量的重要意义。神圣的符号具有唤醒人们高强度情感的力量。后来的研究者认识到不仅宗教符号，而且所有的文化符号，都能够限制和控制个体的活动，唤醒情感。"② 情感缘于互动仪式的神圣符号，它需要在仪式、象征符号中反复唤醒，这是特纳对涂尔干思想的传承与超越。

在吉登斯的理论体系里，身份认同的建构是积极的、流动的和多元的过程。在现代性体系中，是否能够建构情感，按照吉登斯的推理，显然结论是悲观的。但值得肯定的是，现代性作为一种情境或场域，它能够催生反思的自我。"现代性是一种后传统的秩序，但在这种秩序之下，作为秩序保证的传统和习惯并没有被理性知识的必然性所代替。……现代性把极端的怀疑原则制度化，并且坚持所有知识都采取假说的形式：某种正确的主张，理论上总是有被修改的可能，而且其中某些部分也有被抛弃的可能。……在现代性情景下，自我，如同自我在其中存在的更为广泛的制度场景一样，必定是反思性地产生出来的。……现代制度的全部内容在于创造行动的环境。"③ 那么，这将意味着现代工业制度体系里，面对现代性的长驱直入，传统和习惯并非迅速隐退；

---

① ［法］涂尔干：《宗教生活的基本形式》，渠东、汲喆译，上海人民出版社1999年版，第295页。
② ［美］特纳、［美］丝戴兹：《情感社会学》，孙俊才、文军译，上海人民出版社2007年版，第59、60页。
③ ［英］吉登斯：《现代性与自我认同：现代晚期的自我与社会》，赵旭东、方文译，生活·读书·新知三联书店1998年版，第8—9页。

相反,当它作为一种潜在力量(或者如特纳所言为文化符号)与现代性交锋,反思性的主体在互动中就会逐渐凸显。

科尔曼并不否认下列事实,即社会规范是存在的、理性行动者服从规范、依(个体或集体)利益行事。科尔曼提出,行动者仅仅通过两种关系与资源(间接地与其他人)建立联系,即控制资源和获利于资源。行动者只有一个行动原则:最大限度地实现个人利益。在此原则指导下,行动者采取直接实现个人利益的行动;但更多情况下,行动者为了最大限度地实现个人利益,交换对于事件的控制(或控制权);在特定情况下,他们还会单方转让控制(或控制权)。① 其言外之意,理性主导个体,个体行动会受制于群体并具有自动接收和服从其规范的可能。

中国学者王彦斌认为,就一般意义而言,组织认同是社会认同的一种。但不可否认的本质区别在于,组织认同不是自然形成的,它并不能与国民认同、民族认同相提并论,因为国民与民族中的个体具有的"自然意义"归属在组织认同那里并不能成立。王彦斌解释说,因为现代组织是一种人为的共同体,而非自然形成的共同体,它与自然的渊源之间没有必然性联系,现代组织具有较强的功利性特点。组织认同中的理性是行动理性人所具有的主观理性。② 像科尔曼、西蒙等学者一样,王彦斌也坚信,运用主观理性与行动理性来解释组织中的认同问题更加有效。

情感构成认同的基础。③ 王鹏、侯钧生在社会联结这一意义上探讨情感,标明情感社会学话语体系的建立。他们认为,情感虽然为个体化的表达,但却传递着群际互动状态、个体与群体之间的交往联结状态。情感是受到外部世界或情境事件的影响的,这在一定程度上为社会学家研究情感的社会特征提供了依据。④ 在社会学的视野里,情感受到社会结构情境与文化规范的形塑。根据肯普尔的研究,关于情感的任何一种

---

① [美]詹姆斯·S. 科尔曼:《社会理论的基础》(上、下册),邓方译,社会科学文献出版社1999年版,第38、45页。
② 王彦斌:《中国组织认同》,社会科学文献出版社2012年版,第78页。
③ 魏万磊:《情感与认同——政治心理学的孪生子》,《江西科技师范大学学报》2012年第6期。
④ 王鹏、侯钧生:《情感社会学:研究的现状与趋势》,《社会》2005年第4期。

社会学理论都有一个最重要的前提,即绝大多数的人类情感都源于真实的、期望的、想象的或回忆的社会关系的结果。① 那么问题就来了,就中国的社会变迁来说,依据什么样的社会结构、怎样的社会关系探讨认同才具有真实有效的意义? 能否单纯从某一理性行动与理性选择的角度去判断单位认同问题? 本书提出,每一段时期里认同的主宰与行动选择是不同的,不同时期要进行分类、区别。在中国的城市社会,其社会结构主要表现为国家—单位—个人之间的互动与交往。主要为国家与单位、国家与个人、单位与个人三种关系及其结构。这种结构体系其实为工业主义制度、单位制度、"仿血缘"伦理相互作用的结果。在新中国成立后至改革开放前期②,制度赋予单位人一种特殊的情感,情感伦理主宰着人们的行动选择,并在各种社会关系中复制并展开。社会关系表现形式可能更为多样,如在正式制度中以党组织或正式组织为重心扩展开来的关系束,以非正式制度(或隐性制度)为核心形构的"仿血缘""仿亲情"关系束,或者其他形式的趣缘关系束等。

从进化论角度观察,情感源于血缘与亲情,也正因为如此,才最为稳定与持久。仿亲情关系束形构了单位情感,这加固了单位体系的构成与存在。虽然依赖于单位情感,但也并非意味着就抛弃了对利益的诉求。因为这并不影响利益的获得,事实是,它不仅没有使利益诉求边缘化,反而这种情感纽带会增强利益获取的概率。单位情感依赖越强,证明利益与情感杂糅得越为紧密。所以,单位认同的情感化问题传递着单位人与单位、单位人与单位人的联结状态。

在什么条件与状态下,单位认同的情感化超越了利益诉求,并保持着持续的想象空间,推动着单位中的个体去认同这种单位给予的归属感? 这跟赫希曼的疑问③殊途同归,即激情涌动的时代如何与利益相互

---

① Kemper, T. D., "Toward a Sociology of Emotions: Some Problems and Some Solutions", *The American Sociologist*, Vol. 13, 1978, p. 32. 转引自王鹏、侯钧生《情感社会学:研究的现状与趋势》,《社会》2005 年第 4 期。

② 在单位制度流变、剥离的攻坚阶段及单位制度的趋稳阶段,认同问题是存在不同表现形式的。

③ Albert O. Hirschman, *The Passions and the Interests: Political Arguments for Capitalism before Its Triumph*. Princeton, N. J.: Princeton University Press, 1997. 转引自成伯清《没有激情的时代? ——读赫希曼的〈激情与利益〉》,《社会学研究》2009 年第 4 期。

制衡？情感激发以及互动的情感话语体系及"仿亲情"关系束的形塑，使人们强化情感诉求，但有所不同的是，情感诉求与利益诉求并非无法共存。一方面，情感诉求可能与利益获取相互关联、相互混杂，共同支撑着情感认同；另一方面，即使存在利益诉求的差别，但也因相互依赖的制约，员工依附于单位（或单位内的派系集团），单位获取了员工的认同与忠诚，掩饰了利益诉求。这就是个体与单位之间的一种相互依赖，形塑了这种无法理清的"仿亲情"的情感认同。因此，本书首先面对的问题是，H 企业单位制度的认同情感在什么情境下展开？又受何种社会关系制约？我们要做的是，一要考察社会制度与社会结构的情境；二要探究单位人所涉互动关系或各种"关系束"。

二 单位认同的情感化：来源与展现

在《宗教生活的基本形式》中，涂尔干提出，集体认同的情感来源，应诉诸与心灵、生命凝结为一体的神圣之物以及人们对道德权威的尊崇，这种认同与血缘、亲情并非存在必然联系，但一定要超凡脱俗，比如神明的君主、可畏的信仰、宗教仪典（集体欢腾、图腾标记、图腾符号）。它们具有绝对权威性，都具有宗教意义的神圣，却又并非来自社会之外。与涂尔干的上述解释有所不同，单位制度的情感认同来源于制度赋予、"仿亲情"关系束的形塑。单位制度的绝对权威不是来源于社会关系之外的"神圣信仰"，而是单位内部的关系——结构中的权威，这种权威是当下的符号与权威，但缺少涂尔干立足的"神圣"意义与宗教力。涂尔干这样阐释群体内部的"神圣"，"当战士为了保护旗帜而倒下的时候，他肯定不认为他是为了一块布而牺牲自己的。这全都是因为社会思想具有强制性的权威，因而就具有个体思想所不可能具有的效力。凭借对我们心灵的这种力量，社会能够令我们根据它的意愿来看待事物，并根据情况添加或削减实在。"① 集体情感要想通过组织表达出来，就必须遵循一定的秩序，以便在协调中合作进行。所以舞蹈、歌唱就此产生，图腾与宗教就此产生。涂尔干说，宗教并非来自苦

---

① ［法］涂尔干：《宗教生活的基本形式》，渠东、汲喆译，上海人民出版社 1999 年版，第 299 页。

难,而是来自群体成员快乐的聚集。无论哪种形式,集体情感的具体呈现是,或为旗帜、或为真实和神话中的人的程序,这种程序即为符号。因此,集体情感来源于具有符号意义的图腾、仪式、程序。在单位制度体系里,人生活的现实性似乎总要越过(或忽略)这种意义的符号,以当下的(仿亲情)社会关系图景传递的符号发号施令,展现权威。可以肯定的是,与涂尔干并无二致,这种权威并非要诉诸群体之外,仅仅在其内部的社会生活即可获得。社会生活表现形式纷繁多样,比如正式制度下的庆典、纪念仪式、(大型会场的)集体欢腾以及非正式制度下的小群体聚会、社会互动、派系的集结等。社会生活自身持续地孕育着集体意识、单位情感。那些集体的欢腾既是社会生活本身,也是体系化了的象征符号。社会行动承载社会意义的建构。社会意义既包括主观意识到的动机、意图、目的、信念,也包括缄默的知识(理所当然的做事方式)与深层文化心理。正如符号互动论[1]所揭示的,人类行动必然承具符号体系结构,行动背后潜藏主观意义。我们将这些动机类型化、扁平化并加以诠释与重构即可发现,诸多仪式、庆典的集体聚集表达的是符号体系"能指"(如物品、形式、形态、声音、图像、形象等)功能,其欢腾聚集行动隐藏的动机、目的、意图等概念体系是真实的"所指"与存在。能指(的实体)是物质中介体,"所指"为理解和诠释提供了符号关联概念。除此两者外,"意指"则是被理解的一个过程,它将能指与所指结成一体,该行为的产物便是符号。社会生活之所以能够打动个体、聚集集体情感并获得持续的衍生,全部仰赖于意指对社会意义的发掘与诠释。本案例中,H企业以情感渗透或情感联结来建构制度权威,借由社会生活集体聚集等典型符号象征体系,单位制度权威与集体情感交替循环,单位与个体在组织内的鸿沟逐渐消弭并融合在一起。

裴宜理提出,单位制度在其形成与发展过程中依赖于一种特殊模式——"情感激发",以实现组织的功能与目标,进而将个体成员吸附

---

[1] 符号互动论体系的主要内容,参见[法]罗兰·巴尔特《符号学原理——结构主义文学理论文选》,李幼蒸译,生活·读书·新知三联书店1988年版,第131—147页。另参见[法]罗兰·巴尔特《符号学原理》,王东亮等译,三联书店1999年版,第36—40页。

于制度体系之中。这意味着单位制度的宏观体系并非依据理性化建制、"权利意识的启蒙"扩展开来。裴宜理在《重访中国革命：以情感的模式》中揭示，虽然两党（国民党和共产党）的政治术语和组织结构都相当地抑制，但是在唤起普通的中国老百姓情感这方面，却不能说它们是一样了。……（后者）通过"诉苦"和"控诉（批斗）大会""提高情绪"（而产生奉献精神）以发现一个"集体的声音"，使农民了解什么是土地改革，怎样公开抨击他们的压迫者。两党在实现革命目标的过程中，从上到下对"情感工作"的依赖程度都有显著区别。……中国的案例确实可以读解为这样一个文本，它阐明了情感能量如何可能（或不可能）有助于实现革命宏图。① 将制度的变迁、社会的变革简化为两个对立群体产生的矛盾及其情感怨恨加以倾诉，既没有诉诸制度与个体之间、权力（或权利）主体合法性等社会事实使主体独立出来，也没有单纯依赖于制度的赋予。对于个体而言，它是通过情感互动实现制度内化的。社会的变迁只是情感诉诸的对象转移和改变而已，人们并没有了解何谓真正的"权利"或"权力"，何谓真正的制度变迁。通过"提高情绪"形塑制度权威这一情感工作模式，不仅在战争年代得以确立，而且在新中国成立之后的各大运动中依旧延续，情感被重新点燃，以实现经济发展和政权巩固的新目标。②

总体上，单位制度在建立与扩展过程中，除制度上给予个体特定的先赋身份特征之外，依赖的多为情感工作模式，这在 H 企业表现得尤为凸显。人们从生活、工作到娱乐，从出生到离世，从个人私生活群体到单位的工作群体，以至单位之外社会关系的展开都依赖于这种"仿亲缘关系"（如在工作场所，人们之间以哥儿们、姐妹、叔姨等相互称谓，间或称呼其职业头衔）。单位制度内任何社会关系群体似乎都注进了"亲情与情感"，以建构这种"熟人社会"为目的的内群体，并有意区别于外群体，人们也对这种工作模式不加反思地认同。这种认同可能不一定与个体的价值实现、事业的成功直接相关，但它能够让每个个体

---

① ［美］裴宜理：《重访中国革命：以情感的模式》，《中国学术》2001 年第 4 期，第 98、99 页。

② 同上书，第 101 页。

拥有一种"家庭般"的温暖与归属感。

玛丽·道格拉斯在其《制度是如何思维的》著述中，揭示了一个基本原理，当制度与个体持续互动下，人们总是在自身创立的制度中寻求社会意义。这种意义不能诉诸人类社会结构之外，也并非被外部权威加诸个体之上的预先存在的价值和传统所形塑，而仅仅缘于群体成员自身的交往与互动。借此，本书提出，单位认同的情感化问题缘于单位制度自身的制度建构、单位内部传统、价值系统及其成员间的互动结构，因此，认同的情感化同样需要在单位制度内部探寻。单位认同的情感化主要包括在个体与制度之间产生的（"全部卷入"）"自然"情感（公私合一、公私混淆、似父子关系）；个体之间互动交往的"仿血缘""仿亲情"激发的情感；个体之间身份、社会关系、权益"无差异"（或微差异）而滋生的情感。

首先，单位认同的情感化表现为：由制度形塑而成、在个体与单位制度之间"自然而然"产生的情感。单位制度下个体与单位制度之间结合而成的单位共同体，并非为理性选择的结果，而是特定历史条件下制度以非反思性的形式授予的。如同人一出生，就注定了其血缘与身份一样，个体处于无法选择的情境之下，因此，在全国上下的单位体制里面，个体与单位之间近乎伦理情感的形塑是自然而然的事情。

> 为啥说（厂子里）以前的孩子都不用怎么上学（像现在上大学）呢？比如说一家都五六个孩子哈，孩子中学毕业了，一般也不用往上念了，也不用怎么费劲儿花钱去念书了，不用了。完了就上厂子去学徒，学完徒，完了领导给你签个条，就好使了，以后就永远成为这个厂子的（人）了。即使（20世纪）80年代以后，就是90年代以前，孩子考不上大学的，那也是找找人，大概顶多读个厂子（附带的）技校就可以进厂上班儿了。（H02—D—G，2013年8月12日）

> 我分到房是（一九）八几年。按照年龄、工龄、工作量、级别什么的排。最初平房，12平（方米）左右吧。一栋房，有五六家，有大一点儿的，有小一点儿的；有套间、有单间。根据家庭的

辈数人口，有套间，一大一小。家属不在厂里工作的，也这样考虑。住楼房是（19）84年，呃85平。后来房改，办的产权。花了2万块钱。大约（19）93年。……总是想这个厂子给了我很多。你看我这个工作有依靠，就像铁饭碗似的，因为有保证。从周围认识的人也好，从亲戚那了解到的也好，干临时工这个（工作）干两天儿，那个干两天儿，到后尾儿岁数大了连个劳保都开不出来。干我这个工作还是比较稳定的，虽然生活不太充裕吧，比较稳定，有依靠，我总是有这样的想法。（H01—D—L，2012年8月28日）

制度能够赋予情感认同，那么它是如何渗透到个体的思想观念之中的？除了上述家庭"后顾之忧"这种实际利益的解决，还有其他精神动员与鼓励，以激发这种情感认同。若透过H企业的正式制度来考察，那么党组织对个体的精神感召与动员吸纳即可解释其中缘由。曾经在H企业工作33年的一位书记讲述了自己如何得到党组织及领导的"关心"而成为忠诚于企业一员的经历。

有三个人对我的人生影响最大，并从他们那里找到了自己的人生坐标。一位是共产党员师傅M××，他为人朴实，工作踏实。……第二位是预备党员、团支部委员S××。他十分关心青年工人的思想进步。有一天他对我说："看过你的个人档案，你在技工班时就提交了入团申请。希望你更加努力，争取早日加入团组织。"在他的引领下，经公司团委研究批准，我于1954年5月加入共青团组织。一年后，他又找我谈话，鼓励我写入党申请书。我说，自己不够格，不敢写。他说，青年的成长与进步，不仅仅是青年自己在努力，还有党团组织在相助，交了入党申请书，定会得到党组织更多的关怀和帮助，更有利于你的成长和进步。这次谈话，给了我勇气和力量，我向党支部递交了第一份入党申请书。从此以后，我便把自己当作一名没有党籍的党员，时时刻刻注意向党员学习，向党员看齐，用党员的标准严格要求自己。第三位是党支部书记J××。他经常找我谈心，肯定成绩，指出不足，鼓励我努力学习和工作。1955年1月15日，经公司党委批准，我光荣地加入了中国共产党。我的这一段亲身经历，让我深深地体会到，是 H 企业给了我知识，给了我理论，给了我人生理想。如果没有各级党组织的关怀与指导，就没有我后来的成长与进步。①

对于个体而言，这种组织的关怀与感召如同火炬一样，既可以照耀，又能够传递。组织制度的认同来源于组织中的精英感召与传递，认同并非理性化的、反而是情感化的、"声情并茂"的。尤其是，这种认同本源于人（领导）与人（下属或普通职工）之间的亲密关系（非正式的、不公开的），后转化为人与组织制度之间的情感关系（正式的、公开的）。H 企业另外一位退休的 H 企业 DS 厂党委书记这样记述：

> 1978 年 12 月，经过职工代表民主选举，我被选拔为车间副主任，同时光荣地加入了中国共产党（而在这之前，因为自己的出身和社会关系，当时提干和入党都受到了影响）。这时，我怀着一颗感恩的心，给自己确立了新的理想目标。担任车间副主任，主管生产，使我感到肩上的任务重、责任大了。……在 H 企业工作 18 年，其中有五分之四的时间是在 DS 厂车间工作。在 DS 厂最苦最累的装卸队和电解车间，我从装卸工到倒班工人，从班长、工段长到车间副主任，一步一个脚印，踏踏实实地工作了 14 个年头。……H 企业让我津津乐道，备感亲切。②

20 世纪 80—90 年代前期的 H 企业，虽然处于改革变迁阶段，但由于单位身份与诸多关系束并没有实质性的变革，因此，即使非理性"单位"向"市场"理性变迁，单位制度仍然被伦理情感所主宰。在单

---

① 《难忘的激情岁月》，《H 企业记忆》（二）（公司领导及老同志回忆录），"纪念 H 企业开工建设 60 周年系列丛书"，J 省资料性出版物（第 02201403030 号），2014 年版，第 280—281 页。
② 《在 H 企业工作的日子》，《H 企业记忆》（二）（公司领导及老同志回忆录），"纪念 H 企业开工建设 60 周年系列丛书"，J 省资料性出版物（第 02201403030 号），2014 年版，第 44—48 页。

位制度形构过程中，单位自身发起的情感工作模式——包括情感动员以及调动群众热情、群众参与的情感激发模式，它作为意识形态、组织形式、符号体系以及群体派系划分的积极影响因素，已经渗透到了所有人的日常生活，并成为工作与生活相互弥合、必不可少的部分凝结下来。

> 那时上班有奔头。（心理）也不能忽略它（工作），不像现在说辞职就辞职了。怎么也不能说把辞职当作（家常便饭），那有了职业就有了铁饭碗。所以，大家对厂子都有感情，就是说，以厂为家，那真是以厂为家啊！家里人都受益嘛，你看一家人基本上都在H企业，各个厂子虽然不同，但都能保障工作和生活。（H01—D—L，2012年8月28日）

> 我们那时有生活会。每周六下班，开个生活会，相互提提意见。首先给班长提（意见），工人之间都互相提意见。互相把疙瘩解开。每周都有一次。那时候也有打架的，干干活儿就吵吵起来了，有的中间给挑拨的，这样的事儿都有。开生活会的时候就解开，小事儿也得解开。不解开，就系个疙瘩。但那一般都是工作意见不一致导致的疙瘩，很少有因为利益，就是（因为）他得的多、我得的少而闹矛盾。（H01—D—L，2012年8月28日）

此时，情感工作模式在国有企业单位中，一直处于重要地位。即使当管理人员与普通职工存在矛盾时，也需要这种方式化解；当工作群体内其中的某个成员遇到"危难"之时，更是情感模式显露的大好机会。

> 任班长期间，我顾全大局，关心职工，使班组工作一直保持着凝聚力。一次，一位急加岗位的同志由于违纪被扣罚了奖金，自己不理解，甚至在中控室对我破口大骂。我没有与他针锋相对，而是把他带到交接班室，心平气和地讲道理，当我讲到班组管理要有标准，要奖优罚劣，并分析他的违纪对班组带来的危害时，他才意识到自己的错误，并主动检讨。当班组同志有困难时，我会主动伸出援助之手。有一名同志的母亲身患重病，花了大量医药费，我得知

他无力承担时，便号召班组并联系车间为其捐款，使他得以渡过难关。①

> 我打心眼里热爱 XJ 生产，HG 生产的神奇总是让我激动不已，在围着设备转的同时，有一种说不出的亲切感。一天看不到它们心里面就空落落的，习惯到现场巡检，节假日时间也不例外。在节假日，经常早早来到现场，巡检之后，确认设备运行没有问题我才会放心离开，这已经是我多年养成的习惯了。②

调动工作热情、排除负面情绪，在 H 企业的成长历史中，利用新装置开工庆典、生活会、茶话会、运动会等正式制度开展情感共享、情感激活是一种惯常行动，或者是一种反复加强的行动，它不仅能够形塑集体团结、集体意识，而且能够增进情感认同。受启于玛丽·道格拉斯，学者周雪光提出，制度赋予人们"身份"及身份认知，这种认知不能在社会制度之外产生，人们必须通过观念制度对事物加以分门别类。③ 在影响着所有较低水平的思考界限里面标志自己，就是为了个体的人通过共同体的联合意识到自己的认同和分类。④ 在正式制度之下，情感认同会分类、集聚，也可以联合、增强。事实上，正式制度之下往往还隐藏着更多隐性的关系束或派系群体，它可能是一种生活传统、惯例习俗。狭义上讲，制度仅仅指惯例而已。大卫·利维斯的定义具有一定帮助：当所有的参与方在确保协调一致的形构规则上达成了共同利益，习俗便产生了。通过这一定义，玛丽·道格拉斯得出相应的结论，惯例就是指在此意义上的自我监控。……当所涉幅度足够狭小时，制度即为自我监控的这种观念开始是指使人确信的（期许），而不是所有问题都被祛除的那种观念。⑤ H 企业进行的情感动员、情感工作模式并不

---

① 《我与 Y 厂的情结》，纪念 H 企业开工建设 60 周年系列丛书编撰委员会：《H 企业记忆》（三）（纪念 H 企业开工建设 60 周年系列丛书），2014 年版，第 313 页。
② 《我的 XJ 情》，纪念 H 企业开工建设 60 周年系列丛书编撰委员会：《H 企业记忆》（三）（纪念 H 企业开工建设 60 周年系列丛书），2014 年版，第 271 页。
③ 周雪光：《制度是如何思维的》，《读书》2001 年第 4 期。Douglas, Mary Tew, *How institutions think*, Syracuse University Press, 1986, p. 124.
④ Douglas, Mary Tew, *How Institutions think*, Syracuse University Press, 1986, p. 102.
⑤ Ibid., p. 46.

一定都体现在这种生活会、茶话会等正式制度之上，更多地还体现在企业内部隐性关系束，即非正式群体之中。单位制度体系之中的这种非正式制度承载着个体期待，依赖于关系束个体预期达到自己的目的或目标。正像玛丽·道格拉斯所说，所有人都知晓它并不是那种化解所有麻烦与问题的正式制度，但大家都依赖于它。借此，人们宁愿将个体主动划归为某种关系束或派系群体，寻求情感归属并划分情感认同。

其次，个体之间互动交往中"仿血缘""仿亲情"激发出的情感。个体对工作"单位"之间的情感认同，源于中国特有的"家文化"遭遇"单位制度"之后而形成的"单位文化"。

据日本学者尾形勇的考察，西欧、日本、中国等众多学者曾对中国古代社会的"家"与国家之间关系进行跟踪，并提出了"家族国家论"。虽然它存在"家族主义的""父家长制的"以及"游离论"等几种形式，但尾形勇认为，总体上家族简单扩大为国家的说法并非全盘有效。他提出，古代中国的"君臣"属于"公"的范畴，而"家（父子）"为"私"的范畴，无论"君"和"臣"都从各自的"家""出身"，而进入"公"的范围中。"家"只是基础，在它们之上则矗立着"君臣"的世界，他们是"个别的人身支配"。[①] 尽管如此，尾形勇提出，家族的道德规范本身，也就作为国家法规发挥效用，并被执行了。[②] 虽然众说纷纭，可其中一个不可争辩的事实是，中国前近代社会的特定时期，政治伦理未分化的特质在国家—单位之间的确有所体现。在国有企业单位中，家国同构是通过国家—单位的同构共同实现的，虽然国家、单位各自享有不同的使命，各自维持着不同的秩序，但其政治伦理未分化的结果即为公私未分化、主体责任不明确，单位—个体之间的契约关系无法建立。在传统中国，借助什么来组织社会呢？梁漱溟在《中国文化要义》中回答，这种借助既不是"个人本位"，也不是"团体本位"，而是"伦理本位"，也就是说，"中国之伦理由于缺乏集团生活，故只看见此一人与彼一人之相互关系，而忽视社会与个人相互间的

---

① ［日］尾形勇：《中国古代的家与"国家"》，张鹤泉译，中华书局2010年版，第38页。
② 同上书，第257页。

关系。"① 学者麻国庆从文化的角度考察了"家与中国社会结构"这一问题，认为中国社会是"大传统"与"小传统"并存的，前者以儒家文化为支撑，后者以血缘的宗族为根脉，中国社会存在"拟制的家"的结构。② 金耀基延续这一话题谈到，"中国古典社会是一以伦常关系为基底的社会，每一个个体不是独立者，而是伦常之网中的一个'倚存者'。"③ 本书的研究中，H 企业内个体与制度之间的亲缘关系，如前所述，某种程度上是国家制度"自然"赋予的（个体与国家、单位、党组织之间都在形塑"仿亲情关系束"），这种"自然"形成的"关系束"向外扩展，即从血缘、亲缘群体向非血缘的群体扩展，由此形构了情感化的"关系束"与单位认同的情感化，这种模式的复制与仿效其实都为"仿血缘""仿亲情"情感关系的扩展。

> 以前人挣多点儿挣少点儿没这样，都讲感情。……那个时候，单位有什么事儿那都想着，都先把单位的事儿先整完了再回家。……领导跟工人也是靠感情联络。虽然人总是有跟这个领导走得近一点儿，跟那个领导走得近一点儿，但是这样的，谁都认同这个啦。你跟领导走得近吧，你有什么事儿他都替你想在前头，工资（的事）了、职位（的事）了、孩子（的事）了，咱们不就是这些事儿嘛。(H16—B—M, 2013 年 10 月 25 日)

> 那时候同事之间都有帮助，家里孩子结婚了，老人有病了，改革开放前挣钱少，就是五块三块两块的拿。八十年代后来涨工资了，就是几十、一百二百的了。但那时候就是八十年代可也真是不上饭店吃，一般都上家里炒两个菜，打点散装酒，包顿饺子啦。你说人的感情都是这样建立起来的。(H01—D—L, 2012 年 8 月 28 日)

> 当我被任命为联合 FT 车间主任时，作为这个近 200 人大家庭的"家长"，坚持"生产以安全为本，管理以人为本"的理念，努力塑造"家里"的每一个人，打牢员工的知识根基，为这个"家"

---

① 梁漱溟:《中国文化要义》，上海人民出版社 2005 年版，第 83 页。
② 麻国庆:《家与中国社会结构》，文物出版社 1999 年版，第 15、126 页。
③ 金耀基:《从传统到现代》，中国人民大学出版社 1999 年版，第 39 页。

掌好舵。……一次，车间一名员工的岳父住院，母亲病重，孩子患病毒性脑炎留下后遗症。我了解情况后，在鼓励安慰他的同时，向全体员工发出"自愿捐款"倡议，倡议书写道：FT是个大家庭，每一名员工都是这个家里的一员；爱FT就像爱我家，在这个家里，任何人有了困难，我们都应该像兄弟姐妹一样去关心他、帮助他。不到5天的时间里就捐款11620元，送去捐款时，这位员工和他的家人非常感动。"一人有难，大家相助"，在联合FT车间已经成为一种风气，真正做到了"上了班是战友，下了班是朋友"。①

在单位体制下，干部管理企业工人过程中，职业领域里的仿亲情式的工作模式可发挥市场化社会难以想象的作用，它不能用市场与理性来衡量与操纵。通过仿亲情式的伦理扩展，制度即可达到预期目的，因为其内部都存在一系列情感认同的"关系束"。H企业一位退休领导②这样回忆：

> 我觉得对待员工就要像对待亲人一样，他们也有喜怒哀乐，他们也需要理解尊重，他们更需关怀爱护。组织上把管理这群人的工作交给了我，我就不能让一个人掉队。……车间有个员工平时就爱打仗斗殴，一个不服，两个不愤，一百二十个不含糊。那真是"蒸不熟、煮不烂"，进派出所是常事。有时把人家打坏了，人家来找单位和家长，吓得他不敢回家；有时被人家打了，就干脆不上班了，谁都拿他没办法。于是我就主动接近他，他当时怕我批评总是有意识地疏远我。越是这样我越接近他，和他唠家常，找他感兴趣的话题聊天。有时他在外边闯祸了，中午不敢回家又没带饭，我就到食堂给他打一份饭，时间长了他对我的戒心也就越来越小了，什么话也就愿意跟我说了。我了解到他也想好好干，可是家里人总说他没出息，单位的人看不起他给他白眼，他就破罐子破摔，越摔

---

① 纪念H企业开工建设60周年系列丛书编撰委员会：《H企业记忆：英模回忆录》（三）（纪念H企业开工建设60周年系列丛书），2014年版，第291页。
② 曾历任车间工业副主席、党支部书记、厂工会主席、党委书记并获得中共J省优秀共产党员。

越碎。于是我就从关心他的衣食住行生活琐事入手,渐渐地我们成了无话不谈的朋友。他不管有什么事都愿意和我说,我就因势利导和他讲一些做人的道理,帮助他学习技术、提高素质。时间一长他转变很大,业务能力也提高很快,也不淘气旷工了,工作也积极主动了,于是大家对他的印象也好了,渐渐地就融入到这个集体当中了。①

以这种"情感拓展"模式展开工作,应该是单位制度里面一贯沿承的特色与形式。在调研访谈中,现任的一位安全科科长也这样讲述:

> 你看原先我在车间时候。在车间的时候吧,最多手下带过 400 多人,那时候管过 400 多人,那时候装置大呀,装置大完了后来分出两个车间,那太大,实在是管不过来,400 多人赶上一个厂子了,那算。完了后来分出两个来,一个车间也 200 多人。那时候人吧,说是难管呢,还行。最起码吧,论哥们感情了,论朋友关系了,都挺支持工作的,干啥吧再苦再累也能干下去。(H05—D—N,2013 年 11 月 17 日)

在 H 企业一本"英模回忆录"中,获省"优秀共产党员"称号、并曾任 R 厂某车间总值班长兼分会主席的一位"劳模"这样记述道:

> 作为一名基层的分会主席,我的体会是要和职工们交朋友,首先要知心、交心,及时向上级反映职工的诉求,激发职工的生产积极性。在工作中,我主动找职工谈心、家访,帮助他们解决实际困难,住平房的职工家里没有烧的,组织人去帮助买煤、捡柴;职工病了,帮助联系医院,并常到医院去探望。一次,一名职工因家庭琐事,小两口闹离婚,我下班后来到他们家里,分别找到双方当事

---

① 《H 企业我成长的摇篮》,纪念 H 企业开工建设 60 周年系列丛书编撰委员会:《H 企业记忆:英模回忆录》(三)(纪念 H 企业开工建设 60 周年系列丛书),2014 年版,第 344 页。

人进行调解和思想沟通,最后俩人和好如初。①

追溯"关系束"的形成历史,单位制度内这种伦理模式的扩展,是一代一代传承下来的。在调研中,我们经常能听到这样传递信息,以前的领导跟工人就是这样"合槽"(一起)吃饭,一起劳动,说说笑笑,很有意思,也有故事。H 企业一位退休书记的工作惯习被这样记述:

> 职工都亲切地称她为"老 C 太太"(其实为 C 书记)。她个头不高、胖胖的,说话办事都"咔嚓咔嚓"的。每天早晨挎个饭盒和职工一起从 T 住宅区走着来上班,厂里有小车她不坐,一边走一边和身边的职工唠嗑,职工们都认识她,有什么问题都愿意和她说说。所以,厂里大事小情,她都先知道。……陈书记特别关心人,她的工资在办公室文书 Z××那保管,不管谁家有了什么困难,她都解囊相助。几年里,她自己也记不清都给谁捐助了多少钱。C 书记工作深入,一丝不苟,一下大雨准到平房住宅区看望职工。……工厂投产后,她安排常委和厂领导分工包干车间。她包了两个车间,毒性很大。她几乎每天都跑到岗位上看一看、问一问。有时白天忙没去车间,晚间不回家,换上胶靴、工作服、挽起裤腿也要下车间转转。就是出差到了外地,还经常打电话委托我去她所包的车间看看。②

甚至,H 企业的正式制度与组织要想真正发挥其功能,仍然依赖于情感动员及情感触动,以激发普通工人对"劳动纪律"的遵从。

> 来到车间(老大难车间)后,虽然分工是主管生产,但我主

---

① 《H 企业是培育我成长的摇篮》,(纪念 H 企业开工建设 60 周年系列丛书)《H 企业记忆·英模回忆录》(三),J 省资料性出版物(第 02201403030 号),2014 年版,第 85—89 页。

② 《H 企业——我的事业我的家》,H 企业口述史编撰委员会:《H 企业记忆·H 企业口述史》(一),J 省资料准印证(第 201103093 号),2011 年版,第 96—102 页。

动配合车间党政领导,狠抓劳动纪律、狠抓职工队伍不放。我想:要想把车间搞好,首先要让职工爱岗敬业。于是,我结合生产实际,首先找职工谈心,在稳定职工情绪的同时,有针对性地解决安全生产问题。①

无论是工人之间还是干部与工人之间,按照柯林斯的说法,这些互动可称为区别于"正式仪式"的"自然仪式",因为他们在没有正式的定型化程序的情况下建立起了相互关注与情感连带,而其核心要素、过程与结果都是相同的,即都能产生行为符号与成员身份感,也都能达到较高的强度。②

最后,大多数个体之间身份、社会关系、权益上的"无差异"(或微差异)而滋生的情感,尤其是领导与员工"共同承担"产生的情感,在企业初创阶段具有极强的号召力和感染力,进而形构为一种企业管理文化。20 世纪 80—90 年代前期,H 企业的改革大多只是在经营管理体制上进行的,并没有涉及工人与企业之间是否剥离等焦点问题。也就是说,这个阶段的改革大多只涉及非"身份产权"③的改制与转型问题,"单位人的身份"变迁并未真正提上日程。因此,企业内的身份仍处于"无差异"状态,与之相关的社会关系大多也是重合或交叉的,权益也并未出现大的变化。一位曾经在 H 企业工作过 18 年的书记这样深情地追忆往事:

> 我在 H 企业工作 18 年,其中有五分之四的时间是在 D 厂车间工作。在厂里最苦最累的就是装卸队和电解车间。我从装卸工到倒班工人,从班长、工段长到车间副主任,一步一个脚印,踏踏实实地工作了 14 个年头。当时工作条件很艰苦,整天穿的是工作服。

---

① 《HF 厂是我的第二故乡》,H 企业口述史编撰委员会:《H 企业记忆·H 企业口述史》(一),J 省资料准印证(第 201103093 号),2011 年版,第 185 页。
② [美]兰德尔·柯林斯:《互动仪式链》,林聚任等译,商务印书馆 2012 年版,第 82 页。
③ 王庆明:《身份产权变革——关于东北某国有企业产权变革过程的一种解释》,博士学位论文,吉林大学,2011 年,第 113—147 页。

冬天穿一件破棉袄，腰上还扎一根带子，但每天都可以洗澡。当时生活条件也很艰苦，大多是粗粮，细粮很少，吃的是"车轱辘"（用玉米面做成蛋糕形状）。非常有幸的是，在 SJ 车间我认识了 L××，我们于 1973 年结婚，那时我已经 30 岁了。1974 年大女儿出生了，但没有房子，借车间指导员的一间 6 平方米的小屋。冬天冷得要命，窗子罩上了塑料布，阴面墙上都积满了霜，呼出的气都是白色的，晚上用棉被蒙住头，还觉得有风。妻子那时调到了房产科，早七点至晚七点会战。下班后背着孩子点炉子，等烟冒完了再做饭。秋天储大白菜，春天拉焦粉拖煤坯。就是这样子，每天都是高高兴兴地上班，和和美美地过日子，没有半点怨言。因为当时就是这样的条件，大家都这样。①

访谈中，人们一谈起"从前"的生活及今昔对比，都有同样的感慨：

> 原来你看都挺穷的，吃不上喝不上的，房子也不大，一家四五口挤着。但大伙都那样。你说都属于单位人，身份没差别；权力大小吧，就看你干到哪了，车间主任、厂长都是从倒班儿工人干上去的，跟工人之间的差别吧，也就是能管着几千、几百号人，钱呢多挣点儿，可能别的（福利）能多得点儿，不像现在又是权力又是钱（主要是收入）的差距这么大。（H06—L—G，2013 年 8 月 2 日）

相形之下，H 企业管理者的工作展开也多依赖于情感工作模式及互动惯习。它是公域向私域的转化，互动更为自然、亲密。多年来领导与员工之间仍然延续着诸多"单位式"的情感。曾有一位 2001 年的退休厂长这样回忆：

---

① 《在 H 企业工作的日子》，《H 企业记忆》（二）（公司领导及老同志回忆录），"纪念 H 企业开工建设 60 周年系列丛书"，J 省资料性出版物（第 02201403030 号），2014 年版，第 47 页。

我利用星期天和节假日搞家访，逐渐拉近了干部和工人之间的距离。职工看到了领导班子改变车间面貌的决心，大家的信心也随之树立起来了。这件事，使我进一步认识到，没有落后的工人，只有落后的干部。趁热打铁，为增强车间的凝聚力和队伍的战斗力，车间党支部及时开展了"结对子""交朋友""互帮互学"活动。党员干部主动为困难职工解决生产生活难题；专业技术人员主动帮助工人学习技术；老工人主动向青工传授操作经验。人心齐、泰山移。……干部职工能想到一起、说到一起、干到一起。……我担任厂长的六年，逢年过节，都要到离退休老职工家中去慰问。凡有生病住院的职工，我必到医院去探访。每当工厂有重大决策出台前，我首先邀请离退休老领导、老专家、老工人建言献策。①

在退休工人与仍工作在厂的老工人眼中，国有企业单位的情感认同被视为珍贵的"历史记忆"而口口相传。他们这样描述着曾经的单位记忆与单位情感：

　　最早以前（新中国成立以后至"文化大革命"之前）那时候的关系都是跟工人打成一片，没有什么干部这个那个搭（划分明显）的，检修那大检修那干部安全帽一戴都在那儿，厂级干部也有，指导员又啥的拽电缆，也下去那么干。就是80年代、我（一九）九四年退休前干部跟工人差距也没大到像现在这样。……咱们说，现在也说不好了，厂子也不了解了。现在是怎么的呢，可是现在我看是都想当官儿。现在是怎么的呢，都想当官儿，当官儿发财呀，你看看哼，呵呵。工人就完了，工人你不得三班儿几班儿地按班儿倒嘛。当干部不倒班，多自儿（自在）呀。挣得多，完了还得给你（干部）好处，你看这么个情况。（H02—D—G，2013年8月12日）

---

① 《化肥厂是我的第二故乡》，《H企业记忆》（二）（公司领导及老同志回忆录），"纪念H企业开工建设60周年系列丛书"，J省资料性出版物（第02201403030号），2014年版，第185、188页。

以前的主任都是从底下干上去的，知道工人怎么辛苦。我就说一个什么事儿呢，啥叫人性化管理？比如零点班和四点班，都困。比如感冒了，找主任，实在挺不了了，我得请个假，这个班上不了了，上（班）我也里倒歪斜地，人家看着还扣你钱。人家主任听后，就说真没有人替呀，再坚持坚持。你那么地（"这么处理"的意思），你先上屋里躺会儿去，然后马上回家给你拿的药，又给你拎一兜水果，来了后给你倒杯水，让把药吃了。你说这，这给你感动的，想回家也不能回去了。这个班他就坚持下来了，呵呵。主任还说，你吃点啥呀？以前都自己带饭呢，没准都给自己家做的饺子什么的给拎过来了。你说这样，你还说啥?！啥也说不出来。（H13—L—Z，2012 年 9 月 8 日）

在大型的组织体系中，其实，情感的感召与潜在的威权紧密相连。在特定情境中，如果适当，这种情感工作模式可能比实际的权力行使要有效得多。因为，"想要欺骗一个人的情绪，恐怕比欺骗一个人的思维更困难。……在领导权力支配的环境下，情感的支配比权力的支配更有效。领导的位置象征着权力，层级型的，从上而下，意味着不平等。但是同时，人和人的情感又是共通的、平等的，并且可传递、可感染。领导在和员工交往的时候，一方面在使用权力，另一方面也在传递情感。……（某种程度上）员工对领导付出的情感最敏感，最在乎，最珍惜，他们最终所认同的要素是感情，不是权力"。[1] 在 H 企业，单位认同的情感工作模式也是在市场化改革并未深入展开的情境下特定的管理策略与管理惯习。在单位规模稳固的时期，家庭内两代或三代人同在本企业（可能在不同厂室或部门）工作数见不鲜，因此，单位认同的情感化既缘于"血缘"或"亲情"纽带的联结和复制，又可溯及单位文化（裴宜理所言）的沿袭。这种单位文化就是单位制度下小团体、小群体特有的联结、互动模式，它能够培育人的认知习惯，也可形塑行动惯习。正像有的学者所坚持的，人们的多数社会行动都是在中观和微观层面展开的，而宏观结构都是观念上或者理论上的。他们确信："事

---

[1] 梁捷：《以情感建立企业认同》，《21 世纪商业评论》2007 年第 6 期（总第 34 期）。

实上，人类没有进化出宏观结构。在人类历史 90% 的时间内，小团伙和核心家庭是人类唯一的结构。"① 在传统中国与单位制中国，这样的社会结构其实才是重心和主宰，人们缺失了这样的结构，就会失去归属和寄托。

第三节 变迁与思考

几经市场化、现代化改革，传统的单位制模式逐渐消退。企业组织的这种全球化过程伴随的是现代性的单线推进。现代性对个体"在场者"的控制意味着，个体的情感不断被科层制度所囚禁与控制。单位制度承载的情感流随之被分化与位移，移情、多元、流变、稍纵即逝分解了原有稳定的单位制度，其统合包容的特性开始转向。

一 变迁

在 20 世纪 90 年代后期"剥离"制度开启之后，随着逐渐变革，H 企业单位认同的情感化出现了转向、终结与分化。主要表现为以下几个方面。

其一，情感认同向多元化认同转向，权力替代情感成为主导。从一定程度上看，情感认同其实为集体认同的一种表现。当纯粹的单位认同转换、分化之后，这种缘于单位集体的情感认同会不断被个体主体性认同、权益性认同、制度性认同、社会性认同等意识唤醒，单位认同在单位制变迁过程中表现得更为复杂、多元。最直接的后果与表现是，在企业管理中，人与人之间传递最为稳固的情感，似乎已被"忽略"。在工人的日常话语中，经常提到的即为："现在（管理层）手里有权力就好使，权力跟利益直接相关。企业都靠（正式）制度管（理），一般没人关注情感沟通这事儿。"从传统到现代的过渡，意味着一些传统以及非正式群体的一些交往惯习被超越，规范化的"（正式）制度"置于"人"之上。因传统和习惯不可能及时隐退，所以，当它作为一种潜在

---

① ［美］乔纳森·H. 特纳：《人类情感——社会学的理论》，孙俊才、文军译，东方出版社 2009 年版，第 159 页。

力量或群体文化与现代性交锋,反思性的主体在互动中逐渐建立。

其二,剥离单位的个体由之前的归属感转向复杂的反省与怨恨,爱与恨附于同一主体。由于现代性承载的契约、权利观念被遗漏,人们的情感断裂无法填补与弥合,最后只能导致一种褊狭转向另一种褊狭。这种后果并非缘于这个(工人)群体的思想陈旧,而是制度变革、历史文化与社会情境相互交错、综合作用的结果。理性化或文明化并非"起源"于这个或那个阶层,"而是在与社会场的功能集团间矛盾紧张的联系中出现的,在与竞争者之间紧张状态相互联系中出现的"。① 单位认同情感化的终结并非意味着向契约化、理性化转换一帆风顺,它同样需要国家其他改革制度的承接,权利与义务观念的觉知,市场与竞争的心理调适等。因此,"改制""剥离"不能简单化约为"抛弃"。

其三,单位制度体系并未完全终结,情感依赖与情感疏离依然并存。应该说,每一次制度变革的初始阶段都会出现一定程度的"认同唤醒"②,但这种唤醒并非一定是背离型(否定型)认同,也有可能催生一致型认同或混合型认同。直到当个体的身份真的发生变化、与制度体系脱离之后,那么这种单位认同才会真正被唤醒,才会出现复杂多变的态势。如果单就认同关系束的唤醒来说,那么认同唤醒的对象,面对的就是从单位内部关系束向市场化、非单位型关系束转换的问题。由此可得出结论,单位认同的情感化其实为认同的非完整性、认同主体缺失、认同唤醒遮蔽的表征。

二 思考

每种共同体都是一个经过仔细推敲的世界,表达着它自己的思考模式,渗透着其成员的想法,定义其经验,定位道德解释的角色。……不管面对的共同体其制度是好还是坏,个体确实都需要分享他们的想法并在一定程度上协调他们的行为,除了在他们自己建构的制度范围内做出更大的决定,别无选择。③ 现有的成文制度来源于直觉的、自然的、惯

---

① [德]诺贝特·埃利亚斯:《文明的进程》,生活·读书·新知三联书店1999年版,第314页。
② 张晓溪:《认同唤醒视角下的单位认同研究》,《学习与探索》2015年第6期。
③ Douglas, Mary Tew, *How Institutions Think*, Syracuse University Press, 1986, p. 128.

习的、风俗的、不成文的规章，一旦制度本身度过了脆弱阶段，就打上自然的、无法违抗的烙印。单位制度的情感化是特定制度、特定时期的惯习与文化，当变革的时间节点到来，其后果之一即为：个体及其行动不断与情感相分割、不断与情感相分立，就如同身体与道德、伦理相分离一样，致使个体的精神家园抽离、脱域于工作场所甚至脱离自身的身体。

值得思考的是，为什么这个时期（20世纪80—90年代前期）存在较高认同度？通过考察，本书的研究结论为，第一，在自然情感上，认同针对的对象是单位内部关系束及其特定的单位文化，因身份未变，面对的工作对象没有变化，所以，鲜有可相互比较的其他产权形式的企业，故对单位的认同度较高。第二，在生存理性上，公私互动、互构的结构体系里，整合度较高状态下存在较高认同，源于各取所需，国家（单位）需要忠诚，个体需要单位（国家）的庇护。第三，由于中国历史的特殊性，决定了单位制度中的个体始终留存一种"社会记忆"和"历史情结"，宁愿将历史记忆与当下社会去比较而不愿改变自身。实际上，正像本书提出的，这种较高的认同度是认同唤醒的遮蔽以及认同主体遮蔽的结果，而实际上这个时期的认同是不全面的，也非立体、多元的。

第三章 躁动的个体与去单位化：流变单位的认同唤醒

第一节 时空场域的变化（20 世纪 90 年代中后期至 21 世纪初）

一 具体表现

中国国有企业改革历经"放权让利""多种形式的经济责任制"，多数国有企业实行了"承包经营责任制"。但是，问题是承包制并非"一包就灵"。1991 年中央工作会议提出，要"转换企业经营机制"，1992 年后，GWY 就不继续鼓励企业搞承包了。1992 年 7 月，GWY 公布了《全民所有制工业企业转换经营机制条例》，明确了企业经营权、企业自负盈亏责任、政企关系等问题。① 但是，此时关键的问题是在于计划经济体制仍然主宰国家经济运行，单纯的企业内部机制改革不足以推动企业的现代化。1992 年 10 月，党的十四大明确提出，中国经济体制改革的目标是建立社会主义市场体制。依此，体制的建立与完善才使经济改革的步伐进一步加速。

随着中国国有企业改革的逐步深入，市场经济体制革新进程的加快，H 企业内部层层推进现代企业制度的建立。在 20 世纪 90 年代至 21 世纪初这段时期，H 企业从推行承包经营责任制入手，历经组建企业集团、

---

① 《国有企业改制大事记》，《现代国有企业研究》2011 年第 Z1 期。

实行股份制改造和递进式的资产重组和不断深化的结构调整，使企业的改革和发展循序渐进地推向深入。实行股份制，即企业以适应建立现代企业制度为目标，实现了从"工厂制"向"公司制"的历史性转换，从体制和机制上迎合了市场经济的根本要求，跨进了国有企业改革新时代之门。通过股票上市募集的资金，为企业自身及其配套工程建设提供了有效的财力支持，为增强后劲、扩大实力、提高效益迈出关键一步。

根据1998年年初全国人大九届一次会议审议批准的《GWY机构改革方案》，5月，根据重组规定将H企业的"集团公司"由J省省属企业划归ZY集团管理。并将1997年12月31日作为基准日，将H企业的集团公司整体上划入ZY集团，ZY集团对其行使管理权。1999年6月，ZY集团将H企业重组为上市业务和存续业务两部分。上市业务分为新组建的JL-SH分公司和JL股份公司，并设为一套领导班子，前者代管后者。存续业务部分为重组后的剩余部分企业，沿用JH集团公司名称，作为ZY集团的全资子公司管理。JL分公司由JYX、GTC、YRC等5个分厂以及HS厂、污水处理厂、计量中心、压检中心、研究院等10个单位组成，职工总数为5278人。其后，将亏损严重的BXJ和停产的GTC两套装置划给JH集团公司。JH股份公司由原所属单位和后扩充的10个分公司、4个子公司组成，职工总数为32654人。JH集团公司由剩余的26个独立经营单位、6个非经营单位、5个社会服务单位组成，职工总数为48507人。2000年3月1日，JL公司（含JH股份公司）与JH集团公司正式分立运行。至此，H企业的JH两大公司，进入了互相依存、互相促进、互相辅助、共同发展的新阶段。正式分立运行后，企业面临着严峻的困难局面。JL公司有员工35230人，其中股份公司29836人。公司有固定资产原值185亿元，净值147亿元。JL公司当年实现利税总额24.09亿元，实现利润23.00亿元；员工人均收入13383元。JH股份公司实现利税1.80亿元，实现利润7.91亿元。2001年，JL公司经济形势更加严峻，亏损继续扩大，全年账面亏损28.46亿元。截至2001年年底，累计亏损达80多亿元。根据企业内部统计与说明[1]，其亏损的主要原因：一是低效MHG装置和不良资产比例过高，

---

[1] JL公司史志编撰委员会：《JL企业志》(1989—2010)，2011年版，第9—15页。

技术改造任务艰巨。在公司139套HG生产装置中，SH装置83套，不到60%；MHG装置56套，超过40%。MHG装置大多数为20世纪50年代前建投的，技术落后、规模小、能耗高、效益差、污染比较严重。二是企业冗员仍然过多，人工成本比同类企业一年高出5亿多元。三是企业其中的一个工程建设期间正遇上国家的投融资体制由拨款改为贷款时期，利率、汇率、税率等调整引起的投资增加，加之物价上涨等客观因素，造成项目建设追加投资达到原定投资的60%多，贷款数额大，资本金比例低，企业长期负债经营。又逢产品市场在全国持续低迷、原料成本高，加之巨额利息偿还的压力，使企业缺少流动资金，导致效益低下缺乏竞争力。四是企业负担沉重，抗风险能力差，对因市场变化增加的减利因素没有消化能力。五是企业自身生产经营管理还有薄弱环节，部分新建装置没有达产达标，集中管理的优势没有发挥出来。而后，在国家、ZY集团与省政府的支持和帮助下，通过增加部分产业装置资本金、提供贴息贷款、债券转股权，实现了较大幅度的减亏。并于2001年，加快结构调整，对67套淘汰装置进行善后处理，加快重点技术改造项目的实施。

分立后的JH集团公司，同样面临十分严峻的困难局面。第一，装置质量差。公司176套生产装置中，绝大部分属于工艺落后、设备陈旧、规模较小、消耗高、污染重、效益差的装置，只有52套保持运行状态，占装置总数的30%。只有两套新上配套装置，一套是年亏损1.6亿元的BXJ装置，另一套是建成后就停产的GTC装置。第二，资产结构不合理。在集团公司174.10亿元的总资产中，社会公益性资产占27%，无效资产占38%，有创效能力的资产仅占35%。资产结构不合理，严重制约了企业的创效能力。第三，经济总量低，经济效益差。1999年公司营业收入为16.70亿元，亏损近6亿元。由于产品技术含量不高，竞争能力弱，缺乏新的效益增长点，企业徘徊在"消亡"的边缘。第四，企业冗员多。公司所管辖的37个二级单位中，有21个单位处于内部关闭状态，富余人员在50%以上。1999年在册职工中，有2万多名职工处于下岗状态；同时还负责管理退休职工33970人。第五，企业办社会负担重。公司负责管理23所大中小学、24所幼儿园、3个文化宫，一所技校和一所职工大学，同时还有浴池、山林、道路、江堤等，一年的运行、维护费用高达2700万元；每年用在教育、医疗、公用事业和养老补贴上的开支近4亿元；离退休职工的统筹外费用和有息债务高达15亿元。2000年3月1日，与上市部分正式分立运行后，集团公司成为ZY集团内6户特困企业中最为困难的一家。2002年，企业拉开了结构调整、技术改造、集约管理三大攻坚改革改组的序幕。

深化资产重组和结构调整，即公司以规范实现整个公司股份制改造为引领，本着抓大放小、强化主业、剥离副业、净化资产的原则，特别在划归ZY集团公司所属之后，通过对相关非主业资产的改制、重组、剥离、划转、关停以至破产等方式，不断提高了企业整体资产的优良率和使用率。适时有效地改善了企业的人员、组织、资产和产品结构，持续维护了企业的稳定发展和健康成长。其实，企业的结构调整最关键、最焦灼的仍然是下岗分流这一环节，它直接涉及人员的去留、身份归属、未来生活状态。根据《关于调整职工内部退养政策有关问题的暂行规定》和《关于调整与企业自愿解除劳动合同有关问题的暂行规定》等文件中有关劳动用工制度的规定，凡距离达到国家规定的退休年龄5年之内的，或男职工工龄满30年及30年以上的，女职工工龄满25年以上的，可以实行内部退养政策。退养期间，由企业发放生活费，标准不高于本人上月工资的80%。按此文件，到2003年年底，共有2928人实行了企业内部退养。1999年4月9日前参加工作并已经与企业签订劳动合同的（不包括符合退养条件的职工），可以自愿与企业解除劳动合同，并由企业给予个人一次性结清补偿费用。标准是：企业效益较好具有支付能力的，由企业按连续工龄满1年不高于本单位上年2.5个月人均工资水平支付；亏损和困难企业可以降低支付标准。2000—2001年，H企业共计有33709人自愿与企业解除了劳动合同；另有198人按照法律程序与企业终止了劳动合同。当下岗分流之后，由于存在人心离散、社会不稳定等后续问题，故H企业采取了新建项目选招一批、清退外用工后安置一批、鼓励自谋职业分流一批等措施，开启了再就业安置工作。2005年H企业专门制订了《有偿解除劳动合同人员再就业管理办法》与《有偿解除劳动合同人员基本情况调查工作的实施方案》等相关文件，进行了普及性再就业安置工作。重点是对通过上述就业措施仍然没有就业的有偿解除劳动合同人员进行系统管理和安排。其中主要通过以下几种渠道解决：一是选择劳务中介机构，专门为公司有偿解除劳动合同人员办理职业介绍、就业培训、政策咨询等服务，确立并打通企业与再就业人员相互交流的新渠道；二是建立有偿解除劳动合同人员的综合档案，全面掌握相关人员的自然状况，并与劳务中介机构共同制定有关对再就业人员进行考勤和管理的各项规章制度；三是采取区分对待政策，对丧失劳动能力的有偿解除劳动合同人员进行调查、核实并办理相应待遇手续；四是开发内部物业岗位，特别选择保安、保洁、绿化等公益性岗位，进行大面积系统安置；五是采用内外结合方式，与地方政府共同发掘治安巡逻点、治安交通岗亭等岗位进行安置。到 2010 年，共安置有偿解除劳动合同人员 15557 人，既推进了改革进程，又保持了大局稳定。①

二 变迁总结

这一阶段，从国有企业单位的认同角度来看，也是主体意识逐渐凸显、认同逐渐唤醒的时期。从制度结构的分立重组、人员流动、剥离以及时空的纵横变化及其产生的差异这一角度来看，2000 年前后正是 H 企业的单位认同意识被逐步唤醒的关键节点。1997 年年末，H 企业全民所有制职工 5.7 万人，集体所有制职工 5.5 万人，总数为 11.2 万人，到 2000 年年末，H 企业上市公司全民所有制职工 2 万人；集团公司全民所有制职工 1.9 万人，集体所有制职工 1.3 万人，总数为 5.2 万人。职工总数减少 53.6%。② 而下岗分流的具体依据的时间及其他标准为，对 1999 年 4 月 9 日前参加工作并已经与企业签订劳动合同的（不包括符合退养条件的职工），可以自愿与企业解除劳动合同，并由企业给予个人一次性结清补偿费用。标准是：企业效益较好、具有支付能力的，由企业按连续工龄满 11 年不高于本单位上年 2.5 个月人均工资水平支付；亏损和困难企业可以降低支付标准。2000—2003 年，H 企业 3 万余人劳动合同的自愿解除，及近 200 人劳动合同的终止及之后两千余人

---

① H 企业史志编撰委员会：《H 企业志》（1989—2010），2011 年版，第 161 页。
② 《劈波斩浪向前行》，《H 企业记忆》（二）（公司领导及老同志回忆录），"纪念 H 企业开工建设 60 周年系列丛书"，J 省资料性出版物（第 02201403030 号），2014 年版，第 52 页。

的内部退养，① 说明制度的变革归根结底还是要落实到人员流动、身份归属等这些焦点问题上。H 企业经过分立改组，与原来"十万大军"的规模相比，人数比例减少近一半，这在历史上任何一段变革时期都从未发生过，尤其对于那些与国有企业单位彻底剥离的人（无论其之后生活状态如何），其心理落差变化，短时难以厘清。

从个体与国有企业单位之间的互动历程来说，也许正是前期认同的情感化、认同理性不足以及认知模糊才催生了这一时期认同主体逐渐凸显。由此可见，这一场深刻变革终究带来了员工对国有企业单位的重新认知、对自身主体的重新判断以及对自身所涉关系束的重新识别，其总体特征与表现为，认同主体凸显，认同唤醒浮现。

第二节　流变单位的认同唤醒

一　认同知觉凸显

在《时间和社会组织》一文中，吉登斯说，时间是事件从过去到现在的某种流动，它标明了时间的社会属性、时间与社会事件的关联性。吉登斯这样描述时间，那么就意味着时间表达的是一系列社会事件的历时过程，所涉关系的空间关联。其社会意义为，时间不是独立存在的，其自身也无社会意义。而一旦它与社会事件关联在一起，就能够标明社会事件的进程、节点、结局。时间标明了事物所具有的社会属性，它是共享的社会时间，而非个体化的私人属性的时间；人的互动过程同时在各种空间中展开。正是在这一意义上，私人属性的时间便与其社会属性产生了矛盾与冲突。特定时空情境下，个体与所属群体、组织交融紧密，无公私之知觉；而一旦时空区隔显现，个体知觉意识开始觉醒。我们的观点倾向于，社会学意义上的时间和空间可观察与测量，都能与物体的存在和人类的活动相统一、相分离。② 也就是说，人类自身总是

---

① H 企业史志编撰委员会：《H 企业志》（1989—2010），2011 年版，第 161 页。
② ［英］安东尼·吉登斯：《时间和社会组织》，载《社会理论与现代社会学》，文军、赵勇译，社会科学文献出版社 2003 年版，第 155—156 页。

承载着时间场与空间场的,虽然人无法与时间、空间相脱离,但是,时间和空间上作为流动着的"事件丛",可以通过人的意识进行"分离",从而对其加以测量和说明;时间、空间场域可以作为人的意识知觉的一个外在刺激条件,来唤醒人的自我知觉、他人知觉以及种种互动关系知觉。单位人对于国有企业单位的认同变化也可依据这样的原理进行分析。

其实,在探究单位制度起源问题上就曾隐含着认同唤醒问题。关于单位制度的起源,路风认为:"中国共产党革命根据地的组织形式,实际为单位的最初雏形。后随着夺取政权的节节胜利,单位这种组织制度被推广到了全国。显然,单位这种社会组织形式是由基本的体制因素在特定的社会历史条件下形成的。"① 学者卞历南考察的历史场域与路风有所不同。卞历南认为,国营企业制度的"单位"名称,源于国民党在回应战争所引发的持续的全面危机过程中为了使国家制度合理化所作出的种种努力。由于"单位"这一名称的使用,这些国营企业所形成的各种特征也自然呈现为单位之特征。尽管如此,卞历南也承认,"中国国营企业制度的形成是一种激进性的制度变迁。因其在短短的十年里即取代了一个为民营企业所支配的经济制度。档案资料表明,这一制度变迁之激进性质来源于战争(指抗日战争)引发的持续的全面危机。通过暴露现存制度之缺陷或表明建立新制度之必要性,危机不仅凸显制度变迁的必要性,它还迫使人们从根本上改变其关于制度环境的现存思想模型。"② 虽然二人考证的历史场域有所不同,但揭示的结论相近:单位制的认同唤醒问题是在特定社会历史情境及其社会结构下被激发出来的,唤醒被作为"问题"来发现,可能是隐蔽的,与特定历史结构难以脱离。

20 世纪 50 年代中国政权稳定后,工业国有化的认同唤醒被当作一

---

① 路风:《单位:一种特殊的社会组织形式》,《中国社会科学》1989 年第 1 期。此外,学者满永、葛玲于 2008 年 8 月在《唯实》上发表《单位制与城市社会整合研究:以 20 世纪 50 年代为背景的分析》一文,考证"组织起来"这一单位化路径的取向,早在 1943 年毛泽东就已经撰文论述。他们进一步论证,"大单位—小社会"这一单位社会的模式仍是新中国成立以后工作重心向城镇转移开启的。因此,这种认同唤醒仍然以制度整合为契机而产生的。

② [美] 卞历南著译:《制度变迁的逻辑:中国现代国营企业制度之形成》,浙江大学出版社 2011 年版,第 23、292—293 页。

个"问题"才得以真正面对。李静君揭示:"国有和集体所有制形式的工业国有化大多发生在党的政权稳固之后,并且涉及的群众动员和暴力对抗要少得多。……不仅如此,而且在 20 世纪 40 年代末和 50 年代初,共产党有效地动员了广大贫苦农民和城市产业工人来支持土地改革和工业国有化的革命目标。"然而,"大跃进"失败和"大饥荒"的发生,却改变了原有状态。许多人开始逃离集体主义的极端做法;官员腐败也可视为反抗体制的另一种形式;50 年代随着工商业国有化的推进,以上海为中心发生在全国各城市的罢工达 1 万多次。根据李静君的考察,这些以"行动"来反馈制度的效应不断显现,其"直接针对的就是革命前早已存在的不平等结构,从而与意义深远的体制变革相关"。① 这可能是单位制度认同唤醒的最初时期。

对于 H 企业来说,单位制度变迁与个体生存理性之间的互动同样孕育了认同唤醒问题。按照路风的早期研究,如果将单位制的形成及其依附关系的建立作为单位社会形成的标志,那么,单位制度变迁及其引发的依附关系转变即可成为认同唤醒的重要契机。在 H 企业改革与变迁进程中,独立的个体从单位体系中剥离出来,单位人的"个体性""独立性"这一主体特征逐渐凸显,公私合一转换为公私分化。单位制度时期的制度与个体合一的本质被打破,职工跟随二级厂剥离出来,制度与个体开始分化,时间与空间的多重属性凸显出来,矛盾与冲突显现。个体突然剥离,但并未建立独立自主的意识与信心,突然失去了依赖的空间和媒介,由此单位认同被唤醒、被重塑。

这种单位认同的唤醒,首先是在原有单位制度下生存链条中断开始的。比如在工资与社会保障、医疗保险、住房及其相关单位给予的福利上的中止,当然也包括"单位"身份及其附属的相关"优惠"与"照顾"的失去,甚至包括自己人际交往关系和社会结构的变迁。权利与利益是无法分割的,当利益逐渐失去,人们开始对自我(权益)、所属内外群体、原有"单位"以及互动关系进行反省与认知,从而逐渐唤醒了"单位认同""自我认同"以及时空交叠的认同。

---

① 李静君:《中国持久的不平等:革命的遗留问题与改革陷阱》(上),《国外理论动态》2011 年第 9 期,第 63、65 页。

第三章　躁动的个体与去单位化：流变单位的认同唤醒 | 63

对于 H 企业的 D—S 厂来说，剥离出去的问题纷繁复杂，因为剥离过程中，经过第三方"中转"这一环节，可能至今工人也不知内情，另外，工人也无法了解其过程。因此，剥离之痛后的独立性如何建立起来，对于满负荷工作、超低工资的工人来说，答案当然无法确知。

> 就是我们当年厂子剥离、公司转制的时候，手续都得有啊，不是直接归 YT 集团的，而是先跟 C 市热力公司签的合同。这个事儿吧，员工根本就不知道，员工也没有签字的机会呀。但是后来又转了，转了后就叫 YT 集团 LTSN 有限公司。2000 年转制，叫 JYT 集团 S 有限公司，现在叫 JLTS 有限公司。（H16—B—M，2013 年 10 月 25 日）

> 它有些问题是解决不了的。我们早就把这个事情都看到底了。靠的就是这部分人（下岗买断者）逐渐死亡。自然淘汰才能把这个问题解决，要不永远解决不了。它就是这样一个问题。我当时我二十多岁我就下岗了，你你这是企业动员我下岗的，动员我买断的，我现在要求重新上岗，我要跟正式员工一个待遇。你能给他满足条件吗？！提供了说也行，你给他提供了吧，好多人，好几万人呐，当时我公司十几万人，我现在才剩两万多职工，我十几万职工怎么提供？我没有能力提供。另外，你现在提供了，从哪年开始提供，从哪年开始算？你比如说零三年来的，到一三年这个十年我利息还多少钱呢？你能给他吗？解决不了，除非就腾啊腾啊腾（拖着）到他退休了，退休以后跟社保都是一个待遇了。只有这一个办法。（H—DA—Z，2013 年 10 月 29 日）

学者田毅鹏清晰地阐释了单位共同体传统的变异问题，"随着市场的延伸与国有企业改制的推进，国有企业工人的回应心态上从消极到积极，在形式上从隐秘到公开，在组织化程度上也从个人上升到集体。"[①]其给予的启示在于，单位共同体式的传统与其分化中的变异构成了认同

[①] 田毅鹏、吕方：《单位共同体的变迁与城市社区重建》，中央编译出版社 2014 年版，第 184 页。

唤醒的特定情境，进而认同唤醒与认同重构同时展开，认同唤醒伴随着单位"转型"进程的艰难与复杂①，唤醒与重构并肩影随，国家—单位—个人单一路径消解后，社会失范需要拯救，社会结构需要重塑，这都需要建立新的整合秩序与规范。

> 大家多数还是觉得抛弃了他们。可能当时有给一部分钱嘛，觉得一次性地给那些，还挺高兴，但是过一段儿反过味儿来（想明白）了。对任何一个人来说，工作了十几年的一个地方，都有感情了。一般都比较长，我是比较短的了，只有不到十年，大多数都是十几年、二十几年的老工人，别说工厂给你带来多少财富，那从感情上都有种这样的留恋。那人都是有感情的，离开这个生活工作的地方，难免会有些失落的。（HM24—L—F，2013 年 8 月 2 日，2013 年 10 月 5 日）

> 我们当时有技术的工种，比如学电焊的焊工，他到哪儿都能找到工作，那当然得走了，剩下的要么就是年龄太大的人，要么真的没有什么别的出路的了，就还在这儿嘛。当时说有一个人去了 K 药业的，还有的去了 HJ 公司，做劳务出国了，一年十多万。你说一年十多万和一年一万，你选择哪个？（H19—D—S—Z，2013 年 11 月 5 日）

> 从改制剥离后人家真有干得不错的，有技术有能力到哪也不怕。你看 SJ 院的 L×× 跟他媳妇儿，人家俩人还没等我们改制呢，20 世纪 90 年代初，她媳妇儿就自己出去上韩国进修去了。人家外语特别好，出国前就天天挎着随身听学习英语，我们公司来外国人都是请她做翻译。出国待了两年后，回来就辞职了，国有企业这个地方压制人才，待着不舒服，就跳槽去 SZ（市）了，现在一个合资企业做区域总代理，真正的企业高管白领。L×× 后去的 SZ，也是在一个公司做技术检测工作。俩人在深圳那现在都属于富人阶

---

① 田毅鹏等：《单位制度变迁与集体认同的重构》，《江海学刊》2007 年第 1 期。另参见王彦斌《管理中的组织认同：理论建构及对转型期中国国有企业的实证分析》，人民出版社 2004 年版；王彦斌：《中国的组织认同》，社会科学文献出版社 2012 年版；宓小雄：《构建新的认同：市场转型期国有企业的劳动控制》，社会科学文献出版社 2007 年版。

层，在那里住的别墅，孩子在 M 国 STF 大学读研究生。你看，人家早有自觉，跳出去了，现在发达了。（H55—S—G，2015 年 12 月 28 日）

认同唤醒的总体行为表现为：自知、自觉式的"集体无行动"与目的明确的抗争式"集体行动"。① 前者的行动特征为：冷漠、不合作、公共责任的侵蚀、积极性缺乏、缺工、工作场所的无效率等形式，如李静君和刘爱玉的研究与发现。后者行动倾向为：或者战术策略的，或者破坏性的，或者不成熟的集体抗争行动。学者佟新认为，工人在市场经济条件下的负面经历凸显了他们对社会主义文化传统的认同，兼并式改革所具有的私有化性质激发了工人们的"主人"观念，加剧了工人对"共同体"和"家园"的留恋与集体认同。故策略性地借助那个时代的文化传统来为其群体利益的实现寻找合法性和可能性，是其集体行动的理性取向。② 认同唤醒及其集体行动其实即为，为了满足生存理性需要，借用了政治文化传统与历史性的集体认同，使集体行动得以成功，认同唤醒更加自觉与理性。

中国人为什么都不按规则（做事）？光想中国人怎么怎么差怎么怎么差，你说排到最后，我啥也没有了。（就是因为）它规则老在变呢，谁还相信排队呀。不就是这种现状嘛。（H19—D—S—Z，2013 年 11 月 5 日）

所以上 BJ 去告状去嘛。大家觉得心理不平衡啊，很多。而且吧，那时候算是全国性的，包括我们系统当中包括 D 市、X 市……H 企业这事儿吧，你也搞不懂。你现在来讲，买断时间长了，越买断时间长了，你越看得清。当时也想不了这么多。当时其

---

① Lee, Ching Kwan, 1998, "The Labor Politics of Market Socialism: Collective Inaction and Class Experiences among State Workers in Guangzhou", *Modern China*, Volume 24, Issue 1 (Jan.)；刘爱玉：《国有企业制度变革过程中工人的行动选择：一项关于无集体行动的经验研究》，《社会学研究》2003 年第 6 期；刘能：《怨恨解释、动员结构和理性选择——有关中国都市地区集体行动发生可能性的分析》，《开放时代》2004 年第 4 期。

② 佟新：《延续的社会主义文化传统：一起国有企业工人集体行动的个案分析》，《社会学研究》2006 年第 1 期。

实可以不买，完全可以不买。是这样，好就好在前提是先给你划为自愿，名誉好，它没用。它不像是企业破产，买也得买，不买也得买，对吧。你这不一样啊，那能一样吗?! (H16—B—M, 2013年10月25日)

延续同一主题，学者黄岩却提出，由于企业与国家制度文化的统合性，即社会主义口号与主人翁地位的感召似乎并没有阻断国有企业工人集体抗争行动的脚步。① 它作为集体记忆与集体意识的感召，重复激活群体成员的共享情感②，反而构成了工人集体维权的行动动力，形塑了认同唤醒。

我们买断的（人）好几万，对吧，那你说一下都能这么安排。就是说全都安排了，（实际上）有许多安排不了，你像说"大集体"的，就不给管了。安排的这些主要是这些主体（公司）啊（能干活的）。我们这个"大集体"吧，它怎么说呢，它也算我们H企业人，是H企业中的"大集体"。就是挺乱的，比较乱。(H16—B—M, 2013年10月25日)

"单位身份"及其"社会主义社会的主人"既作为虚实呼应的象征身份，又可作为维护自己即将失去相关权益的筹码，形塑认同及其唤醒。当然，最后的权益与极端的自我常常相互对应，因此，也产生了极端的认同心理与极端的个体行动。

二 内外部关系束上的认同唤醒

在H企业的单位内部权威结构与工人的集体行动方面，单位的权威结构是由单位的整合功能、强制性的依附结构决定的。由于单位组织的功能合一、非契约性、资源的稀缺性、不可流动性等内在特质，形构

---

① 黄岩：《国有企业改制中的工人集体行动的解释框架：以西北某省X市H纺织公司的一场抗争为例》，《公共管理学报》2005年第4期。

② 艾娟、汪新建：《集体记忆：研究群体认同的新路径》，《新疆社会科学》2011年第2期。

了强制性的依附关系,单位依附于国家、个人依附于单位①(或单位内部的权威结构)。虽然,这种结构体系伴随单位制度的改革发生了很大变化,如"去组织化的专制主义"工厂政体的出现,在限制介入性大型国有企业中庇护关系和派系结构向"层化关系模式"的转变,原来以政治忠诚为基础的庇护关系向以效率差别和人力资本为基础的多级层化结构的转变②。但是,在改制过程中,国有企业单位的多元结构里,这种对权威结构的依附仍然没有被实质性地改变,反而可能加剧这种依附,即使依附并未成功,也加速了成员的认同唤醒。

> H—S 厂从 H 企业剥离出去之后吧,说被 YT 集团给收购了。现在工人挣得非常少,干部挣得非常多,它是两极分化。YT 集团属于私企,它收购之后,就把底下干部的工资给提起来了。干部稳定住了,工人你再找,全给你压下来了。原来国有企业工人的身份变了,变了后包括养老保险、公积金等全少了。……(H08—D—J—Y—L,2012 年 8 月 29 日)

> (当时买断的时候)没有全体开大会,比如说你是哪个车间的,名誉上说自愿,实际上是劝。等你签上那字了,那就改不了了。相当于画手印儿了,呵呵,合约生效了。那领导是没有买断的,除非他快死了,我说话狠点儿。呵呵。管理层的车间主任也没听说有买断的。后来想管理层领导是了解的,说国家不可能把企业给抛弃了。应该说,管理层吧不能说全不了解吧,也能了解一些,尤其是领导。打比方说车间主任。说这个车间黄了,你不能当工人去吧,那就调到别的厂子去了。我可以调到 D(厂),我可以调到 L(厂),一分流,完事儿了,人家跳(槽)了,人家该干啥干啥。等我们买断这些找谁去啊?!(H16—B—M,2013 年 10 月 25 日)

---

① 李路路:《单位制的变迁与研究》,《吉林大学社会科学学报》2013 年第 1 期。
② Lee C K. The transformation politics of Chinese working class1, *China Quarerly*,1999(2);刘平、王汉生、张笑会:《变动的单位制与体制的分化——以限制介入性大型国有企业为例》,《社会学研究》2008 年第 3 期;李路路:《单位制的变迁与研究》,《吉林大学社会科学学报》2013 年第 1 期。此外,讨论中国单位社会的权威结构与依附(庇护、互惠)关系的学者很多,如华尔德、路风、蔡禾、丘海雄、揭爱花等。

派系结构因其存在纵向非交叉的这一局限，那么一旦这种单一关系格局破裂，以差异为主要参考系数的认同唤醒即可激发。认同唤醒的本质，其实是对单位制度变迁及其内外部"关系束"的唤醒。学者周雪光认为，经济学意义上的纯粹产权在实际生活中面临难以回避的困难。实际运行中的企业组织产权常常受到极大的限制，在许多方面含混不清，有时甚至处于瘫痪状况，不能有效地运行。因此导致企业"产权残缺"现象。周雪光提出，用"关系产权"来概括"产权是一束关系"这样一个命题，能够清晰地展现组织与组织内外环境之间长期稳定的各种纽带关系，相互关联、相互融合、相互依赖。① 依此路径继续推演，单位制的认同也是在正式制度和非正式制度之间展开的，当置身于单位制度体系中，正式制度被弱化，而非正式制度却被强化，单位认同在一定程度上认同的即为关系和关系束。尤其在单位内部变革、整体变迁的节点，这种认同唤醒都是在关系和关系束中激起、生成的。即使个体"下岗"之后，还常常与企业保持着各种"关系"——劳动关系、人事关系、党团关系等，并没有完全脱离原来的工作单位。……而"身份"在下岗的过程中具有刚性的、不可回旋的影响。② 这样一种若即若离的关系必然与单位变革后稳定下来的人员形成比照——原有的、现有的以及预期的状态等。尤其是制度保障（确定的体制内身份）与非制度保障（非确定的体制外身份）之间的差异、比较不断唤醒"未稳定"群体的认知，更加形构了认同唤醒。

  虽然我们买断的一部分被安置回厂了，但我们的身份不一样了，这样工资就差得多了。我们工资甚至都赶不上他们的奖金呢。他们工人工资平均五千左右吧，比方说他们两千块钱奖金，我们能开到两千吗？开不上吧，对不对？社保医保都扣除，差几块钱1800元。这两块是大块呀。社保一年8000吧，医保一年1000。就算1800，去掉交社保的还剩多少了？连 J、C 两市最低生活标准都没达

---

① 周雪光：《关系产权：产权制度的一个社会学解释》，《社会学研究》2005 年第 2 期。
② 李钽金：《车间政治与下岗名单的确定：以东北的两家国有工厂为例》，《社会学研究》2003 年第 6 期。

到。说现在 JC 两市都统一了,应该涨 100 多块钱,但是说财政没钱,就没涨上来。那报纸都登了,因为涨钱这事,人员太多。(H16—B—M,2013 年 10 月 25 日)

即使在新国有企业模式之下,这种依附和派系难以瞬间消解,以往的派系可能更加根深蒂固,新生的派系集团可能也不会甘心示弱。认同唤醒与新型的依附心理、依附关系并存。

人都有个群带。就是说尤其厂子人比较少,400 多人,你说待几天基本就都认识了,那也得有关系啊,光认识也不行啊。有问题了,也不能直接扣,直接扣他肯定反感呢。要不说很多人干不了这行儿呢。直接扣他也急眼,脸上也挂不住。直接得罪人的话,领导也认为你不够圆滑,干不了这个。太狠的也不行,你给人收拾蒙了(太严重),那么人家怎么再做啊!我们一般都这样:你看咋办吧,你自己想办法,给你一次机会你去找人去,你有认识人,你就去找,完了给你机会了。没两天你又犯了,也不去扣你,觉得不好意思,可哪找人啊,请你吃饭呐……(H60—DJ—Y,2015 年 10 月 25 日)

因此,派系结构及其衍生的关系束是单位制度体系的表现形式,单位人无法超越,只能受制于这种特定的制度结构,个体对这种结构的认同,即对国家整合制度的认同,认同唤醒在整合进程中一直存在,只不过它有时是以非外显的形式表现出来。当处于单位体制内,这种认同唤醒可能很隐蔽,甚至形成了按照惯习延续下来、双方认可的"单位文化""权威的制度文化"与"车间文化"①;当在单位体制内外游离时,认同唤醒随时都可能激发甚至是产生抵制、抗争性的集体行动。在 H 企业,当然也存在上访等抗争行动,但是这种行动的复杂性,不单单构成了个体与企业之间的关系,而且所涉关系早已超出了这样的关系结

---

① [美]华尔德:《共产党社会的新传统主义》,龚小夏译,牛津大学出版社 1996 年版,第 22 页。

构，在更大的社区、政府、社会关系结构中彰显出来。

中国单位制的认同一直是嵌入在社会制度与社会结构之中的，认同唤醒由于存在一系列关系束，因此形成相应的层级结构（见图3-1）。

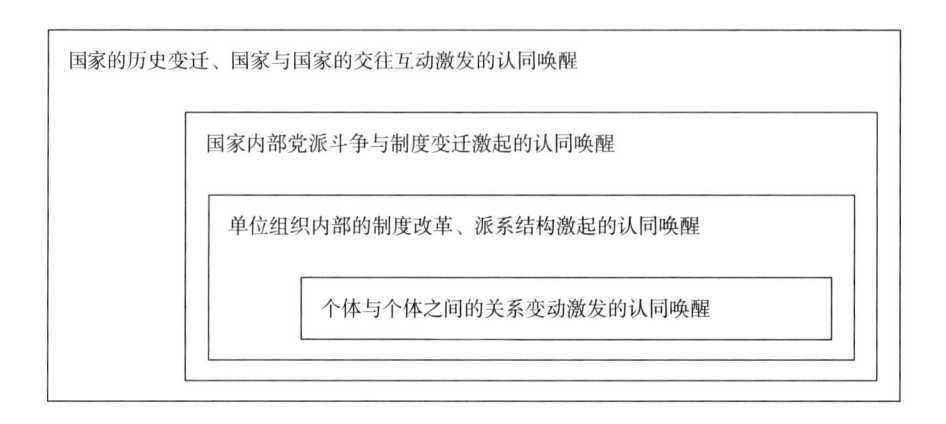

```
┌─────────────────────────────────────────────────┐
│ 国家的历史变迁、国家与国家的交往互动激发的认同唤醒 │
│  ┌───────────────────────────────────────────┐  │
│  │ 国家内部党派斗争与制度变迁激起的认同唤醒   │  │
│  │  ┌─────────────────────────────────────┐  │  │
│  │  │ 单位组织内部的制度改革、派系结构激起的认同唤醒 │  │
│  │  │  ┌───────────────────────────────┐  │  │  │
│  │  │  │ 个体与个体之间的关系变动激发的认同唤醒 │  │  │
│  │  │  └───────────────────────────────┘  │  │  │
│  │  └─────────────────────────────────────┘  │  │
│  └───────────────────────────────────────────┘  │
└─────────────────────────────────────────────────┘
```

图 3-1　单位认同唤醒的层级结构

第三节　启迪与反思

认同被唤醒之后，总需要进行归因解释。单位认同的唤醒，作为一种认知或反思，是以制度建立或松解为条件的，只有在制度转换、变迁过程中考察认同唤醒才是有意义的，也只有在此时，才能从差异与不同的各个层面探讨认同问题。

一　启迪

首先，差异、不同及互动是产生认同问题的实质与根蒂，因此也是认同唤醒的真正根源。20世纪80年代国有企业单位改革之前，集体记忆里为什么人们会形成较高认同度？如果从生存理性上看，在制度与个体合一之下，对单位的认同，是源于人在单位中能够获得资源与利益。虽然这种利益获得的方式存在依赖，但在生存上还是可以得到信赖和保障。即便缺少某些自主权利，也甘愿默认这些条件去换取在单位获得的生存资源。此时，认同唤醒是隐蔽的。正因为认同唤醒的遮蔽，所以，这种认同是非多元的、不全面的甚至是偏失的。当制度与个体由重合转向分化与差异，那么关涉双方的认同开始唤醒。

其次，没有个体化的凸显谈认同是片面的，曾经"见制度不见人"的单位改革显然需要个体参与，才能有所转变。认同唤醒是关乎制度自身的，更关乎单位个体，制度最终服务于个体。认同唤醒的结果将制度与个体剥离之后又重新融合，反省之后双方共生共荣。因此，形成认同的个体并不是"任意的"，其属于道德（善的问题）空间的人类特质，并接受后者的宰制，从而确立方向感。① 由此，不能将单位制度的功能（如整合功能）与集体认同想当然地捆绑在一起，认为，既然存在高度合一的特征，即存在高度的集体认同。实际上，往往此时的认同是模糊的，并非清晰可辨；当认同唤醒之后，即可发现，随着单位功能的逐步分化，认同也开始清晰明确，此时才产生了各种测量指标，显现出认同异常复杂多变。

最后，认同是在行动场域、互动关系之中产生的，主体对象单一、没有互动无所谓"认同"或"不认同"。重心应该在单位与其成员之间的互动关系。因此，认同问题要从"认同唤醒"即主体认知觉醒这一起点开始探究。童世骏认为，"现代社会的集体认同与其说是现成的，不如说是做成的。""所谓'现代性'也就是'构造性'。现代性在于，即使是对德意志民族认同的这种文化主义的解释，本身也是一种政治性行为、一种构造性行为。"② 学者付诚认为，"认同强调的是个人或群体的自我建构，是确定群体的符号边界、实现集体合法性的必要条件。认同的主体性是建立在沟通交流的互动意义上的，那么集体认同就可以被理解为行动者对'集体'于自身意义和价值的诠释和建构过程。"③

二 反思

如若按照单位制度产生的历史进行追溯，其雏形大约可溯及新中国

---

① [加]查尔斯·泰勒：《自我的根源：现代认同的形成》，韩震等译，译林出版社2001年版，第37—38页。

② 童世骏：《政治文化和现代社会的集体认同——读哈贝马斯近著两种》，《当代国外马克思主义评论》（第一辑），复旦大学出版社2000年版，第59页。

③ 付诚：《国家与社会关系视角下的社会管理体制创新：集体认同的变迁与重构》，《社会科学战线》2012年第11期。

成立之前中国共产党革命根据地的最初组织形式或抗日战争引发的全面危机所实行的特定制度①。借用科尔曼的说法，"当社会组织的形式改变时，人工结构取代自然结构就是一种质变。"② 现代组织（包括企业、行政管理部门、社区、学校、各种机构、社会团体等）并不是自然形成的，它是一种人工物品，并不存在这种自然形成的结构特征，所以无法满足人们的认同需要，如果单位制度的变迁就是对原单位形式的"原始性结构"的一种消解，那么变迁中原单位形式的"自然"本性也不断更新，由此认同便会唤醒。

在自然法与法理上虽然存在天赋权利的理念，但在制度建构过程中，这一观念便会演化成双方互相博弈的过程及结果，以催生、形塑自我反省、自我觉知与制度认同等问题。

---

① 路风：《单位：一种特殊的社会组织形式》，《中国社会科学》1989 年第 1 期；卞历南著译《制度变迁的逻辑：中国现代国营企业制度之形成》，浙江大学出版社 2011 年版，第 23、292—293 页；张晓溪：《认同唤醒视角下的单位认同研究》，《学习与探索》2015 年第 6 期。
② ［美］詹姆斯·S. 科尔曼：《社会理论的基础》，邓方译，社会科学文献出版社 1999 年版，第 642—643 页。

第四章　工业人与新国有企业：趋稳单位的认同分化与情感疏离

第一节　时空转换（2007年之后）

一　趋稳单位建构的时空背景

按照ZY集团的战略部署，2007年7月，H企业中的JL公司和JH集团重组整合，设一套班子、一个机关，对外统称JL公司；保留两块牌子，由JL公司代管JH集团公司的一切事务，内部分开核算。公司机关设22个处（室），11个直属部门，公司所属二级单位43个。2007年是H企业的"整合年"。主要按照"安全生产、保持稳定、平稳过渡、分步实施"的工作原则，在最短时间内完成了两大公司的整合后，持续对物资采购、产品销售、工程建设、检维修作业、科研开发等12个重点业务和同类资源进行整合。重新修订规章制度169项，实现"理顺职能、规范流程、落实责任"的目标；组织实施JL-HJ、JH集团JX有限公司、JL-GJJ公司三户企业划转东北LG公司工作；组建KF事业部，先后将后勤基地管理总公司、职工总医院、疗养院、新闻中心、离退休职工管理、社区医疗卫生、职工文体设施等服务资源，进行了系统整合，并明确KF业务的管理模式和管理职能，初步建立新型KF管理体制和运行机制。通过建立独立核算体系，实现了KQ业务的相对独立运行。除此之外，H企业还对一些规模小、装置旧、抵御风险不足、管理链条长的公司以及科研技术开发领域进行整合。同时，开展了社会职能和个别企业移交地方等工作，如将 JL‐HG 学院、中小学、托儿所、街区道路及桥梁等企业办社会职能移交地方政府。

社会职能的分离与转移工作，从 2001—2005 年历经近五年时间，其流程非常复杂，但基本都涵盖移交资产与分流职工等环节。如 2001 年 1 月 1 日，由 ZY 集团一次性补贴 8000 万元，将 JL‐HG 学院正式划转 J 省教育厅管理，移交资产 8421 万元，负债 1440 万元；分流正式职工 662 人，离退休人员 222 人。在划转 M 城 S 矿时，2001 年 11 月 1 日，经与 J 省 P 市协商，将 M 城所属小学移交 P 市教育局管理。移交资产 67 万元，分流职工 25 人。2002 年 7 月 20 日，经与 J 市人民政府协商，以一次性补贴费用 690 万元形式，将公司 LH 厂所属学校（中小学合一）移交 J 市 F 区教育局管理。移交资产 212 万元，负债 38.5 万元；分流职工 75 人。2002 年 10 月 1 日，公司公用事业总公司 DS 幼儿园整体划转 J 市 L 区人民政府。划转资产 27 万元，分流职工 7 人。此外，经 ZY 集团批准，公司与 J 市人民政府签订了《关于 H 企业代管城市道路、桥梁移交协议书》，将 H 企业范围内的 39 条街区道路、5 座桥梁及其配套的附属设施移交 J 市人民政府管理，公司支付政府道路维修补偿费用 400 万元（非上市公司与上市公司各承担 200 万元）。除此之外，职工住宅区的生活水转供业务及设施、管线移交地方水务部门管理。移交资产 3680 万元，一次性补贴政府 150 万元。公司将民用电、林木、山地都达成了移交、交接意向。2005 年 1 月 1 日，经 ZY 集团和 J 省政府批准，H 企业所属中小学总校（15 所中小学）和公安局整体移交 J 市政府管理，共移交资产 13544 万元，分流职工 2562 人，离退休职工 889 人，一次性补贴政府 13293 万元。[①]

H 企业利用国家对本地区及社会的转型期特殊政策，将先前在企业内部自行关闭企业中的部分符合国家政策条件的单位列入国家政策性破产计划并加以实施，共完成了 SB 公司、JX 厂等 22 户关闭企业实施政策性破产，共可破掉企业负债 20.1 亿元。其中核销资产管理公司贷款本金 3093 万元，破掉企业外部负债近 10 亿元。同时，公司通过采取多

---

① H 企业史志编撰委员会：《H 企业志》（1989—2010），第 167 页。

种渠道对 22 户破产企业的相关各类人员进行分流和安置①，从此卸掉了发展进程中的"包袱"，进入了一个趋稳发展阶段。

二 凸显制度与管理

H 企业步入 21 世纪头十年，恰逢制度变革与人员剥离的攻坚阶段，在制度变迁与市场化的交织下，员工个体在变革的制度面前大多无选择权利，留岗与剥离成为关键词。当所有的社会化职能分离并转移之后，H 企业仍然面对的是棘手的"管理"问题，因此，其后的发展进程里，面临的主要问题，其一为面向市场的新产品研发、新技术转让、输出与技术交流等问题，其二凸显的仍为"制度""管理"层面。我们从管理者的关注重心及企业发展方向可窥见这一突出特征，其主要表现为三个方面：第一，以"管理"为关键词和重心，加强规章制度的细化，强化受控管理，提升管理效率。第二，淘汰关停"SDH"最后两套装置，标志着结构调整进入新阶段。第三，提高产品质量为目标，实施差别化生产，着重组织开展规划计划管理、生产管理、安全环保管理、财务、内控与审计管理、经营、人力资源以及行政事务管理等活动。企业机关人员与职能部门的整合上分"两步走"：第一步，物理整合启动，机关整合先行，两个机关职能部门成建制合并；第二步，同类资源整合，经过半年的磨合，在 2008 年元旦之前，规范管理制度、理顺管理流程；待机关部门设置和人员编制明确后，再按照"公开竞争、择优聘用"的原则组建新的管理机关。从 2007—2013 年，先后确立落实了"整合年、发展年、管理年、建设年、创新年、文化年、提升年"的工作部署，企业面貌发生了新的历史性变化。② 由此，总体来说，重组整合八年后的 H 企业，通过"集中、集成、集约、集合"的口号，以及"整合、稳定、安全、发展"四条主线的宣传、管理人员的话语传递，可以发现，H 企业在细密的制度体系中发展运行，在整合、重组、管理过程中，对"企业人""工业人"的关注相形之下退居其次。

---

① H 企业史志编撰委员会：《H 企业志》（1989—2010），第 169 页。
② 《H 企业记忆》（二）（H 公司领导及老同志回忆录），第 117、120 页。

第二节　趋稳单位的认同分化与情感疏离

经过近三年的调查研究，我们发现，作为国有企业单位制度，H 企业在近几年的市场化变迁过程中，合理的公私分立、公私多元化只是作为希望和预设，实际情况是，在公私合一、公私分立、公私背离的多重关系中员工处于认同分化、情感疏离状态之中。认同分化及情感疏离的直接后果，其实为"无意义工业人"状态的产生。它虽没有直接影响人的"工作成果"，也没有形成明显的抵制行动，但其长期的茫然状态、集体无意义感，难以形成真实的理念与文化驱动力。市场化情境下单纯的生存伦理作为其工作行动动力的首要前提，职业公共性、职业精神与社会意义根本没有成为关切的对象。在国有企业单位特定结构里，员工与企业之间的关系处于依附与疏离、合一与分立、利用与背离等复杂状态。在单位制流变过程中，工人与企业之间关系处于或交错、或剥离、或回归、或相对稳定等状态下，认同分化与情感疏离也是自然而然产生的结果。国有企业工人的认同分化、情感疏离既是市场化与制度变迁的社会缩影，也是工人与企业公私互构的历史、现实相互混杂的呈现。它既包含经济、社会与道德伦理，又涉及制度、结构层面的交融；既存在情境因素制约（外致性因素），又具有内部互构特征（内生性因素）。自单位制度变革以来，在公私关系的演变历程中，为什么会催生工人与国有企业单位之间的情感疏离？何以产生"无意义工业人"状态？

在"单位"变迁进程中，国有企业组织随之出现科层化与大型化趋势。虽然中国单位组织未能发生变革或终结其制度的集体行动[1]，然而，国有企业单位与工人之间的关系却表现日益复杂多变。原有单纯的路径依赖与依附现象，在新型国有企业单位制中发生种种变化，依附与利益表达、依赖与情感疏离并存，劳动工作关系成为重心。即便是其他处于上升阶段的企业组织，也出现了劳动组织治理结构的棘手问题。汪

---

[1] 汪和建：《自我行动的逻辑——理解"新传统主义"与中国单位组织的真实的社会建构》，《社会》2006 年第 3 期。

和建教授提出，组织内员工尊严认知与获得的差距越大，就越可能激发其各种保护性行动，从而导致初期有效的内部市场治理结构的不适应。员工保护性行动表现为退出、忠诚、呼吁、自杀（如富士康陷入的自杀恶性循环）等多种形式。[①] 可见，学者汪和建同样关注到，组织内行动者的认知与行动在组织变迁中的作用与影响在当下不可轻视。改制后的 H 企业，工人大多仅仅视其为谋生的工作场所，之前的单位情结、集体认知渐趋模糊，情感疏离逐渐显现。为什么"不见终结制度的行动"却凸显情感疏离？何为集体情感疏离？它以哪种方式呈现？其本质及影响后果又会怎样？下文试图给予解答。

传统社会及传统的企业里，公私同构，权威的发布与施行隐藏于单位制度体系内，制度常代替个体展开行动（实为同质认同），不容易产生情感疏离或异质认同问题。而现代社会公私分化凸显，作为居间的管理者不仅凭借公的形象实行管制，且内含"私"的身份进行权威渗透，由此产生认同与情感归属问题。现代企业制度的建构，理想形式即为法理化的科层制度，实际上，当它与特定社会空间交融的时候，仍然会面临非理性化的社会关系、集体情感等问题。单位制度变迁之前，生产、生活空间的重合、纯粹的制度依赖与集体情结完全融合在一起，集体情感被包容在单位制度体系内，制度赋予了国有企业工人一种特殊的集体情感，工人拥有非反思性的集体意识以及工作"劲头"[②]。随着产权变革的逐步深入，国有企业社会化功能的逐步削减，虽仍存在制度依赖情结，但出现的问题是，集体意识与集体归属感淡化了，即便是制度赋予的集体认知与集体情感也已模糊。表面上大家可能不会表现出来，可是

[①] 汪和建：《尊严，交易转型与劳动组织治理：解读富士康》，《中国社会科学》2014年第1期。

[②] 虽然传统计划经济体制下，国有企业会存在生产效率低下、干好干坏一个样的现象，但这并不影响集体归属感、集体情感的存在，因为此时的集体情感具有单位制度授予的动员式的、非反思性特征，虽与源自个体的"集体意识"不同，但仍为"社会成员共同具有的信仰和感情的总和"（涂尔干，2000：42），"社会团结的特殊性只能来自群体的同一性"（涂尔干，2000：29）。传统单位制度下的集体情感不仅具备制度授予特征，而且还具有制度延伸下的生产、生活同一性等特征，反过来它仍然会形塑集体情感。根据调查访谈，无论是退休工人，还是在岗工人，虽然现在大多情况下工人不敢误工与请假，收入也大幅提高，但吊诡的是，人们都认为传统单位制下存在一种特殊的集体意识与集体情感（笔者将其命名为"非反思性集体情感"），它远高于当前状态的集体意识与集体情感。

当走进工人实际的内心感受时，其共同话语为："现在人心都比较散，上班别扣分，下班赶快走，多一分钟都不想待。"这是"复数单位人"向单纯"工业人"状态转变的一种话语表达①，实质上即为现代企业制度变革中出现的情感疏离问题。

一 情感疏离的界定与启示

"疏离"，其词源为"Alienatio""Alienare"等拉丁语，意为异化、外化、脱离、分离、让别人支配。英文表达是"Alienation"，为疏远、转让、异化、精神错乱等意。在日本，"Alienation"一词被翻译成"疏外感"，指在集体生活和社会生活中，个体自己感到被其他的人、事所排斥或者感到与其他的人和事之间的距离感、不和谐感，对不能融入其中的一种认知。② 现代意义的"疏离"也是学科分化及西语融入之后才见到的。不同学科领域用语稍有差异，哲学领域多用"异化"表述，管理学、心理学多用"疏离"一语，社会学在两种译法上并行采纳。

在现有研究中，组织行为学与管理心理学、社会心理学对工作疏离（work alienation）研究趋于量化。如 Efraty 等学者③深入探究了工作疏离对组织认同的消极影响等问题；Moshe Banai 等④对匈牙利工作疏离与组织承诺关系的研究；学者 J. C. Sarros⑤ 等考察发现，工作疏离与组织领导力（交易型领导和变革型领导）存在较强相关度；学者 Nisha Nair⑥致力于疏离的概念空间探究（the conceptual space for the study of alienation），阐释了工作经验（包括积极的和消极的）与员工行为结果

---

① 田毅鹏、汤道化：《转型期单位内部个人与组织关系的变迁及其影响》，《吉林大学社会科学学报》2012 年第 6 期。
② 杨东、吴晓蓉：《疏离感研究的进展及理论构建》，《心理科学进展》2002 年第 1 期。
③ Efraty, D., Sirgy, M. J. and Claiborne, C. B., "The Effects of Personal Alienation on Organizational Identification: A Quality-of-Work-Life Model", *Journal of Business and Psychology*, 1991 (6).
④ Moshe Banai, William D Reiselb, Tahira M. Probstc, "A Managerial and Personal Control Model: Predictions of Work Alienation and Organizational Commitment in Hungary", *Journal of International Management*, 2004, 10 (3).
⑤ Sarros, J. C. Tanewski G. A., Winter R. P., Santora, J. C. and Densten, I. L. "Work Alienation and Organizational Leadership", *British Journal of Management*, 2003, 13 (4).
⑥ Nisha Nair, Neharika Vohra, The Concept of Alienation: "Towards Conceptual Clarity", *International Journal of Organizational Analysis*, 2012, 20 (1).

之间的密切联系。此外，工作中心化和工作疏离之间的区分①、作为组织承诺与组织正义中介的工作疏离研讨②、特定群体的工作疏离③、东西方文化与工作疏离的关系④等都是学者热衷的话题。⑤

在社会学这一学科领域内，乔纳森·H.特纳系统阐释了情感的产生源泉、潜在对象、情感的层级与情感疏离的含义等。在情感社会学层面，特纳关心的是，情感疏离是什么，其负性社会意义是什么？特纳将疏离与羞愧、内疚一起列为一种次级情感，认为疏离的情感结构包括三个环节：失望—悲伤、对情境或社会结构的愤怒，以及对没有实现期望而产生的恐惧。疏离不仅不能促进较高程度的社会性，而且这种情感能够把负性情绪转换为退缩反应，降低对社会结构的承诺水平，弱化参与社会活动的意愿。值得关注的是，这种情感虽不能促进社会团结，但能够减弱愤怒的破坏性，故具有相对较低的破坏性；在疏离情感的支配下，其主要问题是，人们对社会结构、文化规范的承诺比较低。⑥ 这就意味着，虽没有较大破坏性，但最终会造成对集体与组织的认同度下滑。特纳也提出，情感存在潜在的指向对象。有些情感产生于自我评价过程，是对他人的反应或者对互动对象的感受。而有些情感的指向对象是社团和范畴单元中的文化和结构，甚至超出了体制、分层系统和国家，以国家系统作为指向对象。⑦

---

① Akbar Valadbigi, Shahab Ghobadi, The Study of the Elements of Work Alienation: A Case Study of the Urmia White Cement Factory, Western Azarbayjan Province, Iran, *Asian Social Science*, 2011, 7 (6).

② Seyfettin Sulu, Adnan Ceylan, Ramazan Kaynak, Work Alienation as a Mediator of the Relationship between Organizational Injustice and Organizational Commitment: Implications for Healthcare Professionals, *International Journal of Business and Management*, 2010, 5 (8).

③ Nisha Nair, Neharika Vohra, An Exploration of Factors Predicting Work Alienation of Knowledge Workers, *Management Decision*, 2010, 48 (4). Cheung, Ngan – pun Ngai. Training to raise unemployed youth's work commitment in Tianjin, *Children and Youth Services Review*, 2009, 32 (2).

④ Rabindra N. Kanungo, Culture and Work Alienation Western Models and Eastern Realities, *International Journal of Psychology*, 1990, 25 (3–6).

⑤ 在国内，张春兴、郭景萍、杨东、吴晓蓉、周浩等学者在工作与情感、工作疏离感议题上都有所关注与讨论。

⑥ 乔纳森·H.特纳：《人类情感：社会学的理论》，孙俊才、文军译，东方出版社2009年版，第9—10页。

⑦ 乔纳森·H.特纳：《人类情感：社会学的理论》，孙俊才、文军译，东方出版社2009年版，第66—67页。

总体而言，西文的工作疏离研究，热衷于特定微观问题，其因果分析模式、与相关问题的对比分析以及测量方法都值得我们去思索与借鉴。然而，仔细观察，它的这种"科层制气质"① 又缺少时空情境的分析以及应变的灵活性。时间上，较少据组织自身发展过程而展开的历时性比较；空间上，又乏现代企业制度建构过程中不同地域、不同制度与文化的差异性审视，工人的情感疏离问题仍需进一步给予区别性探究。中国国有企业单位组织历经改革，既保有"单位组织"的传统痕迹，又增添了许多市场化改革以来的现代特征。单位制度变迁背景下，按照来源可将集体情感划分为自然生成型、制度授予型（或动员型）和契约型②，前两者是非反思式集体情感，为公私（制度与个体之间）合一的结构模式；而后者属于反思式集体情感，为公私多元化的结构模式。依据集体情感潜在对象的内容与形式，可将内容上的集体情感划分为经济层面（如收入分配、资源获得）、政治层面（如政治权威、政治荣誉感）、社会声望、文化观念层面（职业伦理道德）等③；而形式上它主要包括各种仪式、纪念日集体活动、茶话会、运动会、知识技能竞赛以及空间样态上的生产、生活行动空间等。当然，集体情感也有紧密、疏松程度上的差异。自然生成型其紧密程度要高于后两者；基于经济层面形成的集体情感其凝聚力远没有文化观念层面稳固，而政治荣誉、社会声望居间，其紧密程度依制度、历史等环境而变动。在本书中，集体情感是依据国家制度变迁、企业职能变化以及企业与员工互动过程而分析的。情感疏离指单位制度变迁过程中伴随集体情感来源转换、内容形式的流变而产生的某些层面的情感淡化、模糊、疏远等问题④。其心理认

---

① ［美］米尔斯：《社会学的想象力》，陈强、张永强译，生活·读书·新知三联书店 2005 年版，第 108—127 页。

② 这种划分感悟于西方社会思想史上对"社会起源"的探讨。一般认为，在社会起源问题上有三种说法，即自然说、神创说和契约论。同时，也受启于涂尔干在《社会分工论》中"机械团结""有机团结"的分析。

③ 需要说明的是，集体情感的经济、社会、政治及声望上的层面是嵌入在制度授予前提下的。换句话说，在非反思性的制度场域中，集体情感的上述形式与层面并不是一目了然，即所谓的公私合一。而当制度授予特征一旦消解，集体情感的各种形式才逐渐凸显，个体以"利益"为重心展开行动。

④ 如国有企业员工对企业仍存在收益、制度等方面的依赖，却缺少政治荣誉上、职业道德伦理等方面的集体情感。

知主要表现为工作热情与动力单一（主要动力为谋生与持家）、无奈、非明显抵抗行动等工作"无意义"状态，以及交往互动逐利化、工具性凸显、职业道德伦理与社会意义缺失等。虽只表现于内心感受、没有发生破坏性的一致行动，但"无意义工业人"已经影响到了企业组织认同度。

本书选择的观察对象是国有企业单位的单位人群体，探究的问题是在国有企业改制过程中，单位人与企业组织之间由单位制度变迁而产生的集体意识、集体情感及其变化问题。在这一行动与结构（制度）的互动链条中，由国有企业与工人群体的互动历史所决定，难以摆脱承载社会意义的公私关系论域。受"行动—结构互动理论"和"社会建构理论"① 启发，本书认为，经济与社会、文化与社会之间也是相互嵌入的，亦即"在广义的交易秩序的结构空间研究里，横向的经济因素与非经济因素以及纵向的社会规范约束与个人理性选择结合起来的分析框架"②，可适用于本书的主题，但为了解释效力，文中力图在公私互动视角上将其向前推进，以开拓现有研究视角③。

长期跟踪"公私"议题的日本学者沟口雄三提出，中国的公私问题不可随便地将其置换成既定的个体与全体、个体与社会的模式展开讨论。中国的公概念内含着天、自然、公理、多数、均、连带的共同、利他、和谐等有关共同、总体、自主的含义，公私自然会有诸如下各种对立：公的自然和私的作为、公正和奸邪、多数和少数、均分和专私、连带的共同与独私、利他与利己、义与利、博爱与为己、融他性和谐与排他性对立等。如果对它们不加以仔细斟酌，而将公私置换成意思暧昧

---

① 学者汪和建提出了中国单位组织的社会建构理论框架，参见汪和建《自我行动的逻辑：理解"新传统主义"与中国单位组织的真实的社会建构》，《社会》2006年第3期。
② 汪和建：《新经济社会学的中国研究》，《南京大学学报》（哲学·人文科学·社会科学版）2000年第2期。
③ 此外，文中也没有依据"利益结合"的视角展开分析。如果单纯从"利益结合"来阐释工人的情感变迁与行动选择，那么国有企业的制度场域变迁及国有企业的行动从哪里体现？又如何体现互动过程及其结果呢？工人与国有企业之间的关系，从历史上说，是中国整体的单位制度造成的，换句话说，在某种程度上，在制度层面的单位制度，就是公私合一的历史。如隐没国有企业这一方，单纯追踪工人行动，那么，势必导致分析上的"单向度"武断。

而模糊的"全体和个体",是没有意义的。① 显然,"公"常常代表"共同""多数""均分""正义"等人类群体的正面意义;"私"却暗含与之对立的"少数""专私""利己""奸邪"等反面。然而,公私互动,可滋生公对私的宰制与专断,也可成就私的独立与合理性,"公"并非永为正义,"私"也不单单指向邪恶。这意味着,它们都会走向各自的极端。除了这种社会行动、本质内涵的解释,公私问题还可依据时空视域解析。与日本职位世袭、产业传承这一历史相比较而言,中国历史上,按照以血缘为核心、共有与相互扶助为目的的宗族制度的特征是,土地所有状况并不稳定,官僚及职业也非世袭,职业自由选择,传承的不是产业(或职业)伦理而是血缘、宗族伦理,因而属于一种"万物一体之仁"② 的宗族秩序伦理。前者(日本)在世袭产业中形成"家职、家业、技能、信用等职业意识、财产所有意识和职业道德伦理"和明确的私有意识和职业领域中"公"的声望;而后者(中国),宗族传统的相互扶助原理形构的是"否定私"的均分、连带观念,私成为"连带的公"的集结点,从而缺失"领域的公"(即产业、职业上的公)、职业意识、职业道德伦理等观念。在中国社会里,声望获得不是在产业或职业当中,而是在广泛而牢靠的联结网络中。③

公私观念既具有历史内涵,也生发现代意义。公的多元发展趋向,即克服自身的专制与垄断,向共同、公共性、集体认同等层面延伸;私的多元展开路径,对自身专私与狭隘的抵制,向独立、理性、自我认同等意涵生发。公与私处于主体间性之中,互动互融、非互为异己的排他关系。因此,单位组织的变迁日程及其具体而微的公私关系怎样形成,单位组织及其"社会建构"的形式如何形构,需要置于公私关系以及中国的特定制度、文化场域中进一步追问。

回到华尔德的"新传统主义"理论体系里面,我们会发现,公私关系的探究可以将其理论向前推进。华尔德首先将"新传统主义"确定为一类型概念,它用于分析中国工业中的组织结构与社会行为关系,

---

① [日] 沟口雄三:《中国的公与私》,郑静译,生活·读书·新知三联书店 2011 年版,第 86 页。
② 同上书,第 288 页。
③ 同上书,第 290 页。

揭示了制度依赖与派系集团问题。他强调,"新传统主义"是一个分析性的而非历史性的概念,但不可否认它是传统社会与现代社会整合的一个后果。华尔德割舍"历史"与"传统"作了一个"新的""分析":将单位组织的形成归因为共产党所特有的政治和经济组织形式。可是,传统与依附、顺从、任人唯亲等现象相关联,同现代这个概念相对应的是独立、契约、平等一类观念。就连华尔德自己也不得不承认,作为"新传统主义"完全是"依附""庇护""特殊主义"等传统吸纳独立、契约、平等等现代性的结果,现代性被隐没,传统占据主宰。那么,为什么"传统"一直形塑着人们的单位生活、日常生活?为什么现代工业制度被"消融"在传统工业体系里面?这种"传统"究竟指的是什么?工人的行动动力及所涉关系到底源于何处?为什么会形成这样的行动特征与进程?显然,仅仅像华尔德那样作一项分析性的、形式的探究还远远不够,这仍需继续探索。如果我们将"关系行动"聚焦于单位组织中的所有主体,那么行动所涉对象难以回避的一个核心问题应该是,产权变革中,作为国有企业单位的"公"与企业内员工"私"之间的互动关系及其衍生的派系行动等问题。在公私关系的现代性演进中,"传统"(其实为公私合一)与"现代"(其实为公私多元)相互形塑、相互抗争最集中的表现即为公私分化、公私多元、公向公共性的转换,私作为独立主体对自身权利、责任的确立与划定。在组织结构中,管理权力经常被"强化"、被管理者权益往往遭受"弱化"。"现代性"表征于工业主义、科层制度的包围之中,但也在于组织权力的公共性展现及其非个人化运用[①],它形成于组织与成员之间的连续行动系统之中。传统单位制意味着"公"对"私"的宰制,也制造了"私"对"公"的依附、顺从、利用,其现代意义的转型为,作为"公"之单位制度要释放哪些空间与权利,使个体获得独立与自主,确保公私合理分立;作为"私"的个体明确权利的同时,自身应承载哪些职业精神、社会意义,承担哪些责任与义务,从而与组织形构为一种怎样的契

---

① Andrew G. Walder, "Organized Dependence and Culture of Authority in Chinese Industry", *Journal of Asian Studies*, 1983, 43:(1);张静:《个人与公共:两种关系的混合变形》,《社会冲突的结构性来源》,社会科学文献出版社2012年版,第129页。

约法定关系；作为兼具"公""私"双主体身份的居间管理者，肩负哪些使命，如何形构公私关系，都值得考究。而现实的问题常常是，国有企业单位制度里围绕"权力"这一重心常以"私人化"形式构筑组织内群体结构，由制度依赖转换为对权力拥有者的依赖，进而将公私关系简单化。正是公私关系这一伦理及其互动，形构了单位组织特定的关系模式与行动特征。

总体而言，就单位制度变迁的历程来说，公私关系作为范畴体系，它涵盖了承载主体、内容与形式、逻辑先后、主要方面与次要方面、存在空间及其转换以及文化观念上公私发展趋向的多元内涵等层面。作为行动—结构构成主体及其形构的情境，公私关系既内含着主体的微观行动选择，又扩展到国家、企业的制度结构、社会情境等宏观场域，作为双重主体身份（既代表私又代表公）的企业管理者，在这种关系中扮演着主导角色。在内容与形式上，公私关系涉及产权制度、管理、规训制度等公的形式，同时涵盖公、私在实质内容上所具有的权力、权益、义务与责任。逻辑先后上的公、私，即指当公、私作为"他物"与主体相结合时，公、私作为标的物时公私的排位（谁先谁后）问题，以及行动选择时会将哪一方作为主要方面，哪一方被当作次要方面。在存在空间上，包含由生产功能与社会功能的分离导致的公、私其生产、生活空间的分离，以至主体行动空间的变更。在公与私的多元发展趋向上即为公私独立、契约法定关系的确立，单向度公的消解，主体间性与交往理性的增加，以及共同、公共观念与职业伦理道德的培育等。因为"制度结构本身是以延续文化为目的的"①，所以，上述测量体系必须通过制度结构与行动者间的互动关系来展现。公与私置于制度变迁情境下或其自身作为体制转型的主体，与传统上的、行动中的公私观念产生交融、碰撞问题。"公""私"作为行动主体，其形塑的权利性质、空间意义是流动的，可相互转换。

本部分的研究结构为，问题提出—原理跟踪、概念澄清—寻求突破口，立足公私关系来阐释"无意义工业人"的产生。在此基础上围绕

---

① ［美］华尔德（Andrew G. Walder）：《共产党社会的新传统主义》，龚小夏译，牛津大学出版社1996年版，第11页。

这一问题通过实地研究及质性访谈，分析行为动机；然后，通过访谈资料获得发现，并对资料赋予诠释与意义建构，进而将行动置于背景情境之中，引申出隐藏的连贯性与意义。最后，说明集体情感疏离的一般性理论意义以及原因、影响与后果。调查与访谈包含历史时间（纵）与行动空间（横）两种路径，它可以一定程度地弥补横断研究、静态考察的不足。

二 认同分化、情感疏离的具体表现

对于 H 企业而言，单位制度嵌入整个发展历程之中，单位制度的复杂变迁随着企业的现代性转型，工人与企业之间的互动也在延续、传承单位赋予的稳定性、趋同性。国有企业单位制变迁之前，工人与企业之间存在特殊的集体情感，虽然这种情感带有制度赋予特征，但工人与企业一同生长、一同繁荣，共同经历起起伏伏。因此，假如存在认同（唤醒）问题，也是在单位制度不断变革过程中激发、衍生出来的。

其一，20 世纪 80—90 年代前期，单位制度表征的主要是传承下来的制度与个体同步合一的历史。制度、个体的承载主体——企业作为单位的角色，与工人承负的角色是同一的、含混的，非反思性的。"以厂为家"既是感召又是行动。生产、生活空间基本合一，工厂作为单位的形象，决定工人的升迁、流动、资源与利益获得，甚至帮助解决家庭婚姻及其内部矛盾等私人问题。工人对制度授予的"公私合一的便利"存在非反思性的依赖。进入 90 年代单位制变革初期，公私合一的特征仍在延续，面对单位的福利，个体都以单位优厚的福利待遇为骄傲和自豪，由此，也显现为因制度依赖制造的利益"呵护"问题。

> 那时候人的干劲儿，那时候人一心一意为了厂子，哎起早贪黑地那么干，上班儿没有说是八点上班儿八点去的，哪有那个时候啊，都七点来钟，六点半就到那地方了，你就是拿厂为家。也没考虑这些，就说没有这个厂子了，我就没有饭碗了，可得好好地干。你说老伴儿当时都给安排到（企业）幼儿园了，能不好好干吗？！（HT02—D—G，2013 年 8 月 12 日）

虽存在对单位制度的依赖，但是，当市场化改革逐渐契入，工人对企业的情感认知却有所变化。在退休工人的话语表述中，因经历了企业的创建、发展、起伏及改革全过程，在制度结构与工人（包括管理层）日常行为等方面总有历时性的比较与观测，所以，对单位制度的集体情感与认同常常转化为对代表公制度的管理层人员的情感表达。

> 那时候的领导啊，我回忆啊，挺羡慕那时候的领导。办事比较咔实（干脆利落）。……嗯，这种与单位的疏远，就是改革以后，总觉得领导水平低。年轻，讲话水平太低，能力也差。总觉得跟他一起干没啥奔头。以前的领导不用说你要求，人家就能看出你工作的好坏。现在呢好也是那么回事，不好也（那样），弄不清是好还是坏，总之，没奔头。（HT01—D—L，2012年8月28日）

此时在工人的话语链条中，表露的是工人与企业领导互动方式的变化，管理层人员任用制度的变迁以及企业权威建构方面的变革。表面上工人与国有企业单位的疏远主要表现为：国有企业改制过程中一线工人与企业管理层人员的疏远，实际上却隐含着对改制后任用制度、权威感召等"公"的制度、形式方面的疏远。

其二，20世纪90年代后期，应市场化与社会化改革，H企业经历了剧烈震荡与变迁。其中H-LY厂产权没变；H-YRC厂港资撤出，产权回归H企业；H-S厂产权彻底剥离，被私企收购，工人或买断或留岗。经历了产权的公私变动与分化，企业中骨干群体（"60后""70后"为主，也包括中层管理人员，他们亲历了改制过程），多围绕国有企业市场化以来的流变问题建构话语体系。相对而言，历经改制，H-LY厂较为稳定，而其员工主流话语也为"没意思""不好干""不公平""日常生活权力化""工作动力就是为点儿生活费""没有精神和文化动力"。其总体趋向由"公私合一"的单位人状态转换为无意义工业人状态。即使私之个体共享改制后的收益，也并没有激活私的责任、义务以及职业道德伦理观念，反而面对差距，存在非理性的疏远心理。

> 现在的企业不好干。没啥劲。在企业一般的干部大气儿也不敢出。我发现现在的企业不像以前。我刚上班的时候，那功夫愿意上班，不到点儿老早就去了，跟大伙玩一会儿。现在人的想法都变了。就是为了这点儿生活费、这点儿工资。（H13—L—Z，2012—09—08）

在经历过港资注入的 H-YRC 厂，亲历股权变动与回归的员工，即便有意无意地比较，也表现为一种疏离状态。就 H-S 厂而言，在剥离程序上，大多数工人"并不知细情"。由此，公私制度的瞬间转换、公私分化之下，工人处于"失语"状态，情感疏离蔓延。

> 跟 GZ 合作那会儿，它实行"摘牌"机制，主要考虑调动你的积极性嘛，让你都有归己（属）感。（可是企业）现在根本不关注工人……以前领导发现你不愿意干活了，都问一下咋回事儿，现在都是用制度管人。比如 H 企业就是条条框框……你就说今天上班来了就干活就行，下班就不受他管了，就这个想法。①（H08—D—J—Y—L，2012 年 8 月 29 日）

> 一开始吧，（我们厂）就是（年产）十几万吨，归 YT 集团之后了，年产一百多万吨。……你说是国家制度变化也好，还是国有企业改制也好，反正就给砍（掉）了。你改制哈，我们工人（或代表）必须同意（改制或剥离）才能签字，是吧？那当时根本就没有这个程序。……就是我们当年厂子剥离的时候，手续都得有啊，而且不是直接归 YT 集团的，而是先跟 C 市 RL 公司签的合同。这个事儿吧，员工根本就不知道，员工也没有签字的机会呀。（H19—D—S—Z，2013 年 11 月 5 日）

当企业作为公的制度主体不断释放权限给予个体某些私权利过程中，公、私并没有得到很好的契合，个体没有做好准备充当自足、独立、承

---

① 该员工曾在 H-S 厂工作八年，后调到 H-YRC 厂。在 H-YRC 厂经历车间扩展为新厂、GZ 入股、GZ 撤出、回归 H 企业等阶段，做过多年车间班组班长。

担一定责任与义务的私之角色，公之主体也没有对"集体情感"及其凝聚力进行彻底的反省，作为私的个体游离出制度赋予的集体记忆及其集体情结。尤其是当察觉公私内外的错节扭曲，反而走向分化甚至背离。

> 我们厂 2000 年转制。大伙不是闹嘛，大伙儿就去找。有一天，就是所有的车都停到那块儿，公司跟前儿路口，后来就找几个人混进工人里面，就说有人闹事儿，把他们就给抓起来了……就是这个事儿这个转制吧，也不是说不满、有什么不好。企业转制在这个时期这样改是对的哈，但是后期吧职工这个安置哈，你没有跟上。现在想让老百姓生活得更好，社会更和谐，好你也得珍视啊，你得给处理后期的生存啊。那你说两个人都在 SN 厂，真的活不下去呀。（H19—D—S—Z，2013 年 11 月 5 日）

伴随单位制度变迁，除上述工人与企业之间的变动关系外，企业在面对国家这一公的角色时，同样面临作为私之主体的尴尬处境，生产与利润，安全、维稳与社会责任等使命，同样会使公私关系扭曲。将这种分化与背离置于更大的场域，即国家与企业互动的结构系统之中，可得到更准确的答案。

其三，2000 年之后，当改制话语渐远，新国有企业模式渐趋稳定，工人主要将"工业人""职业人""职业精神"列入比较框架与视野。这在近五年就业的大学生工人群体中成为主流话语，并将"职业人"等作为一种关切视角，与私有企业相互比较，表露"制度依赖与情感模糊"并存是国有企业特有的现象。虽然他们也承认，国有企业的人情味仍高于私企，但这仍是当下（单位）制度依赖或熟人网络依赖的一种表达，而并非为公共观念、职业道德伦理主宰下的集体情感与职业精神的表征。更深层意义上，何谓公共观念？何谓职业人、职业精神①？虽已向现代转型，国有企业单位也没有给予足够关注。"公私独

---

① 本书认为，现代社会的职业精神（或职业道德伦理）应该包含几个层面：文化观念上，如认同感、忠诚感、积极向上等层面；行动经验上，如勤勉、奉献与所取互相对应，权利与责任、义务相呼应等，集体意识（集体凝聚力）与产业（或职业领域）共同生长等层面。

立""公私多元化"① 处于搁置、缺失状态，至少公共观念、职业道德伦理是模糊的，员工仅仅为共同工业人而已。

> 我进国有企业之前在私企工作一段儿。私企对这方面就是职业化，这种道德呀或者说职责什么的非常明确，比较重视忠诚度的洗脑，国有企业我觉得还是缺乏这种专业性的培训。完了私企老板会聘请专业性的讲师进行一个规划，包括从人生定位、短期目标和长期目标，教你如何成为一个正式的职业人，说白了就是职业工人或职业员工——职业人的这种转变。但是国有企业这方面好像比较少，国有企业还是"单位人"状态。国有企业在这块儿干与不干都是这些。国有企业关注大多不是职业感，工人这块儿就靠环境"烘"，靠师傅带，就是"帮带"的形式。（H09—L—H，2013年7月17日）

如果人们抛开熟人情结与亲情留恋，在收益获得与自我认同感上国有企业并不比外企、私企具有相当的强势。正是在这一点上，与改制前相比，现代化与市场化的国有企业也并不具备超强的人才吸附力，这在招聘的形式与实质环节上即可得到证明。

> 现在进的人都快成为我们公司发展的一个"瓶颈"了。进人进的非常不合理，为什么呢？以前就是我们那个年代那个时候当年工作的呢，公司来的有QH大学的、BJ大学的、SC大学的，就是

---

① 单纯公或私的观念，与公共意识、公共观念主宰下的公私多元化是相区别的。前者相对于单一主体来说，互动较少，或互动单向（单一），即为"单向度主体"；而后者，"公共"观念所涉主体多元，公与私互动形式多样。理想状态下，公私多元化主要表现为公的开放，私职业道德伦理（契约型集体情感）的凸显，公私相互之间权力（权利）、义务明确，它主要存在于契约社会。在此，公私独立、公私分立的区别仅在主体独立性程度上而言，后者高于前者；产权制度、存在空间上两者并无实质区别。公私背离是主体独立性走向的极端，所以公私分立包含公私背离。此外，公私分化、公私独立是公私多元化的前提，公私多元化为理想趋向。因此，本书提出，传统单位制下，工人对企业的情感仅为自然的、地域的、礼俗的以及制度授予的非反思性集体情感。而具有现代性特征的集体情感应为公共观念、职业道德伦理主宰下的契约型集体情感，然而传统向现代变革时，这种情感转变遭遇到了"瓶颈"。

有很多名校的。那时候大家观念也没那么强，说 BJ、SH 好啊，东北不好啊，大家都很踏实工作。你一像改革开放以后呢，那些名校来的大学生，211 工程学校毕业的，都到一线发达城市、南方发达省份，东北这个地方相对来说比较落后，不愿意来。然后我们职工的孩子分为两个部分。比如领导干部中层以上的孩子只要学习好的，他一定不会回到本市的，学习不好的找不到工作的他就回来了。这个东西都不外传，内部掌握着信息，这是一部分。然后员工的孩子是那样，考到外面去了，比如考到 QH 大学、BD 大学了，他肯定在那找个工作，即使当个"北漂"他也不会回到这里呀。结果你就可想而知，招来的人，人员素质越来越差。（H—JDA—Z，2013 年 10 月 29 日）

从整体的语言表述中，作为私之个体，抛开制度，其职业人、职业精神、职业伦理道德的自主形塑上，国有企业人还较为欠缺。作为承载企业文化①的国有企业，对何谓公共意识企业文化与企业精神，也疏于推敲与挖掘。

现在话不是又说回来了嘛，你多少人能"看"（监控制度与手段）过来这些岗位的人?！就是再怎么说，"看"是最落后的手段，从另一层面来说，"看"产生不了激励，有时倒起反作用。（工人）来了我干点面子活儿，到点儿赶紧走。我说就是"文化"没有重视起来。要说企业都瘫痪了，就是没有企业文化。（JD—JL25—G—J，2013 年 4 月 26 日）

"实际上现在，人都失去了文化根基了。相应地，现在的（国有）企业缺乏的就是企业文化。就呃就是这个断代了，才出现现在的状态（疏离）。"（H06—L—G，2013 年 8 月 2 日）

---

① 其实，在本书中，分析职业伦理道德、职业精神（行为主体为员工）与企业文化（行为主体为企业）一定意义上是在历史与经验上分析与阐释的。表面看似为一种本体论知识，其实，相对工人与企业的互动关系来说，没有多年的亲历与侵染，前述这些伦理道德与企业文化都是无意义的。因而，多年工作于企业的人，对它们更有敏感度。这里列举的被访者都是在企业工作二十余年的中层管理人员。

可以发现，认同分化表现为公私同构转换为公私分界、私之失语、私之觉醒、公私重构等状态。国有企业单位在近几年的市场化变迁过程中，合理的公私分立、公私多元化只是作为希望和预设，实际情况是，在公私合一、公私分立、公私背离的多重关系中员工处于"无意义"状态之中。这种"无意义工业人"状态，虽没有形成明显的抵制行动，但其长期的茫然状态、集体无意义感难以形成真实的理念与文化驱动力。市场化情境下单纯的生存伦理作为其工作行动动力的首要前提，职业公共性、职业精神与社会意义根本没有成为关切的对象。在国有企业单位特定结构中，员工与企业之间的关系处于依附与疏离、合一与分立、利用与背离等复杂状态。国有企业工人的情感疏离既是市场化与制度变迁的社会缩影，也是工人与企业互构历史、现实相互混杂的呈现。它既包含经济、社会与道德伦理，又涉及制度、结构层面的交融；既存在国有企业改制情境因素制约（外致性因素），又具有单纯内部互构特征（内生性因素）。自单位制度变迁以来，在公私关系的演变历程里，为什么会催生工人与国有企业单位之间的情感疏离？何以产生"无意义工业人"状态？下文逐层分析。

第三节 原因与影响

国有企业单位制度的变迁，按照公私关系这一关切视角，其纵向演变总体上为"公私合一—公私分立（包含公私背离）—公私独立、公私多元化"这一路径。依此路径，我们透视 H 企业员工情感疏离的原因，遵循了一个纵向历史、制度结构与社会文化的综合分析脉络。由于变迁过程的复杂以及区域空间所限，这一演变过程并未表现得截然分立。

一 原因追踪

首先，20 世纪 90 年代后期，因公私合一向公私分化转换，在内容与形式上主要表现为产权变更以及权利（权力）、义务的转移，主体身份与生产、生活空间的剥离、转换，甚至社会生活方式的瞬间蜕变。在产权转换过程中，公与私的制度规范开始流变，工人处于茫然状态。就制度与组织自身来说，虽然产生"冰棍理论"①的忧患意识，然而，"公"与"私"的制度管控思索并不成熟。

> 哎呀，下岗分流前那会儿，呃，当时我们的工资相当低了，奖金没有，要集资，让个人集资，要不然工资开不出来。大概 1995 年吧，然后工厂也鼓励以车间为单位、集体的方式去搞开发，我们车间成立一个公司，生产一些什么 HG 产品。我们都集资了，都入股了，我们掏的钱，成立股份制。大概 2000 元还是 1000 元一股忘了，搞了不到一年吧。后来我们公司觉得这个苗头不好，这个路子容易走偏了啊，这是路线问题，政治问题啊。（HM24—L—F，2013 年 8 月 2 日，2013 年 10 月 5 日）

这种不成熟说明，中国产权变革是一种不完全产权变革形态。亦即，由国有向市场化转化过程中，公私之间不是完全分立的，而是多种产权（所有制）并存的状态，即使名为产权变革，也是"不充分的市场化"改革。当面临同一境遇、市场化考验时，谁被保留谁被剥离，论证并不充分。原有的管理者不但无法转换为熊彼特看好的"自觉理性企业家"②，相反却更加依赖于国家制度及其给予的单位政策及单位传统。由于管理者代行制度变迁，故人为因素渗透到制度空间，产权瞬间变更，其转变依据由制度转向人为操控。本案例中 H - YRC 厂港资的注入与撤出（由 H - YRC 厂新任领导操控港资撤出），即可证明。相对于工人而言，其实质性的问题并非产权变更自身的问题，而是变更后的结果问题。也就是说，国有企业改制关涉的不仅是企业组织产权变更

---

① "冰棍理论"由前中国工商银行行长杨凯生提出，即指"处置不良资产就像卖冰棍。冰棍在手里时间长了，就融化了，不良资产也是如此。如果不能赶快处置，时间长了，就只剩下一根儿木棒了。"

② ［美］约瑟夫·熊彼特：《经济发展理论——对于利润、资本、信贷、利息和经济周期的考察》，何畏等译，商务印书馆 1990 年版，第 102 页。对比来说，韦伯侧重的是企业家的宗教及文化传统；而熊彼特认为家庭、社会集团、社会习惯或习俗等各种"社会安排"更具有影响力，在市场化过程中，企业家的"自觉理性"起到更重要的作用，即"企业家"的行为动机并非依赖于传统和社会关系，他们更重视如何打破旧传统，创造新传统。

第四章　工业人与新国有企业：趋稳单位的认同分化与情感疏离 | 93

问题，同时也滋生了如何确定个体身份，即"身份产权"① 流变问题。

> 当时也不了解买断实质上是怎么回事儿。说实在的，整个 H 企业对"买断"的概念就知道给钱，我没有看到具体的条文，没有什么正式文件。当时有一个公示，哪年买断你应该拿多少钱，这就完事了。比如说你是哪个车间的，名义上说自愿，实际上是劝。等你签上那字了，那就改不了了。那领导、车间主任不能当工人去吧，那就调到别的厂子去了。一分流，完事儿了，人家跳（走）了，人家该干啥干啥。等我们买断这些找谁去啊？（HM24—L—F，2013 年 8 月 2 日，2013 年 10 月 5 日）

当转制、分流、下岗等在部分厂已成事实后，一些工人失去了自主选择余地，这促成了变迁过程中典型的制度疏离。企业的现代转型，需要个人与企业的平衡发展，但市场的复杂程度超出了传统体制的把控能力。因而，下岗、买断、分流使工人与企业瞬间产生距离，工人不仅失去了优势身份，且与企业产生了权利与生产、生活空间的隔离。一部分人将自己与在岗工人比较后距离感进一步拉大，而传统单位制时期养成依赖、懒惰、享受的恶习，并没有随着与单位的迅速剥离而根除，反而阻断了重新就业的希望，独立自主的个体没有顺畅地建立起来，公私产生极端背离。

> 当时啥情况呢，当时说了，让俺们自己选择，说自愿选择。当时开会说下岗分流、买断。（寻思）买断早晚不得买、早晚不得下（岗）嘛，就想咱们也赶紧买（断）吧，赶紧取（买断）钱，陆陆续续全买了，稀里糊涂地买断了。这点儿钱就全完事儿（花完）了，稀里糊涂就没了。俺们下来后公司又好了，大家都憋股气儿，都难受。难受啥招儿啊？他们一个月四五千（块钱）给开着。现在像俺们一个月给不到两千块钱，给到退休。像我干别的，就给一

---

① 王庆明：《身份产权变革——关于东北某国有企业产权变革过程的一种解释》，博士学位论文，吉林大学，2011 年，第 113—147 页。

千五（百元），一个人儿都不够。再抽点儿烟喝点儿酒。大家都觉得不平衡、窝火。（H20—JC—A，2013 年 7 月 26 日）

制度空间的释放与迅猛转变，工人自身身份的转换，缺少转换衔接的媒介与缓冲，制度完成自身使命的同时，也制造了认同问题的产生。原为国有企业身份的个体，处于身份认同的迷茫之中，也加深了个体与制度的鸿沟。从单位制剥离出来转型为私营企业的个别厂，这种角色转换与公私冲突更加明显。

回想当年那会儿，总觉得不公平啊。这个厂 1965 年就建了，怎么说给甩出去就甩出去了呢，呱一下归私企了，我们现在这四五百人，哼哼，差距也拉开了。私企给管理层的工资是提上来了，跟我们（一线工人）的差距拉得更大了，都觉得不平衡。另外，我们原来都一样，都是国有企业工人，可现在我们跟公司（工人）就比不了，人家一个月将近 5000（元），而咱这儿一半儿还不到呢，再除去交社保的，就剩 900 块钱，生活费都不够哇。（H39—D—S，2013 年 11 月 5 日）

产权如何确定？谁来确定？这是制度难题，也是学界难题。然而，无可争议的是，产权界定必须经由法律及合约确认，而后才是制度命令的执行。但在此过程中，并没有给予清晰明确的划分与认定，因此造成私之个体（尤其剥离国有企业者）想当然地认为程序上存在"猫腻"（"暗箱操作"）。至此，"身份产权的排他性和可让渡性在市场机制和再分配机制的双重逻辑下呈现出来"[①]，它携带着巨大的制度成本和风险成本，展现出"意外后果"，下岗失业人员的未来生存与心理调适问题随之产生。当然，这种由制度变迁产生的剥离之痛，虽随着时间流逝在淡化，但人们仍旧被公私关系所形塑，只是更换了产权制度形式。历经现代性的转换，有限的制度依附与情感疏离仍同时占据工人心理，阻滞

---

① 王庆明：《身份产权变革——关于东北某国有企业产权变革过程的一种解释》，博士学位论文，吉林大学，2011 年，第 124 页。

其行动的动力。当看到制度的便利可以"搭便车"时，作为私的个体就会利用各种机会巧取公的资源。这在改制后下岗再安置人员当中也可表现出来。

> 每次有去（上访）的，就有把我给请走了。请到了山庄、酒店，开个房我就在那住。住个一个礼拜，完了之后就回家了。软禁，你知道吗？但是也想干啥就干啥（在那），打麻将啊玩玩什么的。（H16—B—M，2013年10月25日）

> 工人这块有不满意的，有找的，找吧……一些中层干部一听说闹事儿，先把几个头头儿抓起来，找个地方甩点钱，一人儿给个几千块钱，然后旅游去。这样出去一周回来都消停了。他们得到好处了，剩下这些人闹，没有挑头的了，人还是老实。这就缺少主心骨，要是工会组织的话，那……它不像公司搞的终极买断，就是国家搞的买断嘛，H企业不是也有不少买断嘛，现在这些人比上班的都强了。它还是一个"亮点"呢，逢年过节单位的大米豆油全都给送去，就是说不低于五百块钱的这些吃的，完了困难补助还得给个一千两千的，完了找哪个社区啦、哪个车间哪个岗位叫他干活，月月给开资（支付工资）。……而且这些人都觉得自己有能耐了。他上哪个车间要点啥，领导都得给。一开始……打比方啊，到车间去了，我要收拾房子，要点电线，车间不给，说不给，说没有，直接找厂长去。厂长说，（如果）没有，那就想办法给整（弄）去。车间就这么几个人……H企业亏欠这帮人的。……当时人家D市，同批买断的安家费一年5500，H企业说应4000多，始终没达到，后来才给了2000多，差这些说公司给吞了，所以说有把柄。一闹事儿就得给，赶紧解决。找的时候直接上厂里就行了。公司上层有这个规定，如果你这个单位出现两个以上公司闹事或者是出去找，你这个企业的一把手是要被免职的，所以说现在这些人比较狂。（上层领导发话）你解决不了，你就别干了。（H—JL—Z，2012年9月2日）

公私产权转换，不但形构着制度对个体的单向关系，同时也形塑着个体对企业、国家的微妙关系。制度可以瞬间转换，但个体的心理更为复杂：剥离、无奈、怨恨、巧取与利用同时并存。当种种情感叠加在一起、作用于公之制度时，作为公的企业还要承担企业之外的使命，附加上了安全、维稳等社会责任。此时，情感疏离的极端后果产生。

其次，20世纪初期企业实现了剥离改制，公私分立向公私多元化变革。作为承载主体，公代表上位、稳定、优势，私代表下位、变动、不确定、劣势等角色。公私不对等，公对私处于宰制优势，私的表达权缺位。当国有企业单位改制后，兼具双重身份的管理者在公私排位、利益权责上具有绝对及相当的优势。李静君认为，正是从1993年开始的"建立现代企业制度"的改革，导致了国有企业管理层权力的再度增大及工人权益保护的严重弱化。[①] 这意味着，国有企业市场化改革中代表公权力的管理层权力不断得到强化，是随着工人私权利的弱化而展开的，公私内容与形式产生错位与扭曲。

> 买断，那些人那时候买断完之后就没有几个混出样的，后来都是岁数大了都是老无所依，你知道不?! 都是没有钱，没有钱之后等国家换了领导之后，他们就上访去，到北京去上访去，上访完之后找赢了。找赢了，完了之后国有企业就得为国家分担嘛，属于企业的一个职能也好，或者说是它的一个责任也好，完了之后就把这些买断的都安置到那个物业保安啥的。比如说一千个人，可能二百个人上岗，八百个人挂名的。完了之后一个月给开个千八百块钱，够维持生活的，现在就这种情况，他们一般都是岁数大了。他们当年多大岁数都有，三十多岁的不太多，基本上都是四五十，五十多岁的，五十岁左右的。岁数大了之后，突然间不让上班了，那你说让他干啥去，没有什么技能，也没有什么文凭。就是那啥呗，就是在家待着，药都买不起。基本上现在都是给安置了，安置到退休为止。（H—KG—R，2013年12月23日）

现在国有企业老总的任命与管理遵循的还是一种行政化，而不

[①] 宓小雄：《构建新的认同：市场转型期国有企业的劳动控制》，社会科学文献出版社2007年版，第88页。

是市场化管理，都是空降，都是空降嘛。他干得好干得坏都是给上边人看，对上不对下嘛。说给普通人办事他能得到什么?! 没什么吧! 只能给上边看，干得好他能提起来啊。（J—J11—L—Y，2013年10月31日）

国有企业改制，作为公角色的企业组织获得了产权上的明晰与分化，而作为改制后私的个体，与现存企业组织之间的权责并没有随着现代企业制度的确立而明晰。韦伯在《经济与社会》中讨论了支配权力的基本形式。支配权力源于两种形式，即基于强制的命令权力和基于利益供求状况的资源权力。前者由国家或其他组织通过制度的强制形成；后者则是被市场所制约、由关系双方在"自由的"利益交换基础上形成。① 在国有企业单位制度中，由于国家制度的授予角色仍在延续，市场、契约跟工人以及管理者没有发生实质关联，实际上，它们也没有在国有企业中起到实质性的作用。因此，国家及其组织形构的强制命令权力必然成为主要形式，管理层公权力的膨胀成为必然。当管理层的权力尤其强制命令权力逐渐增强、导致不对等的差级扩大的同时，另一层面上制造了工人与管理层（管理制度）之间关系的紧张。2003 年，华尔德提出了一种掌权精英的机遇理论，认为国有企业市场化的改革不但没有限制日益膨胀的上层管理权力，反而祛除了聚集个人财富的政治障碍，给予他们更多增富的机会。② 在访谈者的话语里，隐喻问题也在于此。

管理层膨胀、技术人员和一线工人（倒班）少。现在公司没办法，就这样。主管技术的，得不到见亮（升职）的机会。比如设备技术主任看着这个月设备员干得非常好，说即将要发生的事故

---

① Weber, Max, "*Economy and Society: An Outline of Interpretive Sociology*", Edited by Guenther Roth and Claus Wittich, University of California Press, Berkeley and Los Angeles, California, University of California Press, Ltd., London, England, Pinted in the United States of America. 1978, pp. 53 – 54.

② Andrew G. Walder, "Elite Opportunity in Transitional Economies", *American Sociological Review*, 2003, 68 (6).

给及时制止了，说谁发现的？说嗯没响，那就奖励1000，多了说5000。而功劳与业绩却是管理层的。主管技术的永远看不到前面见亮儿。……现在工人和管理层关系非常紧张。收入差距这么大，企业领导都拿着高于工人数倍的年薪，工资差距五至六倍。实际上，作为高管的收入也不止于此，工人却维持在生存线上。现在对待工人（的管理）只是用金钱鼓励，别的都没用。（H14—L—S，2013年3月27日）

运用社会等级与社会分层视角来看，公对私并非均等庇护，它存在等差。正如学者周雪光所说，改革前，一方面，下层干部的资源分配权限小、资源有限，且普通工人的基本权益受到制度的保障；另一方面，干部的政治地位变动不居。相比较而言，改革后的状况，一是组织管理者的权力有了极大的扩展，而一般职工权益的制度保障相对下降；二是中国的政治运动明显减少，干部地位和权力的稳定性提高。[①] 结果是，在制度福利辐射范围内，干部的优势地位异常突出，拥有更多主动权。工人虽然也受制度保障，然而，比较而言，工人权益处于被动地位，相对受损。普通工人向上流动的可能性几乎等于零。市场化改革的后果不仅是政治利益机遇获得上的差距，更主要的是经济收益的拉开、心理预期的落空，从而制造了集体情感疏离。

再次，在公私分立向公私多元化转换中的行动结构层面，公之制度与私之个体之间被简化为人与人之间的关系，并没有包含实质的契约意义。梁漱溟曾提出，中国儒家文化的核心为关系本位，人与人之间的关系即为私人网络关系。"关系社会"里"关系认同"被逐渐确认与加强，必然造成人对制度的忽视、漠视与疏远。公权力私人化，或者假公济私，或者先私后公，常被个人变通应用，制造了混乱的公私逻辑。

这种明显变化就是2000年以后，上有政策，下有对策嘛，我土皇帝，你就归我管呐。以前的主任都是从底下干上去的，知道工

[①] 周雪光：《西方社会学关于中国组织制度变迁研究状况述评》，《社会学研究》1999年第4期。

人怎么辛苦，都能做点儿让你感动的事儿。现在都这样，扣你啊，200、500（元）噢。你说这种算啥玩意呢。现在，你要是关系好，咋地都行，关系不好，没整。（H13—L—Z，2012年9月8日）

在企业吧，现在提拔不像以前了，原来那是天衣无缝。在工人中提拔干部，厂长都是在一线干上去的。现在呢，只要你基本条件够，他爸是经理呢，肯定能提（拔）上去。（H06—L—G，2013年8月2日）

早在20世纪80年代，华尔德提出了中国有企业业的组织依赖问题，意指企业组织中下属相对于上级的制度化位置问题。下属对组织能达到的需求比例越大，那么对组织的依赖越强；这种可选择的需求资源越稀缺，那么下属的依赖性也越大。对于员工个体来说，上级掌控奖惩的能力越强，对上级的依附程度也越强。这种组织依赖的程度形塑着一种特定的权威关系—权威制度文化。当个体处于不利地位时，作为下属就更可能追求一种迂回路线并试图与上级培育个人关系（拉关系）来改进或确保其职位的安全。[①] 这种组织资源外溢的现象其实仍归于公私转换过程中制度转换市场化不足与制约缺位（包括外在与内在的制约，前者为法律制度，后者为道德观念）问题。遗憾的是，华尔德并没有澄清掌权者是如何将制度上的公权力转换为其私人化的，更没有指出国有企业历经市场化改革变迁，权力私人化过程中公权力是如何与市场相携推进私人利益扩展的。

透过访谈可以发现，虽然制度作为公的角色保持不变，但作为中间角色的管理者是多变的。管理者将公与私划分为多个层面，形构自己的行动逻辑，时而视公为私，时而先私后公，时而权衡主次，其间也不乏不影响私利前提下的先公后私、公为主私为次。总之，制度在执行者面前变为客体主体化的他物，其极端后果即为权力私有化。公权力私有化过程即意味着对资源的私有化，同时资源还可作为市场交换的标的直接货币化，然后化为己有。当公与私作为行动主体，公与私相互嵌入，公

[①] Andrew G. Walder, "Organized Dependence and Culture of Authority in Chinese Industry", *Journal of Asian Studies*, 1983, 43: (1).

私不明，公向私渗透时，公权力即可嵌入私的日常生活之中，扮演操纵主宰角色。当公私互动中衡量标准单一，只重收益，忽略其他，将交往行动货币化、符号化，势必会忽视日常生活互动的社会意义与社会后果。

> 有的小领导（眼里）就是（上边）领导。领导咳嗽一声，他大气不敢出。（厂）领导说抓住了你车间，你有违纪的。按照规章制度扣你200（元）啊。因为你给他（车间主任）抹黑了。每天早上都开调度会，有被点名的，各车间的（主任），人家有总结的。劳动纪律方面的领导就说昨晚哪哪车间有迷糊的，有没巡检的，天天点你名，脸上肯定挂不住，回去他就急眼，说扣你200噢（1分），我要扣你1000噢（5分）。工人觉得老闹挺了，你说我挣几个钱呀。（H13—L—Z，2012年9月8日）

改制后的国有企业，作为居间的管理者群体其自身形成的行动结构是纵向延伸、横向分割的，管理者对上负责、对下约制以及横向部门分隔独立，此种管理制度历史沿承下来，根深蒂固，市场与契约并没有契入这一制度改革之中。因此，制度与人之间的关系依旧为社会连带以及关系认同所形塑，生产激励行动直接货币化，甚至将权力变相"寻租"。

> 以前领导发现你不愿意干活了，都问一下咋回事，现在都是用制度管人。比如H工厂就是条条框框。现在领导都不这样做，都直接问，这活儿你能不能干，不能干，换人。因为奖金系数是有差别的。普通工人是1.0，值班长就是1.6，差距很大，领导可以决定。……完了呢，就是不干总有人干（总有他自己的社会连带关系人）。（H08—D—J—Y—L，2012年8月29日）
>
> 现在人心比较散，以前一年一次的运动会、茶话会、联欢会，都没有了。年底搞的花花样，评优秀员工，给配套奖金8000块钱，这些钱还拿不到手，车间硬性指派，这人还得拿得出手的。假如说给我，荣誉得到了吧，钱我得拿出来，8000块钱，1000块钱拿到

我手是多说的,剩下那部分钱都得交给车间,他怎么分配,就管不着了,车间主任就可以随便支配了。(H08—D—J—Y—L,2012年8月29日)

这意味着,一方面,改制前形成的派系集团与隐性文化依赖与改制后的市场化、货币化相互"配适",制度上的公私关系很容易被简化为人与人的关系。另一方面,改制后随着市场化的深入扩展公权力私人化不断加速,整体上形构了更深的不公平与不平等,从而也深化了集体情感疏离。看似为管理者与工人之间的矛盾,实际仍然是公与私、制度与个体之间的矛盾。一些大型重要仪式、节日庆典、运动会等日常仪式取消,意味着互动仅仅是政治性的、利益性的,生活世界与社会情境的意义日益遭遇放逐。按照涂尔干的理论,集体意识与集体团结依赖于集体仪式而不断凝结。日常生活的互动链条需要共同行动、各种庆典与仪式来确认、挖掘,集体意识更需要集体仪式与集体记忆去固化,尤其社会变迁、体制转型不断凸显的社会里,人们联结的可靠纽带究竟依赖于什么?工作、生活的社会意义如何超越私利的褊狭?公私分化并不意味着社会的解组、情感的消亡,公私分立也并非想当然地认为社会的终结,"个人成为自然的终点"[1]。涂尔干反复强调,人们无法超越的社会事实是,"通过聚集在一起,相互渗透和融合在一起,个人们产生了一个新的存在,如果你愿意,可以称之为一个心理存在,但却构成了一种新的类别的心理个人性。"[2] 它不可仅仅作为个人的总和,更不能还原为个人意识,但可以形构个体观念。社会(集体意识)先于契约,"社会与传统才是真正的根源"[3]。就是这种无法还原的属于人自身的"类意识"[4],作为社会事实,才能超越狭隘的私,关注、反思集体意识、集

---

[1] [法]涂尔干:《孟德斯鸠与卢梭》,李鲁宁等译,上海人民出版社2003年版,第61页。
[2] 陈涛:《人造社会,抑或自然社会——涂尔干对社会契约论的批判》,《社会学研究》2013年第3期。
[3] [法]涂尔干:《社会分工论》,渠东译,生活·读书·新知三联书店2000年版,第172页。
[4] 高清海、胡海波、贺来:《人的"类生命"与"类哲学"——走向未来的当代哲学精神》,吉林人民出版社1998年版,第228—246页。

体情感，才能构筑公私多元化的未来。

最后，20世纪初期之后，虽然传统的国有企业单位逝去，新国有企业模式确立下来，但是，在公私分立向公私多元化转换过程中，职业伦理、公共文化认同受阻。公并没有向分化了的、多元化了的公共方向转换。尤其缺少"集体意识""集体情感"的转换与承接，缺少推动企业发展的真实动能，职业精神更加虚拟化。与此同时，私的自我认同极端强化，狭隘的私利占据社会生活重心，其存在性焦虑相伴而生。

> 现在人的方向搞乱了。完了吧，搞得人的道德观、伦理观没有了。回来（一看），每个人都是这样，都是为自己。国有企业工人也好、干部也好，老总也好，他实际上都是为自己。等到工作那一块他能用百分之三十，维持基本工作就可以了。（H06—L—G，2013年8月2日）

> 现在不光是企业，整个社会也是这样。现在整个社会也是以网络为中心，但是网络不是能促进一个人能干点儿什么，把你需求的东西在里面能找到。但是整个社会的责任感不是在网络上能找到的，人和人之间交流形成的一种形式如默契，这个东西没了。应该说在2000年以前，大家还不这样。2000年以前，打个比方哈，就说这个泵儿是要我擦的，那我提前就把它给擦干净儿的，我就应该干这个活儿，他有这个自觉性。但是随着国有企业改革，装置停产，(19)99年、2000年买断之后，这个东西没了。再（让他）干啥，得拿钱，拿钱才能干，不拿钱不干。你像说这个东西你擦一下，擦一下给三十块钱，给三十块钱他就干了。缺失的就是这个责任感，（这）就是个最大的问题。（H05—D—N，2013年11月1日）

实际上，市场化改革"最打动投资者的是，公司管理层的理念和文化。他们始终把为股东创造盈利与回报，作为第一要义。"① 这在市场化的国有企业面前，似乎并没有得到有效关注。若深入思索个体存在

---

① 祈建华：《国有企业备忘录》，CCTV2电视专栏，http://jingji.cntv.cn/special/guoqi-beiwanglu/index.shtml。

性焦虑的源头，其实就在于公私分立、公私多元化转换中"公共"职业道德的受阻与自我的膨胀。如前所述，公的多元化趋向为公共性、集体认同等几个层面的培育，即分别指国家垄断的公的释放，行动者之间的行为互动、存在方式的"共享"以及集体情感认知的确定。它是在产业或职业生长过程中不断集聚与扩展的职业伦理，形式上作为"社会事实"，作为"群体的事务，只有在群体通过权威对其加以保护的情况下方可运转"①。这种职业伦理意味着行动者为合作、对话采取行动共同构建公共性、群体认同。公共性不是个体自觉做成的，而是个人为自己的"自我实现"而展开的活动②，自我实现与企业精神融为一体。而当职业道德伦理遭遇阻滞，"自我实现"在行动中却常表现为模糊、褊狭、无限膨胀。

> 咱们不说嘛，就说减员这问题，（领导）说不能再给我减了，再给我减我就干不下啥干不下啥了，他还是懂这个，上边都这样，（别说下边了）（言外之意，底下干活的人少了，不仅意味着减员，而且意味着自己部门的资源与利益也相应减少）。最后，还涉及他只想他自己，只考虑自己的利益问题。什么事都是他（自己怎样），先想我（自己）。要是它跟我没啥关系，他就不会做的。他就是这样。（H06—L—G，2013年8月2日）
>
> ××（领导）来了后，当时SH不是很景气嘛，一直亏损。我们这儿不是盈利嘛，他就想方设法给它收回去。他这也是想做出点政绩，日后调到公司总部。咋办呢，给HK赔了40个亿。总部给掏的。他来了后，还没收购呢，就告诉我们老总，我来了，你可以找地方了。给收购完了，老总辞职不干了，回家了。（H08—D—J—Y—L，2012年8月29日）

涂尔干曾论证，自然状态中，"人既不是道德的，也不是非道德

---

① ［法］涂尔干：《职业伦理与公民道德》，渠东等译，上海人民出版社2000年版，第9页。
② ［日］佐佐木毅、金泰昌：《公与私的思想史》，刘文柱译，人民出版社2009年版，第211页。

的，而与道德无关，道德只有在社会中才能产生。"① 而在超越孤立的自然状态后，如何表征、展现道德从属于社会？恐怕只有通过个体与个体、个体与群体以及群体与群体的广泛互动，才能使道德真正承载社会感与社会意义。哈贝马斯由此提出，现代社会焦虑的症结不是社会道德有与无、多与少的问题，而是主体间性的缺失，"共同分享生活世界"的交往理性的缺失。实际上，"作为生活世界的成员，我们置身于'我们的关系'当中，在生活世界的具体协调系统中占据着属于我们以及集体的特殊位置。"② "通过这种交往实践，交往行为的主体同时也明确了他们共同的生活语境，即主体间共同分享的生活世界。"③ 国有企业改制，缺失的即为主体间性生活世界的建构、生产空间"生活化"转向的问题。尤其是，作为居间的管理者将公私排位，使公之制度常常沦为私之个体的牺牲品。作为工人，更无机缘实现"自我"，因而疏离是必然的。

传统上"以厂为家"的口号，无论是作为企业文化还是精神动员，它实质为公私不分（合一）、公私混淆的历史见证。当国有企业单位制度传统逐渐被现代、市场占据主流话语时，公私观念、公私关系却常为"传统的授予"主宰，并作为道德人格标准自上而下去衡量，而非权利义务标准多层面立地讨论，进而简单地将公与私对立，对社会行动与社会心理层面的认识不足，主客体界限不明。因此，难以生发具现代性特征的公共性与集体意识，更难以形构开放式反思性批判。因此，如何激发企业的公共文化与公共职业观念，仍模糊混杂、狭隘、断裂。公私合一背景下，制度与人即公与私之间的矛盾在市场化、货币化的现实情境中更加凸显，公与私联结互动过程中仍以小集团和派系（私人关系网络）为载体。单位制度在改革与变迁过程中，产权—工资利益—社会化上随企业现代性变革都发生了改变，并得到相应的关注与重视，而一直缺位的文化认同（指自发的文化认同，而非授予的文化认同）与职业精神并

---

① ［法］涂尔干：《孟德斯鸠与卢梭》，李鲁宁等译，上海人民出版社 2003 年版，第 68 页。

② 哈贝马斯：《交往行为理论：行为合理性与社会合理化》，曹卫东译，上海人民出版社 2004 年版，第 122 页。

③ 同上书，第 13 页。

没有得到补偿，因此，当单位制度下留存的"共享经历""共享情感"逐渐淡出，以职业道德伦理为基础形构的现代意义的集体情感还未建立，最终工人与国有企业单位出现情感疏离。

二 后果与影响

集体情感的疏离主要表现在内生影响与外部后果两个方面。在内生影响上，情感疏离的实质即为社会凝聚力与意义共同体遭遇认同挑战。虽然现代逐渐替代传统，但人们依然回味于单位制度的情感流之中。自传统单位认同转换以来，新的认同载体要么正在形构，要么模糊难辨，因而遭遇"同一性"[①]与"集体情感"的危机。集体认同问题的发生促成制度变迁向纵深发展。单位作为特定社会制度下的一种资源管理运营方式与制度，有其历史原因，其间单位作为"公"的角色部分地取代了私（工人）的权益，如现代组织下的流动权、参与互动权、利益区分权等。一旦它遭遇工业主义，那么就无法顺利适应市场经济支配下现代组织这一角色。在市场经济逐渐嵌入整个社会发展进程中后，企业与工人之间的矛盾逐渐凸显，由此，认同问题逐渐显现。与此相伴，"公"及"公共"文化的受阻与扭曲，"私"的确立与膨胀并行生发，超越国有企业单位的认同危机势必也会产生。

国有企业工人的认同唤醒与情感疏离既是市场化与制度变迁的社会缩影，也是工人与企业公私互构历史、现实相互混杂的呈现。国有企业单位制度的变迁，亦即"传统"制度向"现代契约制度"推进的过程。何谓"传统"？在中国广泛的制度组织形式体系中，即指制度授予造成的公私合一的传统模式，它具有非反思性、非开放性，缺失主体间性。对于制度体系内的个体来说，制度依赖与情感凝结相互调适，形构了特有的单位制度模式。当市场化逐渐渗透单位体系之中促使制度变迁、社会转型时，独立自主的、现代意义个体并没有得到充分发育的情境下，当传统形塑的制度依赖惯习一旦被打破，如同"潘多拉魔盒"被打开，各种恶行逐渐显现。因此，当作为制度的公不断扩展自身公平正义的角色时，作为居间的某些企业管理者，利用双重主体身份，使公的内容与

---

① 姚德薇：《论社会认同研究的多学科流变及其启示》，《学术界》2010年第8期。

形式错位扭曲，先私后公，假公济私，只见"公的外壳"，不见"公的内核"，制度与权益不能如期对应匹配。制度上的现代性转换，夭折于公私行动结构之中，由此出现公私疏离。表面上，看似人与人之间的疏离，实际上是私之个体与公之制度之间的疏离，当公之制度再也不能全功能授予个体各种权益时，结果只能面临原子化的疏离。正像玛丽·道格拉斯所言，这跟经济收益多少没有直接关系，只是与制度功能直接相关。因此，相对于纵向历史上即便工人收入不断增加，但也并没有跟踪解决情感认同问题。学者汪和建以国际化、市场化的富士康公司为例提出，经济组织中提升对人的尊严的认知与运用，会给企业带来长期可持续的利益；反之，不尊重员工权益迟早会让企业付出代价，因为长期性关系交易创造的是雇佣双方的"圆满的合作"而非"敷衍的合作"。① 需要区别的是，科层制化约管理模式之下，"单向度的人"的工作倦怠，并不具有较大破坏性；而当与制度转换下的公私关系交织在一起，却表现为"非反思性"向"反思性"集体情感过渡的断裂，公私之间错节扭曲，公私背离。因职业道德伦理与产业、职业脱节，职业精神高悬虚置。公私还没有做好充分准备的情况下，现代企业制度匆忙确立下来，致使私之个体适应阻滞、心理缺位甚至起伏不定。而作为"公"之载体的国有企业，其"现代"与"传统"之间的较量，并非立竿见影，由此，"无意义工业人"、国有企业单位变迁的认同问题随之产生。

传统上公私观念存在一些认识上的简单化甚至曲解，如公私对立、崇公抑私、公善私恶等。实际上，"公""私"既涉及制度、结构与组织群体的问题，也包含产权、观念与文化方面的议题，而并非简单的道德人格标准的描述。公私观念在中国存在特定的结构与层次。公不是私的对立存在，而是私的发展与扩展。私也不是保持自我同一性上狭义的私，而是向公发展与转化的广义上的私②。两者是相对而非绝对的关系。公也不一定永远为公，私也未必注定为私，公与私可以相互转化。从这个方面拓展，个人与单位组织、制度并不是简单对立而是相互渗透

---

① 汪和建：《尊严、交易转型与劳动组织治理：解读富士康》，《中国社会科学》2014年第1期。
② ［日］佐佐木毅、金泰昌：《国家·人·公共性》，金熙德、唐永亮译，人民出版社2009年版，第18页。

与融入的关系。作为国有企业变革的三个阶段，公私合一、公私分化、公私多元化的转向，即为产权—权责、行动结构—道德伦理的过渡逻辑，它作为国有企业单位变迁这一时间事实，恰恰证明了国有企业现代化变革过程中是否忽略了一个逻辑事实，即一直忽略的职业道德伦理是不是应该置于首要位置？至少，它应该与企业变革同步。

对于 H 企业来说，从单位认同的情感化，到认同唤醒、认同分化再到情感疏离，这是反思性认同逐渐形构、不断重构的过程。如果说，在企业转型的初期，单位认同在 H 企业内部多在"情感"流之中表征的话，那么，在转型的关键时期，即经营制度变迁（如 JL 公司与 GZ 合作时期）或剥离、改制（如 H—S 厂改制并被私企购并时期）的过程中，其认同唤醒最为凸显，这在剥离、改制的厂子体现得尤为明显。而当市场化、现代性与新国有企业相互结合，H 企业稳定下来之后，这种反思性认同与逐利的市场化相互渗透，最终形构了情感疏离这一状态。

从本书所针对的案例中可以得知，从国有企业单位剥离出来、转型为私营企业的集体认同与原国有企业的单位认同既存在趋同之处，也存在差异。由于本案例中的私营企业曾经是 H 企业中的一个厂级单位，这样，从 H 企业剥离出来跟随 H—S 厂一同转型的老员工对这种转换难以接受。因为，剥离问题对于他们来说，最为紧要的是生存转折与身份变化这些焦点问题。与改制趋稳的 H 企业相比较，工资和其他收益的"巨大"差异（普通工人相比较至少减少 3000 多元）是这些老员工最为难以接受的。即使是（销售部门）管理层，在这个剥离出来的企业中收入也不抵原企业的普通工人工资，工资差距也在 2000 元以上。再加上国有企业身份的失去，更是让这些老工人、连同非生产部门的员工失去归属感。同时，由于该厂被私企收购，私企的制度管理模式与原来国有企业的制度管理模式差距很大。在那些老员工看来，国有企业的制度管理尤其针对安全、环保环节等的制度管理已经步入相对成熟稳定阶段，关注重心偏向收益，相反，私企的这部分环节还需要不断加强。更深层面上，转为私营企业的 H—S 厂对于业绩与绩效的考虑并没有建立年限等衡量标准展开的连续升级制度，造成新招聘的员工可能与老员工工资差别并不大，甚至可能因为学历等原因工资还高于老员工。因此，在利益、制度等方面，这一企业并没有形构出员工一致认可的认同。由此，因生存理性的考虑限制，其归属感方面的认同更值得反省。在转为私企的H—S厂，新聘员工（包括管理层）因为居于特定的位置，没有经历变迁，所以，他们对企业认同的考虑主要参照点还是同行业的比较、区域差异以及该企业的社会认同度。新聘员工对于本企业的认同较为复杂，且这里也构不成主要考察对象（本书主要探究的仍是单位认同及其变迁问题），故这是另一项研究所面对的问题。

综合上述，在新国有企业的发展进程中，个体—家庭—单位这种联结模式逐渐被打破的同时，带来的是公共与私人生活空间的重塑问题，这是弥合认同分化与情感疏离的关键所在。对于H企业来说，未来要做的是，一方面，以"自我实现"为媒介，转换传统的集体观念（如只讲奉献、不讲索取），唤醒自觉独立的个体及新型集体意识，构建"新型集体情感""企业公共性"，重构"生活世界"的共享性和社会意义。另一方面，由于人们追忆并认可人的情感联结、集体凝结，因此，可建立企业内外多种形式的"准社团群体活动"来激发员工的集体观念与集体凝结。依据文体、科技、艺术文化、竞技赛事等形式，准社团活动，与国家、省市的正式社团组织建立关联持续互动，彼此互补、共同合作、相互促进。

第五章 单位观念与单位认同的历史转换：从制度授予、情感动员到精细管理

第一节 从片面的假设说起

本书构思之初，总是试图将国有企业单位的认同作"切片"式假设与划分，即依据一定标准将其划分为制度认同、权威认同、利益认同、社会认同等①，而搁置单位认同的历时变化。后来，在调研与思考中发现，这种概念设定与区分并不完全适用，如果依照这一路径开展研究其结论也是片面的，研究效度也会降低。在国有企业单位改制前，人与人之间的联结主要依赖于非反思性制度下的情感传递；随着工业化和市场化的纵深展开，剥离改革措施的切入，这种情感动员形式已渐渐被精细的制度管理所替代。由单位人情感集聚而成的单位认同历经认同唤醒、认同分化，与工业主义交融，产生的后果是制度更加细密了，而人的情感却出现了分化与疏离。由此，我们要探讨的问题是，单位观念与单位认同的历史转换是怎样形塑的，即探讨单位人的单位观念为什么说是制度授予的？单位权威作为一种"制度"是怎样转换为"情感"的？单位内各种组织形式的"单位情结"其渗透是如何展开的？当国有企业单位与世界市场、工业化接轨后，随着精细管理的覆盖，单位人也产

---

① 这种划分受王彦斌教授著述《中国组织认同》的启发，参见王彦斌《中国组织认同》，社会科学文献出版社 2012 年版。

生了工业主义语境下的"工业人"状态。单位情感与工业化的精细管理真的是背离的吗？诸如此类问题，需要在后续的研究中逐一解答。

一 单位认同的几个横断切面

本书所讨论的国有企业单位制度的认同问题，不能仅仅就组织这一层面去分析。始于 20 世纪 80 年代的组织认同研究，多采纳组织行为学的研究视域，因此，理性选择理论理所当然地成为其基本的分析媒介与基础。王彦斌教授也这样说，"实际上，组织认同中的理性，是一种由个体出发的行动理性。组织认同以理性为主导，是一种选择性结果，不是自然形成的。……组织认同的实质，与人的自我认同相关，但又与社会认同相连。人的自我认同是在社会生活中展开的，人们之所以要参与组织生活，成为组织成员，源于自我概念及其发展，其深层次的心理动因是人们需要通过组织生活方式增强自我"。[①] 由此，理性选择理论支配下的认同研究坚持认为，自我认同、组织认同与社会认同将个体与社会联结为一个连续认同架构。组织认同需从多角度把握，它既为内在的心理过程，也是外显行为表现，是内隐外显并非合一的组织现象。借助阿尔德福的生存、交往和发展理论，王彦斌教授依据人的需要这一划分逻辑，将组织认同分为心理和行为两个方面。在心理层面，考虑由物质性需求引起的利益性组织认同，因情感和交往需要而产生的归属性组织认同，源于个体自我增强需要在社会中追求发展的成功性组织认同，依此提出了组织认同心理层面的三因素模型。笔者在调查研究中发现，这种严格的理性选择分析应用于单位制度背景下国有企业的历时性考察并不能完全成立。单位制度下的国有企业是处于国家制度与单位组织双重宰制下的特殊存在形态。单位制度（甚至国家制度）的产生、改革与变迁置于组织这一层面的横断剖析之上，也就是说，单纯地静态分析组织与个体之间的"互动模型"是远远不够的，它并不能厘清单位制度变迁过程中（国家）制度、国有企业与单位人之间的联动关系。在泛单位制度之下，单位人身份生而有之，似乎具有了"自然意义"的先赋性，自致性鲜有关注。此时，单位与单位人是合二为一的"自然归

---

① 王彦斌：《中国组织认同》，社会科学文献出版社 2012 年版，第 4 页。

属"关系；而在单位制度改革与变迁背景下，身份的瞬间转变，使其转化为制度之外的"无归属"主体，因此，单就这一问题来说，无法用理性选择来解释说明。同时，涉及长期"制度授予"而产生的惯习、制度与情感界限的混淆，制度松绑而产生的认同分化、认同唤醒等复杂状态更难以阐释说明。因此，本书就是将单位认同作一历时性探究，以追踪其变化状态及原因。

二 单位认同的历时性转换

在国有企业单位制度中，单位人对"单位"的认识与思考在国有企业的各个发展阶段是有所区分的，不同时期的侧重点及主流话语都是不同的。如果我们以情感归属为路径进行梳理，那么单位认同应该呈现为认同的情感化时期—认同唤醒时期—情感疏离时期这样一个纵向过程，正像本书之前所探讨的那样，这是一个从感性认知逐渐转换为理性觉醒的过程。

在众多文献中浏览，然后进行不同时期的比较，即可发现，单位人与国有企业单位之间在不同时期的语言、叙事方式都是有所不同的。在单位认同的情感化时期，单位人与单位之间是有很多故事的，或感人的、或令人激动的可讲述的制度与个人（公私同构）合二为一的故事；而在发展变迁过程中，这种故事性情节逐渐淡出，"工业主义"话语越来越强势，而后转变为精细、规范化的管理。

> 厂房恢复重建时期，一位 H 企业退休领导这样回忆[①]：盖厂房没有吊车运料，工人们就自己动手搭起马道人挑肩扛往上搬。20 多米高的厂房，马道来回往返有七八十米长，不用说挑运砖瓦砂浆，就是空手上下走一趟都要气喘流汗。而工人们却争先恐后，你追我赶地比着干。挑砖的不断加码，挑砂浆的桶越换越大。各级政工人员一边和大家一起干，一边开展现场宣传，在地冻天寒的工地上到处都呈现出一派火热繁忙景象。很多同志的肩膀压肿了，腿累酸了，

[①] 20 世纪 50 年代，没有建筑专用机械，H 企业中的许多厂房雏形都是工人们自己动手建成的。

手上磨起了水泡，可没人叫苦，强忍疼痛，挑砖运石。大家的心里只装着两个字——大干。就这样，一座座工厂拔地而起。使这片原本荒凉的大地，一天一个样，三天大变样。……在工程紧张施工的日子里，我天天守在现场，和工人劳动，与工人交朋友，工人有话愿意对我讲，有事愿意找我办，我和工人建立了深厚的友谊。①

这种"面对面"的工作使大家不断加深了解、增进情感，在"生动的故事""感人的故事"感召下传统社会的"熟人群体"不断衍生并复制。

老工人H××在HG岗位倒班30多年，退休前一天还工作在岗位上，一辈子没有向组织上提出过任何困难和要求。当他退休离厂那天，厂领导到车站去送他，他却诚恳地向组织要求让他接班的儿子做他原来的工种，还要安排在他原来的岗位上。

老工人L××是抗美援朝的老战士，几十年如一日，回收废旧零件上万个，并用这些东西亲手搞成钢筋成型机、油毡纸处理机等多种革新成果，成为万宝库的主人。有一天，他看到天要下雨，扛起破棉被、雨衣和塑料布从家里跑到车间，把水泥盖好，避免了损失。

老工人L××在麻袋库工作，他带领几个女工把每天入库的麻袋再仔细抖搂一遍，天天坚持，十年如一日，仅一年时间就回收精盐等物料27吨。这还不算，连洗出的麻袋毛，都留起来作麻刀用。这种麻袋毛精神是H企业精神的重要内涵，是H企业人价值观念的生动例证。

老工人W××，身患癌症，仍然不忘为企业贡献力量，有一年冬天下大雪，大雪封门，他的肺癌已到晚期，睡不着觉。他想到的是明天早晨工人上班怎么走。于是，就冒着漫天大雪，凌晨两点深一脚浅一脚来到厂里，发动推土机，为上早班的人们推出一条平

---

① 《把握主旋律培育H企业人》，《H企业记忆》（二）（公司领导及老同志回忆录），"纪念H企业开工建设60周年系列丛书"，J省资料性出版物（第02201403030号），2014年版，第137页。注：文稿写于1990年，作者于1958年调离H企业。

坦大道。

老工人Z××，倒班34年，始终坚守在第一线，还在带徒弟。这些老工人现在有的退休了，有的已经去世了，但H企业人永远忘记不了他们，要为他们树碑立传。①

单位认同的情感化时期，人与人之间的距离是近的，并没有被电子化的设备所隔离。厂房重建，设备装置的开车试验、检修，人们"大干多少天"的身影随处可见，领导与工人一同经历最艰难、最困苦的时刻。2000年之前，当H企业的个别厂还没有进入改组、改制倒计时之时，其实，这种"情怀"大多还是一直存在的。在此，我们认为，在单位认同方面作出明确的切片式划分（如利益认同、制度认同、社会认同）是不可能的。因为单位认同模式非常广博、混杂，难以厘清。拿制度认同与利益认同来说，因单位制度遍及整个国家、城乡社会，单位话语、单位意识与单位观念包容在国家资源再分配体制与组织形式之中②，单位话语、单位观念、包括单位制度形构的权威几乎遍及整个国家。在单位制度之下，也存在特定的单位话语，单位制度内外的话语及观念是无限扩散的。甚至，时至今日，人们依然沿用"单位"话语及观念。比如，"去单位""你们单位多少人？""你们单位在哪？"等。虽然不能进入单位体制内的人被"单位"所区隔，但是，单位体制的优厚待遇、福利保障（包括良好的医疗保障、住房、日常消费福利以及工伤和养老保障等）一直为人们所津津乐道。只要进入了单位制度体系里面，

---

① 《艰苦奋斗 II 企业人》，《H 企业记忆》（二）（公司领导及老同志回忆录），"纪念 H 企业开工建设 60 周年系列丛书"，J 省资料性出版物（第 02201403030 号），2014 年版，第 14 页。注：文稿写于 1990 年，作者于 1979 年 3 月调离 H 企业。

② 一般情况下，单位包括"工作场所"和"本人所属组织"的意思。在中国的国家财政制度中又把"单位"分为"行政单位""事业单位""企业单位"。"行政单位"是指党和行政机关、国家承认的其他政党、工会和共青团等社会组织。"事业单位"是指非营利性的研究所、教育机关、医院等文化组织、医疗福利机关。"生产单位"是指营利性组织的国营企业。从所有制来看，单位是"全民所有制"（实质上的国有）组织或者地方政府管理的"集体所有制"组织。在讨论"单位制"的时候，在一般情况下，私营企业、外资企业、改革开放后诞生的乡镇企业以及城市中新生的集体所有制企业、股份制企业都不包括在内。参见［日］田中重好、徐向东《单位制度与中国社会——改革开放前中国的社会结构》，郑南译，载田毅鹏等《重回单位研究——中外单位研究回视与展望》，社会科学文献出版社 2015 年版，第 38—39 页。

就会获得相应的利益与荣耀,"制度"与"利益"相互协同,相互勾连。因此,制度认同之下就隐含着利益认同与社会认同。但是,在调查研究中我们发现,"单位人的情感"在整个发展变迁历程中却产生明显变化。尤其在市场化转型过程中的关、停、并、转,剥离,至新国有企业确立,这种变化与制度变迁一同起伏。因此,我们以情感变迁为核心探究单位认同的历史性转变。

H企业向市场化转型过程中的攻坚阶段,企业领导和管理者依然"情深义重",满载"被培养"之后的反哺情怀忠于职守。

> 自1970年8月大学毕业到H企业工作,2009年退休,在H企业工作、在籍40年,见证了公司辉煌的年代,也遇到了最困难的岁月。回顾在H企业的工作历程,总有些难以忘怀和值得回忆的往事。
>
> ……当时公司主要面临的就是新项目如何获得国家政策的支持的问题。1998年这一轮争取国家政策支持的工作,没有达到目的,寻求支持的工作仍需努力。我决定在全国的一次重要会议上以代表身份发言,为了H企业的生产发展即使有风险也该去拼搏一次。在国家领导人参会的前一天晚上,我谢绝一切活动,独自把自己关在室内,用近5个小时时间反复推敲,认真起草发言提纲,真正做到心中有数,避免因汇报不妥、打断发言而失去机会。当第二天轮到我们的代表团参会、发言,我重点汇报了H企业新项目建设情况和面临的困难,提出国家不给予政策支持,企业将寸步难行。现在看来,当时我也是豁出去了,说了不少过头的言辞。当时我说,不管支持不支持项目建设,但这一项目是经国家正式批准立项建设的,建成后没办法运转,就像计划生育,孩子生出来了,你能不能给掐死。然后领导当场决定会后派人到H企业研究帮助解决。第二天就到我们代表团参会讨论。会后还带队到H企业考察调研,为新项目解决107亿元贷款转股权,帮助解决了项目缺少资本金、还款付息困难问题,为企业扭亏脱困创造了基本条件。
>
> ……进入2002年公司经营状况明显好转,一季度末扭亏工作已初见成效,经理主持公司全面工作,公司账面已出现盈利。当得

知公司步入阶段性正常生产经营后，我内心感到由衷的欣慰，同时也不时勾起我对往事的回忆。当时，公司有不少同事劝我，多少年来人家任职都是想办法财务费用少入账，谁像你一样，专门往自己脸上抹黑。等以后扭亏脱困了，都是别人的功劳，有谁能提到你苦心谋划做了那么多前期铺垫。说实话，我也曾有过犹豫，但最终怀着对企业深厚的感情和受企业文化内涵的驱使，我义无反顾照办不误，对此我终身无憾。这就是我的为人之道，一个老企业人的情怀。

……JL 的黑土地养育了我，H 企业培养了我，作为 H 企业人，我始终对公司怀有特殊的感情。为官一任，敢于承担风险，将个人得失置之度外，坚忍不拔扎实工作，能为公司生存和发展，干几件实事，是我一辈子都值得倍加珍惜和自豪的美好回忆。[1]

在 H 企业新项目开工试车环节，就是对各个环节工作的总检验。而这个项目工厂的人员配备，年轻人多，大学生多。他们有理论水平，有热情、有干劲，但缺少实践经验，还总想按自己的想法干。对此，我们既不敢放心，也不敢放手。在投料时，指定副厂长副总工程师亲自上岗操作，待他们调好了后再交给操作工操作。但是，每到一换班时就又出现波动，产品总是不合格。只好把不合格产品装进贮罐，贮罐装不下了，就得放火炬，那就是烧钱啊。十来天开车产品不合格。经理急坏了，最后下令让我和另外两位同事倒班。我倒班后，每班在交接班会上都强调要统一操作思路。比如 TYW 塔，要统一，是先保塔顶还是先保塔底，要统一思路，不准随意更改，作为工艺纪律，必须严格遵守。我们就坐在控制台后面，厂长、副厂长、副总工程师都跟班监护。他们是最辛苦的，实在太困了就靠到椅子上闭一会儿眼睛。就这样连续三天，工艺参数稳定了，产出了合格的 YX 和 BX。后来，我填了一首词来描绘当时的心情。[2]

---

[1] 《难忘在 H 企业工作的日日夜夜》，《H 企业记忆》（二）（公司领导及老同志回忆录），"纪念 H 企业开工建设 60 周年系列丛书"，J 省资料性出版物（第 02201403030 号），2014 年版，第 38—43 页。注：文稿写于 2014 年，作者 2009 年退休。

[2] 《难忘三十八载企业情》，《H 企业记忆》（二）（公司领导及老同志回忆录），"纪念 H 企业开工建设 60 周年系列丛书"，J 省资料性出版物（第 02201403030 号），2014 年版，第 295—296 页。注：文稿写于 2011 年，作者 2000 年退休。

实际上，像 H 企业这样一个作为国家产业支柱的大型战略性企业，其改革、过渡更为复杂、更为艰难。随着改制逐步深入，单位人对单位的观念也趋于复杂并转向觉醒、分化。因此，观望、犹豫、徘徊、等待甚至被抛弃、被迫脱离、前途未卜集聚一起，人们的单位观念及单位认同开始波动。换一种角度分析，这种单位认同的历史转换是必然发生的，是制度变革与社会转型必然出现的一个环节。H 企业单位制度转型，是国家经济改革过程中的必然结果，国有企业单位制度在其中面对的"大势所趋""无可奈何""冰棍原理"等情境也是题中应有之义。有必要在此明确的是，当作为组织制度存在的国有企业处于激烈变革、剥离改制阶段，往往会加强控制与管理，否则就会在生与死之间瞬间变化。

当 H 企业面临市场化被迫改革时，处于转型、改组、剥离等攻坚阶段，困境重重。而最大的障碍即为自 1997 年以来的巨额亏损问题。截至 2001 年，亏损累计达 80 亿元，被多家媒体称为中国 H 股的"第一亏损大户"。面对症结，H 企业领导班子在 2002 年的一次扭亏为盈的誓师动员大会上提出，在这生死较量的最后时刻，怎样激活，才能让企业起死回生？依此，他们创造性地提出了全面开展"六查六整顿"扭亏措施：查思想观念，整顿工作作风；查规章制度，整顿工作秩序；查低标准，整顿现场管理；查经营活动，整顿采购、营销、资金运作各环节；查纪律，整顿干部员工队伍；查施工、用工，清理整顿施工队伍和临时用工。同时，按照"经营管理高度集权、基层单位强化生产、经营环节全部规范、管理机构科学精干"新的管理定位，对审计、合同等十大经营环节，全部实行集中统一规范管理。在此基础上，科学合理设置管理机构，大幅度压缩中间管理层次，推行竞聘上岗，全面优化调整管理机构和人力资源，实现了扁平化与传统管理机构的综合集成。[①]

这种整顿措施、严控管理条例的出台，与企业转变、领导思维变革、企业管理的变革相互形构，共同推进了国有企业单位"情感化"向"市场化""制度理性化""规章明晰化"转换。

[①] 中国国有企业联合会、中国国有企业家协会：《"H 企业经验"研究》，2014 年版，第 325—326 页。

这种制度理性化、规章明晰化的转换程度到底怎样？我们再看那个时期一位领导的回忆录——《回忆 H 企业那段岁月》，从中观察 H 企业的创业目标、企业发展思路和发展定位以及具体整顿措施的出台、管理水平的全面提升与转换等方面，即可得出结论。

  2002 年的工作紧张而有效。以 5 月 31 日 1600 人的扭亏为盈动员大会为标志，正式提出了企业进行第四次创业的目标，明确了企业的发展思路和发展定位，并通过大宣传、大讨论和大落实，鼓舞士气，统一思想，坚定信心，在全公司形成共同攻坚的浩大声势；6 月，以"六查六整顿"工作为抓手，狠反低标准，全面提升企业管理水平（通过六查六整顿，彻底清理整顿了厂区周围小饭店、小破房、小围栏、小浴池"四小"1485 项，消除跑冒滴漏 38199 项）；7 月起，公司全员实行早 7 点至晚 7 点，大干苦干；8 月，公司创出了 1997 年以来首次月份盈利的好成绩；10 月，公司召开党建、宣传思想工作及大干三季度总结表彰大会，进行了冲刺四季度再动员；11 月，组织层层研讨明确了 2003 年工作思路。围绕"高标准创业，高水平创新"这一创业理念，提出了五个环节上的企业战略管理理念：一是创造性地实施"三改一加强"，即加强管理放在首位，在此基础上推动改组改制和技术改造。二是紧紧抓住原料、技术、管理、市场四大要素，充分发挥技术、人才、管理等比较优势。三是坚持现场管理、外部管理、战略管理、文化管理"四个方面"管理同时推进的原则，使各项管理相辅相成。四是坚持做到依靠省市、集团公司、离退休老领导、全体班子成员、干部员工、各级党组织"六个依靠"，形成扭亏发展的内外合力。五是注重超前谋划、强化执行，着力解决了国有企业容易出现的年度计划、月度计划制订和执行滞后的问题，保证企业战略环环相扣，有效实施。[①]

  "自 5 月 31 日的动员大会，到 6 月份的'清理整顿'千余项活动，

[①] H 企业口述史编撰委员会：《ZY 口述史·H 企业卷·H 企业记忆》，J 省资料准印证（第 201103093 号），2011 年版，第 73—79 页。

消除三万八千余项跑冒滴漏设施,到 7 月份的早 7 点晚 7 点的大干苦干,仅仅经历两个月,在 8 月份实现了 1997 年以来的首次月份盈利的'好成绩'!"从上述可以分析,这种"神速"假如是真实的话,那么是如何做到的?在调查访谈过程中,这种神速即依赖于"砍掉""清理""停用""改造上新设施"。如果将这样的"大干苦干"的具体项目活动按照工作日这一劳动时间来分配,如果将休息日都算上,那么一天要完成 1322.8 项具体清理工作。因 H 企业具有 40 个左右的二级单位,那么平均每个二级单位每天要承担 30 余项工作,然后按照车间及管理部门再进行划分,这样,将具体的清理整顿工作彻底完成。这些任务是怎样实施的?怎样分工协作?划分为多少个门类与工作小组?谁来具体分管与带队?这些问题通过访谈与调研都可得到答案。

  Y××领导那时候我们真的不叫"人"啦,我们被管得跟小学生似的。走路纵列排队,不得并排;安全帽不许摘;小浴池没有了,吸烟室也撤了。反正不像以前那么舒服自由了。另外,你说那些清理工作怎么做到的?其实就是该关的关,该停的停,把那些跑冒滴漏的能维修的维修上,大多就搁(弃置)那里不管了,然后上新的呗。我反正是看不惯了,后来我就走了。(H—L—X,2013 年 8 月 5 日)

  那个时候(改制中的清理整顿)可给我们(管理人员)……整苦了。当时我们就是一级管一级啊。上面先下达任务,怎么执行,都是有日期的,到时候就像交工一样必须完成。然后我们根据任务情况划分几组,之后就按照上边的意图层层贯彻。Y××领导下死命令了,我们车间主任(书记)电话必须 24 小时开机,一打电话,必须马上到现场,一般都是划分出块和区,我们带队,一有问题就必须到现场去处理。你知道,工人可以倒班,人家按时上班,到点儿下班儿了,可我们是死守。好不容易回家休息一会儿,电话响了。……嗨,神经绷得老紧了,马上就要崩溃了(现在仍为车间主任的他,此时眼睛里噙着泪水,忍住了)。(H—D—C,2015 年 7 月 25 日)

对于这种整顿，企业成员也有持正面观点。

你看 Y××领导在这儿的时候，确实看到了执行力。因为这个 H 企业属于老企业，你不整顿也不行，确实存在散漫、混日子的状况。比如，中午，办公室一翻抽屉，有扑克，那坐地（毫无商量）就是罚。你看，最起码严管严控对于整个企业来说，是应该的，是受益的。现在说有的部门这种散漫风又回来了。但是，也有说对这个接受不了的，但我是这么想的，任何一个领导，都存在争议的地方，都会让人品头论足。但是，最后看整体呗，看多少年后的对比状况就知道了。是，对 Y××领导的出身，人们都议论，这个，呵呵，其实，现在不只是企业里面，就是学校等等其他部门，不是也一样嘛，不是也有很多并非专业出身却当校长了，并非专业出身，却搞那个专业了。（J—DA—Z，2013 年 10 月 29 日）

不管怎样，H 企业应改革、改组的要求，逐渐从认同的情感化脱离出来，开始分化、觉醒。当新的管理制度逐渐覆盖整个企业之后，单位人的认同越来越趋于理性化。认同的理性化与管理决策的理性化保持同步。这种管理创新的跨越，主要体现在企业文化的创新以及企业结构调整和技术创新之上。

企业管理一靠制度，二靠文化。在文化管理上，坚持"严字当头，严而有格、严爱结合的以人为本的从严精细管理"理念。我一直强调"以人为本"就是要落实到培养人、教育人、使用人、关心人，确保员工的根本利益和长远利益上；"从严"就是要落实在高标准，做到依法治企、制度管人、数据说话、效益分配上；"精细"就是要落实在从细节入手、从点滴抓起上。我们总结提炼了公司"七大理念"，包括"高标准创业，高水平创新"的创业理念，"发展慢了就要被淘汰"的发展理念，以及"人才存在于员工之中，经过培养和锻炼，立足岗位，人人都成才"的人才理念等，构建"严细文化"为核心的文化体系。此外，在前任领导班子淘汰 69 套生产装置的基础上，我们提出要加快技术进步和技术创新，按照"四高"(高标准、高水平、高速度、高效益)标准,建设"四好"(立项好、建设好、开得好、管得好)项目,努力实现以少量增量激活存量,迅速做大总量,提高发展的支撑力。①

从上述管理战略、企业文化、发展思路、管理机制、管理方法等众多方面来看,其关键词其实皆为"严""管""控"。按照企业的常态管理来说,这种模式的严控管理并非一无是处,反而可能拯救整个企业。然而,就在这一剥离改制、变幻莫测、纷繁复杂的关口,单位人开始不断对"管理权威"提出质疑。对于 H 企业这一历史性转型,管理层的"出身"与"学识"甚至其工作作风、日常习惯②被置于同一"制度权威"之下考虑,因此,对其这一阶段的认同评判开始出现分化。与以往的领导者与管理者的专业学识相比较而言,现任领导与管理者中间出现"非专业出身"的状况,且制定出一系列新管理规章,由此引起员工对管理模式转换及制度权威的质疑。

> 你像 Y××领导他来的时候,有个工程就是从 F 市带来的,他那个哥们儿过来,就整那两个地下罐,(承)包了,从他干完根本上就没用,一直露,那罐子。完了呢到现在罐子还是废的,钱最后也不管,主任去了一看,这开票啥的,那个那些票子乱糟的,人家不管你那个,我想干我就干,你也管不了。这边干完活了哈,人家钱马上必须就给人家打过来了,就这么硬气,那你没整。那全公司的单位,就像那个桌子,都是白钢整的,都 Y××领导给整的,那凳子也是,搁白钢整的、焊的,那一套得三千、五千的,多少钱你说。就是那么败豁,都这么整,那你没整。现在人没有那种思想,为了工厂啊,又为了那个,像以前寻思的那种(为了厂子,为了集体荣誉),(现在)都为了自个儿,都这样。(H—M—C,2013 年 1 月 18 日)

---

① H 企业口述史编撰委员会:《ZY 口述史·H 企业卷·H 企业记忆》,J 省资料准印证(第 201103093 号),2011 年版,第 73—79 页。
② 根据笔者的访谈资料记述,在改组剥离阶段,领导管理层的行动是被所有员工所关注并被聚焦讨论和议论的。

第五章　单位观念与单位认同的历史转换：从制度授予、情感动员到精细管理 | 121

后来Y××来了，三年四年一大修。因为你HG得了解设备，这东西结构什么的你得知道，咋回事儿，你开车（即启动厂内的生产设备）了才能进去。原来我上班一年检修一次，年年接触。后来的年轻的（领导）好几年才检修一次，肯定要出事，平时有计算机控制很平稳，按照数据在中间晃去呗。有时候影响一波动你就不知道怎么处理了，就像H-SB厂出事，那就是该检修的没检修，缺乏经验。虽然是退伍兵，但操作工就像开车似的，就是熟练工种，用不着学历高，它不像搞研究。他那时候，就怨指挥嘛，不懂瞎整。以前班组，我是班长，4：30—6：30没人，这个车间就是我说了算。因为没有人，你是设备管理员你就值班，你工艺不服，你搞设备的你不明白，晚上就我值班长说了算。什么设备哪块怎么样生产波动啥的，我指挥下边的人怎么调整，然后跟厂调打电话调整。等Y××来了之后，不行了，你不能给我降压，你有事得请示，等请示一圈儿，啥都晚了。（H—JL—L，2012年8月28日）

那么，从这里可以判断，制度的严控、精密管理的重塑最初就裹挟着那些并非让单位人完全认同的干扰因素，致使理性化制度与传统制度同时遭遇挑战与危机。制度受制于"个体化的人（领导）"，前进路上承受着种种阻滞。

H-SB厂就是，有事不让（检修），就说你有事你也得给我挺着，就都得挺着，有事儿不让出声。检修它也是，假如说预计四十天检修，完了整事呀提前检修完成任务，提前十天，到了三十天了，厂子又提前五天，最后检修剩二十天了，完了说行啊，糊弄糊弄得了，就这么整。完了，人员不够咋整？就随便挖人。大YX开（车）两回试（车）三回都没开起来。最后，为了迎接JLJ啊什么玩意儿，HK回归啊，开始整事啦。大YX就是那个Y××来了（上的）项目，等Y××下去以后才正常开车。头前儿哪旮瘩（地方）都漏，一整就不行，就是糊弄。那个YX不是他争取的项目，（只是）他出钱建的，后来他为了整事儿嘛，显功绩，雇了很多人，还有外企的。（安装设备时）HJ都没进去，给HJ气蒙了。没出事儿就便宜他（Y××）了。那油啊稀淌哗漏，油运转起来哪都漏哇。最后找 HJ，HJ 不给你干，最后，HJ 跟我们公司脱离了嘛。最后他下去后人家又来一个（领导），人家说这样干绝对不行。你看加工量，一天是 8000 吨，你非得满负荷不能降量，有事儿你不能降，假如说这边一波动，你得调整，咋地得降到 7500（吨），不行。谁降量就准备让谁下去，最后谁也不敢降量。不敢降量就赶快请示，请示厂调，再请示公司调度，公司调度再请示他，时间不等人，等他们返过来一圈回来了，这边儿就晚了，唉就这么整，那绝对不行。你看原来我在那时候，我一看波动，不行了马上跟厂调（度）说这边不行了，得降量，得调整过来，调整好了以后，马上再提上来。不懂，他（Y××）是真的不懂，后来来一个（领导），人家 S×× 就（懂）。人家下到各厂子上车间去问，说这绝对不行。天天满负荷地，都有疲劳的时候，人都有疲劳，更何况两三年一大修，你不扯呢吧。马上全降，设备跟不上，最后早晚得出事，一定得出事。最后没招儿了，人家大 YX 工程 S×× 又招聘正规部队，人家没开，又都重新整。（H—L—Z，2012 年 9 月 8 日）

当严控及精细管理完全覆盖时，人们对于领导是不是能够以身作则观察与评价；当领导不能达到预期目标时，工人随即开始出现不满情绪甚至给予极端负面的评价。

你等 Y×× 在这儿的时候，纯粹讲作派，你就必须听，不听我就把你拿下。在公司大楼坐电梯也是，他要上电梯，三四个人打场，就是电梯里不能有人，有人我就不坐，就这么霸道。人家后来这个（领导）就不一样了，坐电梯里面有公司人，"你干什么的？"他就先说话了，聊聊天逗逗你。就这样的，你看他就不一样。Y×× 一走，大伙儿拍手称快。人家后来这个人一看，真是啊，把 Y×× 所有那些（不符合正常生产的）全砍掉，你不切合实际。你说这个不切合实际，那就不行。后来，两年后走了，去 ZY 了。（H—L—Z，2012 年 9 月 8 日）

第五章　单位观念与单位认同的历史转换：从制度授予、情感动员到精细管理 | 123

当单位制度改革与变迁进行到这里，其实，在单位人的意识里面，已经将传统的"单位观念"转换了。虽然作为之前的一些单位制度关系及具体管理制度延续下来，但是，现在的"单位观念"及"单位意识"已经变得分化并转移了。"单位观念"为什么会逐渐松解或分化？本书认为，在中国，"单位观念"是制度授予的，当制度变迁与松解、改革之后，那么这种单位观念随着市场化的契入也开始转换并分化。单位制度转换为工业主义制度体系，人们的意识从单位人转换为工业人或准工业人。

第二节　单位观念的制度授予

从一般意义上讲，单位观念是制度与个体不断互动的结果，单位观念在中国特定时期、特定场域产生与形塑，是制度授予的结果。

一　为什么产生制度授予

美国学者吕晓波于1997年著述一文《小公经济：单位的革命起源》，他提出，虽然单位制度历经改革，但是，单位的功能仍然完整保留，而且在某些领域得以加强。若深入探索，单位制度的起源问题值得探究。由于受国内国际的社会场域所决定，在共产党的革命战争年代，"供给制"及战时共产党军政单位在根据地自力更生的经济活动，其"机关生产"或是"小公经济"形式的单位模式是共产党的政治和社会体制下"功能实体的单位"的雏形。[①] 尤其是偏远地区的游击战，直至20世纪30年代末，共产党基本在分散的供给系统下运转，各部队以"自筹自支"的方式从当地经济获得基本供给和收入。而其方式都是以非正规方式实现的，因此，地方群众常常觉得负担不公。这样，为了提高部队单位的供给效率，增加供给，中央革命军事委员会于1932年决定统一预算和拨付。所有补给活动与经费由各根据地地方中央通过统一的体系提供，"统一供给、统筹统支"的原则得以确立。后来，共产党领导人提

---

① [美]吕晓波：《小公经济：单位的革命起源》，袁泉、李放译，王星校，载田毅鹏等《重回单位研究：中外单位研究回视与展望》，社会科学文献出版社2015年版，第3—22页。

出自给自足"发展经济、保障供给""统一管理，分散（经济）经营"的新政策，在日军封锁共产党边区之后的 1938 年，开始尝试种菜、养猪和制鞋等生产活动，改善士兵日常生活。1939 年 1 月，正式号召"部队生产自给"，并开展大生产运动，号召全军单位参与各类生产和经营。这种军队和政府单位的经济活动不仅持续到抗日战争以及解放战争的结束，而且延续到了 1949 年以后①，这种形式后来扩展到工商业等领域。单位的经济活动，被视为"公营经济"的一部分，构成财税和粮食的主要来源。问题是，由于"大公经济"和"小公经济"之间的利益冲突，共产党军政单位的经济活动在克服财政困难方面起到了很大作用。

美国学者卞历南列举了道格拉斯·诺斯的制度变迁理论，② 认为制度与组织相互区分，制度变迁具有路径依赖的特征。卞历南相信，制度不仅是界定与规范人们行为与交往的人为设计的体制和原则，它也指体现这些体制与原则的组织机构。人为设计的体制、原则与体现这些体制与原则的组织机构互为补充并且不可分离。中国国营企业制度形成的根源在于，日本侵华所引发的人类状况之剧烈改变，导致中国在抗日战争时期（1937—1945 年）发生一场持续的全面危机。通过暴露现存制度之缺陷，表明建立新制度之必要性，这场危机迫使国民党统治者从根本上改变其关于制度环境的现存思想模型和建立新的思想模型。反过来，他们这一根本上改变了的思想模型和新的思想模型，导致他们通过建立一个新的国营企业制度来重新塑造其制度环境。这种战争危机可以倒推至 19 世纪 60—90 年代的兵器工业的演变所呈现出的一个危机，以及由其所导致的思想模型的形成或修改，以及国有及国营的军事企业扩张这样一种模式。这种模式在 20 世纪 30—40 年代通过军事工业资源扩张，得以

---

① 中国非生产单位和"国营企业"掀起"下海"经商热潮，也能够在革命传统中找到起源。
② 按照诺斯的解释，"制度"这一概念是指人为设计的规范人们交往的种种限制，而"组织"这一概念所指的是由某些个人组成的旨在实现特定目标的团体。即"如果制度是游戏规则的话，那么组织和它们的企业家便是参加游戏的人"。参见 Douglass C. North, "Economic Performance through Time", in *Empirical Studies in Institutional Change*, ed. Lee J. Alston and others, Cambridge, UK: Cambridge University Press, 1996, pp. 342 - 355. 另参见 Douglass C. North, "Five Propositions about Institutional Change", in *Explaining Social Institutions*, ed. Jack Knight and Itai Sened Ann Arbor: University of Michigan Press, 1995, pp. 15 - 26。见 [美] 卞历南著译：《制度变迁的逻辑：中国现代国营企业制度之形成》，浙江大学出版社 2011 年版，第 9 页。

第五章 单位观念与单位认同的历史转换：从制度授予、情感动员到精细管理 | 125

集中再现。卞历南提出，国营企业是如何被称为"单位"的？国民政府在抗战时期建立、发展以及扩张工业企业的同时，国民政府将这些企业称为"单位"。国营企业制度的单位名称源于，国民党在回应战争引发的持续的全面危机过程中为了使国家制度合理化作出种种努力。国营企业制度呈现三大特征，即官僚治理机构，具有鲜明特征的管理与激励机制，以及企业提供社会服务与福利。这些特征自然呈现为"单位"之特征。①

像吕晓波、叶文欣等许多学者一样，卞历南关注到的是，学者将单位之起源追溯至延安时期之自由供给制、工人运动之遗产、大民营银行之管理方式以及劳工管理制度。卞历南认为，大多学者不仅忽略了单位制度的普遍性，即它可遍及政府、企业以及教育组织等机构，而且忽视了单位制度的"行政"特征。若纵向追问，"单位"这个概念在历史上是如何使用并流传开来的？为什么产生这么久的影响力？据卞历南考证，由于国民党统治者使用"单位"这个概念来称呼进行合理化改革之政治、经济以及行政组织，"单位"这个概念获得了它在抗战之前所不具备的一种含义。几乎在一夜之间，"单位"这个概念以其新的含义开始出现在国防最高委员会于1941年2月颁布之《各级机关拟定分层负责办事细则之原则与方式》以及各种不同之出版物中。例如，在此《机关办事细则》中，"单位"一词共计出现32次，而在《国民党中央执行委员会秘书处设计考核委员会办事细则》中使用了24次②。与此同时，国营企业之经济组织亦被称为单位。如资源委员会副主任钱昌照在1942年1月的一次讲话中宣示："本会现在的建设事业，分为工矿电三大类。公的方面，共有41个单位。内中冶炼工业11个单位。机械工业5个单位，电器器材事业8个单位，化学工业17个单位。"他还强调指出："各单位的人员，均甚努力，但我们自己检讨，还有许多应行加勉之处。"截至20世纪40年代初，由于国民党统治者将政治、经济以及行政组织机构皆称为单位，"单位"这个词已经与含义为组织的"机关"这个词取得了同等地位。因此，"各机关单位"这个概念在工作报告中如家常便饭一

---

① ［美］卞历南著译：《制度变迁的逻辑：中国现代国营企业制度之形成》，浙江大学出版社2011年版，第20—23页。
② ［美］卞历南著译：《制度变迁的逻辑：中国现代国营企业制度之形成》，浙江大学出版社2011年版，第232、233页。

样被应用。……一如每日出版之《钢铁厂迁建委员会秘书处通报》所显示的那样,从该通报开始发表之1942年10月至该通报停止发表之1949年11月,钢铁厂迁建委员会从书面到口头已经使用了"单位"这个词成千上万次。最后,国家制度合理化使"单位"成为包括国营企业在内的政治、经济以及行政组织之代名词①。可见,"单位"的产生以其有效的"行政""管理"面目呈现,恰恰验证了"功能论"的说法。

根据学者裴宜理的追踪研究,中国的技术工人是构成20世纪20—40年代上海共产主义工人运动的关键力量,但依然延续同乡会基础上的手工业行会传统,尤其看重保障和福利。新中国在50年代初建立新劳动关系体系时,那些劳动政策(单位的重要性由此确立)的主管官员几乎都是上海共产主义工人运动的领导人,最著名的有刘少奇、陈云和李立三。他们制定的国营企业政策确立了带有明显手工业同乡会痕迹的制度:个人需要介绍方能加入这些封闭组织,组织则为享有特殊待遇的成员提供终身福利保障。……50年代初,李立三主要负责劳动政策的制定,这些政策使单位体制得以制度化。此外,李立三还担任中华全国总工会第一副主席以及劳动部部长职务。李立三还同他的老同事刘少奇、陈云和周恩来讨论商议制订了新的《工会法》(1950年7月颁布),赋予工会重要的福利职能。同时,他起草了《中华人民共和国劳动保险条例》(1951年2月公布),这明确了新的福利保障内容,包括良好的医疗保障、工伤和养老保障等。这些劳动保险条例(劳保)是单位形成的关键因素。Joyce Kallren较早关于工业福利的研究指出,这些条例是使国营企业发展为给工人提供基本保障的福利机构完全取代了家庭和地缘关系的关键。②

---

① [美]卞历南著译:《制度变迁的逻辑:中国现代国营企业制度之形成》,浙江大学出版社2011年版,第234、244—255页。
② [美]裴宜理(Elizabeth J. Perry):《从原籍到工作场所:中国单位制的劳工来源及其影响》,袁泉、李放译,王星校,载田毅鹏等《重回单位研究:中外单位研究回视与展望》,社会科学文献出版社2015年版,第96页。另参见唐纯良《李立三传》,黑龙江人民出版社1984年版,第148页。Merrton Don Fletcher, Workers and Commissars: Trade Union Policy in the Policy in the People's Republic, Bellinham: Western Washingn State College, *Program in East Asian Studies Occasional Paper* No. 6, 1974, pp. 7, 18. Joyce K. Kallgren, "Social Welfare and China's Industrial Workers", in A. Doak Barnett ed., Chinese Communist Politics in Acion, Seattle: University of Washington Press, 1969, pp. 540–573.

综前所述，无论是战时的供给制，还是工人运动，抑或是新中国成立前后的劳动政策和福利保障政策的发布，都可以见证（单位）制度的理念与政策是先于单位中的个人的，因为每个人（包括单位制度）都处于国家制度变迁这一背景、结构之下，个体无法选择这一宏大场域背景。基于革命战争年代对共产党供给制、自力更生经济活动的探讨，中华民国时期国民党开展的政治、经济合理化改革及其行政组织中"单位"名称的普遍化、单位意识传递的考证，以及新中国成立之初新劳动关系体系制度的研讨，都可以让我们得出结论，由社会历史场域所决定，单位制度的形成先于个人选择。制度作为先在结构总是置于个人行动之前，单位制度成为一种非反思性制度以"授予"的形式形构了单位与个人之间的关系，单位人的身份从其产生之日起便与"制度"关联在一起，换言之，自诞生之日起单位制度与个体之间就没有形塑为主体间性关系，因此两者难以相互独立、相互制约。

这里的问题是，在单位制度之下，既然由制度"授予"所决定，那么个体的主体性真的就消失了吗？在单位制度的组织体系及其功能之下，单位人是嵌入在单位制度及其复制的结构关系体系之中的。单位人的主体性在单位制度变迁与改革之前，是模糊或是变异的。模糊的原因在于公私合一（单位、家文化、个体）的理念与制度，变异的表现在于公私关系的扭曲、错位①。权利主体的自觉性、能动性及主动性处于蒙蔽状态，个体的主体性通过对单位的依附转变为狭隘与褊狭，从而丧失了对公共性的全面认知。健全的公共意识还未建立，所有的资源只能在单位制度内部才能够获得，单位人在一定程度上随即表现为对"单位"资源的巧取与利用，有时更表现为个体私利的褊狭保护甚至恶性膨胀。因此，单位制度改革之前，公之制度及私之个体其表现与取向，皆可能为各自的极端，这也是"制度授予"的外部后果。

二 制度怎样"授予"单位观念

单位制度在何种程度上对单位人展开单位观念"授予"的？按照下历南的考察，在"单位"及相互关联的语言体系发布之际，即随着

---

① 张晓溪：《单位制变迁中工人与国有企业情感疏离研究》，《学海》2016年第1期。

"单位"观念的宣传与单位意识的灌输了。对于 H 企业而言，这种授予其实是在时间管理、组织空间管理、语言观念与宣传，以及社会联结、情感传递过程中（例如"爱厂如家""公私合一"）全面展开的。

（一）时间管理上隐藏的"制度授予"

现在依然通行的语言表达模式——单位的"坐班儿""不坐班儿""三（四、五）班儿倒"的"倒班儿"制度等都是时间管控上惯用的语言模式。通过它也能够见证制度授予过程中的主要时间管理模式是如何设定的。这意味着，时间在语言、理念、内涵及行动管控等层面被划定在单位制度时间这一话语体系之下。"坐班儿"意味着在单位的工作时间是固定的，比如从早 8 点到晚 5 点，或者从早 7 点 30 分到晚 4 点 30 分等。单位的"不坐班儿"是指不固定时间去单位上班。比如除开会、集体讨论、集体仪式等集体（或部分成员的集体活动）活动之外，单位人可以不去单位，自由支配自己的时间等。单位制度这里面隐含的问题是，谁有权利或资质可以不"坐班儿"、不"倒班儿"，谁又有权利或可以不参加"倒班儿"制度。这种制度是如何产生的？除"坐班儿"时间的规定之外，义务在单位工作其意义是否存在？人们为什么愿意在单位工作？

1988 年以前，H 企业实行"连续性生产轮休组织"制度。1955 年前，企业连续性生产岗位按 8 小时工作制实行三班倒，配备三班半人员，每半班为一组，组成 7 组，每班由两个组组成，实行"7 组 6 日倒"。1956 年以后，其中 RL 厂 BN 等剧毒生产车间改为 6 小时工作制，实行四班倒，其轮休组织是配备 5 个班的人员，各班在某班次连续工作 4 天，休息一天（或补班）后，转入下一班次。

1958 年公司的一些企业，在不增加岗位人员的条件下，将"三班倒"的 HG 车间的 7 个组改为 4 个班，实行"四大班六日倒"。1960 年，有些企业又将"四大班六日倒"的轮休组织改为"七组六日倒"。1964 年"四清"运动中，有些企业的 HG 车间将"七组六日倒"的轮休组织改为"四大班六日倒"。"文化大革命"开始后，为了适应政治运动的需要，各企业三班倒的 HG 车间都实行"四大班六日倒"。1970 年以后，这种轮休组织逐步发展成为"四大班六日倒"的形式，这种形式以 12 天为一周期，在一周期内各大班分别休息 2 天，各大班在某

第五章　单位观念与单位认同的历史转换：从制度授予、情感动员到精细管理 | 129

一班次连续工作 3 天，然后休息 1 天或补上一个副班，转入下一个班次。参见表 5-1。

表 5-1　　　　　H 企业"四大班三日倒"轮休组织形式

时间\班别\日期	一	二	三	四	五	六	七	八	九	十	十一	十二
0—8 时	1	1	1	2	2	2	3	3	3	4	4	4
16—24 时	3	4	4	1	1	1	2	2	2	3	3	3
8—16 时	2	2	2	3	3	3	4	4	4	1	1	2
副班	4	—	—	1	—	2	—	—	3	—	—	—
休息	—	3	2	—	4	3	—	1	4	—	2	1

资料来源：H 企业史志编撰委员会：《H 工业公司志》（1938—1988），第 311—312 页。

1994 年 3 月，企业根据《GWY 关于职工工作时间的规定》和 HG 部有关文件精神，调整职工工作时间。从事常白班工作的职工，实行每日工作 8 小时、平均每周工作 44 小时的工时制度。从 3 月 1 日起，第一个星期六和星期日为休息日，第二周星期日为休息日，依次循环。HG 生产倒班工人或其他实行三班倒的工人，均实行"三工一休"制度。即每工作 3 天，休息 1 天，取消副班。原来实行 6 小时工作制的，工作时间不作调整。

1995 年 5 月，H 企业根据《GWY 关于职工工作时间的规定》，决定从 1995 年 5 月 1 日起实行每周工作 40 小时的工作制度。常白班工作的职工，实行每日工作 8 小时、每周工作 40 小时的工时制度。公司统一规定星期六、星期日为每周休息日。对 HG 作业生产倒班职工，继续实行"三工一休制"，统一实行"四班三运转"的倒班办法，并配备一定备员，轮换替班，保证倒班职工全年平均每周工作 40 小时。2006 年，公司按照精干岗位、内部挖潜的原则，在个别厂试点运行"五班三倒"定员及运行工程师设置方案，重新对其中三厂一线岗位定员进行核定。2010 年，企业优化人力资源配置，推行"五班三运转"，增加了员工学习培训时间，促进安全平稳生产。企业除了主营生产部门一般都按照规律执行班次轮休制度。而另外科研开发、工程技术、信息网络、KF（提供物业及公用事业服务、社会公益性服务、离退休管理及医疗卫生服务）、进出口贸易、成人学历教育和职业技术教育以及食、宿、商、娱等方面的服务经营业务，又各具特点，有个性化的作息规律，如医院实行六天工作制、销售人员实行不定时工作制、宾馆实行灵魂班次等。如表 5-2 所示。

表 5-2　　　　　　　　　　班次轮休制度

方式	周期	班次	1	2	3	4	5	6	7	8	9	10
五班三转	10 天	一班	白	白	休	零	零	四	四	休	休	附
		二班	休	附	白	白	休	零	零	四	四	休
		三班	四	休	休	附	白	白	休	零	零	四
		四班	零	四	四	休	休	附	白	白	休	零
		五班	休	零	零	四	四	休	休	附	白	白
四班三转	8 天	一班	白	白	休	四	休	休	零	零	—	—
		二班	零	零	白	白	四	四	休	休	—	—
		三班	休	休	零	零	白	白	四	四	—	—
		四班	四	四	休	休	零	零	白	白	—	—
四班二转	8 天	一班	白	夜	下	白	夜	下	休	休	—	—
		二班	下	白	夜	下	休	休	白	夜	—	—
		三班	夜	下	休	休	白	夜	下	白	—	—
		四班	休	休	白	夜	下	白	夜	下	—	—
三班一转	3 天	一班	白/夜	休	休	—	—	—	—	—	—	—
		二班	休	白/夜	休	—	—	—	—	—	—	—
		三班	休	休	白/夜	—	—	—	—	—	—	—
三班二转	3 天	一班	白	夜	休	—	—	—	—	—	—	—
		二班	休	白	夜	—	—	—	—	—	—	—
		三班	夜	休	白	—	—	—	—	—	—	—

注：零点班为 1：00—8：00，白班为 8：00—17：00，四点班为 17：00—1：00，附班为 8：00—17：00，夜班为 17：00—8：00。

资料来源：参见腾锋《吉化公司员工考勤管理系统改进与应用》，吉林大学，硕士学位论文，2013 年，第 12 页。

这种轮休倒班制度在生产性企业当中是必然经历的工作时间制度。

第五章　单位观念与单位认同的历史转换：从制度授予、情感动员到精细管理

按照人的生理条件，零点班和夜班是最难度过的工作时间。而在单位制度改革的历程里，最后定位在"五班三运转"轮休倒班儿制度，总体来说，这种倒班儿制度一定程度上去除了制度设计不合理因素，改善了工作时间的安排设置。但是，单位人总要与过去的社会事件进行比较，将人与事件进行对号入座评论。普通的单位人会常常关注，管理人员其工作时间安排与设置，以及相应所获得的资源、利益、权力及其主要的工作重心。历史上，单位制度通过时间管控赋予单位人以单位意识与单位观念、单位忠诚。而且这种工作时间（如果都耗用在工作场所）越是延时及模糊，越是能够体现单位人的忠诚度。曾经在 H 企业工作 20 年、现已调离企业的一位副总机械师（后任副厂长）讲述了当年 W 厂长在国有企业单位的"时间观念"以及头雁高飞的作风给予单位人诸多启发的一些事迹。

1966 年，"文化大革命"的风暴刮进了 H 企业 H 厂，W 厂长未能幸免，被扣上"走资派"帽子，遭到无端的批斗。当年，HG 部给厂子下达了生产"30 万吨合成氨"的任务指标。然而，当时厂里 A 的日产量只在 880—990 吨徘徊，从未达到日产千吨的高水平。但是，W××同志凭着自己多年积累的经验，凭着自己对党和国家高度负责的精神，坚信一定能够达到日产千吨目标。他扳着手指细算了一笔账，他说："按日产千吨计算，现在，每小时只差零点几吨，一定要搞上去，一定要搞上去。"就这样，为了实现目标，他彻底地豁出去了。一面顶着"唯生产力论"的巨大压力，一面夜以继日地查资料、翻台账、看装置运行记录。并采用排除法，逐项工艺、逐道工序、逐台设备、逐条管线地细心研究。最后，认定 YSJ 是制约增产的"瓶颈"。问题找到了，他又接连十多个晚上，一个人在全厂四处转悠，查看生产情况，实地考察压缩机运行状态，一天深夜，他下到 YS 车间排水井里检查排气情况时，因数日的操劳和疲倦，再加上身边无人陪同，忘了打开防毒面具过滤器下面的通气孔，不幸，当场窒息，倒在了排水井里，等到天亮被人发现时，一切都晚了。W 厂长为了工厂、为了社会主义建设，

以身殉职，倒在了他日夜操劳的工作岗位上。①

相反，当与现在的 H 企业老工人面对面聊天访谈时，他们最常说的话却是：

> 现在的领导跟以前的领导不一样，以前的领导都是从一线倒班儿工人上去的，倒班儿、坐班儿甚至比工人工作时间长是家常便饭的事儿。可是现在我们工人也学这样，呵呵，就是说，你有能耐你给我整到白班儿去（即意味着白班儿不参与人人厌倦的"倒班儿制度"），免得小脸儿熬得蜡黄的！（H—JL—Z，2012 年 9 月 2 日）

这意味着随着单位制度改革的深入，人们对国有企业单位观念上的时间内涵有所变化，它与人们对单位情感、单位观念的转换紧密相关。因为时间记录的是社会事件丛及其所反射的社会意义。新国有企业模式确立后，H 企业对于本单位的时间管控虽已变革，但变迁缓慢，其间渗透了一些现代"电子服务"的时间管理模式，但总体上依然以传统的时间管理为主。由于存在管理层级复杂、人为及人情关系等原因，所以，考勤时间仍存在变动因素。后来，公司通过设计新的考勤应用系统，比如磁卡、IC 卡、非接触职能 IC 卡、打卡机以及指纹识别、面部识别机系统。最后，公司决定试点应用面部识别考勤系统，成功地再推广（其实，至今也没有严格施行）。

传统单位制度下的时间管控授予的时间观念与单位观念具有如下特征：第一，单位制度内的时间存在固定性，也存在等差，更存在人为控制因素。第二，时间在单位制度下也是伸缩的，可提前也可延后。第三，时间所反映的社会事实在单位制度改革与变迁时期都是不同的，其反射的社会意义更存在很大差别。总之，这种时间观念都是单位制度授予的特定形式。往往就是前两个方面的特征，才使人们对国有企业单位的时间观念持有一种"特殊性"认识。

（二）组织空间管理中"制度授予"形构了单位观念

国有企业单位的组织空间管理涉及较广。包括计划管理（年度计

---

① 《我在 H 企业 H 厂二十年》，《H 企业记忆》（二）（公司领导及老同志回忆录），"纪念 H 企业开工建设 60 周年系列丛书"，J 省资料性出版物（第 02201403030 号），2014 年版，第 251—252 页。注：文稿写于 1987 年，作者 1957 年进厂，1977 年调离。

划、月份综合作业、技措计划、长远规划等)、生产管理、质量管理、机械动力管理、安全技术管理、环境保护管理、财务管理、劳动工资管理、物资管理、外贸与外事管理、运输管理、社会化功能管理等。国有企业单位的社会认同上，通常就是针对其特定的"用工制度"以及劳保制度而形构了一种特殊的"单位印象"。因此，这里主要针对H企业的用工制度剖析其"制度授予"特征。

20世纪80年代末之前，H企业的用工制度与结构是，工人主要由固定工、劳动合同制、全民含集体和临时工（分为不辞不转临时工和季节性临时工等）构成；由于政策调整，企业之间的用工方面也有互相支持现象；另有（现今仍一直存在的）复员退伍军人的安置以及子女接班用工等。具体内容及其表现为：

1957年前，H企业的用工形式，固定工为主，用少量临时工。1955年RL厂等三大工厂建设开始后，为了满足施工的需要，建筑企业曾招用民工。1958年，国家推行合同工制度，企业开始招用大量合同工。1959年，拥有合同工、临时工5804人，占公司职工人数的21%。三年困难时期，公司精减大批的合同工、临时工，包括精减固定工在内，共精减13695人。至1962年12月，全公司尚有合同工、临时工1409人，占公司职工人数的6.1%。1966年，HJ厂招收亦工亦农人员46名，1969年解除合同，送回原公社。1972年以来，H企业季节性临时工共有227人（其中包括HJ公司201人）。1973年以后，由于新建厂大量土石方工程施土的需要，又使用大量民工，平均每年达600人左右。最高年份的1978年，达1200人。到1979年末，全部辞退。

1978年，经J市L局批准，其中的JS公司从城市下乡知识青年中招收全民含集体工人1000人，DS厂从下乡知识青年中招收全民含集体工人150人。1978—1980年，企业相继招收占用L区、H区、J公社土地的农民为全民含集体工人1634人。1983年，其中的建设公司招收全民劳动合同制工人500人。1985—1988年，国家全面推行劳动合同制，公司从接班子女和计划外厂办技校招收劳动合同制工人1480人。

1983年前，企业各厂在生产岗位和辅助生产岗位及绿化、卫生等服务性岗位，采取支付劳务费的方式，使用公司所属集体企业工人

4666人。1983年末,按混岗清退3884人,HG生产岗位使用的集体工全部清退完。1987年,为解决公司各企业消防队人员长期不足、体质逐年下降问题,在这些岗位上使用16—20岁集体企业工人200人。近几年,由于各种原因,使用集体企业工人的人数有所增加。1987年,公司为解决全HG区火车装卸无劳动力来源、年龄结构偏大的问题,采取支付劳务费的方式使用农民轮换工240人。1988年又在火车装卸、铁路养路岗位上增加使用农民轮换工565人。截至1988年,JH公司主体企业职工58623人,其中固定工54032人,劳动合同制工人1854人,全民含集体工人2679人,不辞不转临时工14人,季节性临时工48人(农民轮换工和为公司主体企业工作的集体企业工人,不计入公司主体企业职工人数)。

这种用工制度具有制度性与身份性双重特征。制度性主要表现在用工制度的自上而下的颁布与实施;在制度与单位、职工相互结合过程中,将职工划分为固定工、合同工与临时工等身份标志,而不同的身份标志,在制度变迁过程中,其稳定性与流动性、工资及福利待遇等是存在重大差别的。

H企业是国家特定时期设立的战略性企业,当在某种产品与资料急需紧缺之时,企业之间互助支持,以形构完整的工人队伍和结构,这也是H企业庞大职工群体形成的重要来源。

1949年末,H企业职工人数为1203人,经过HG区的建设和发展,至1988年末,企业(本体)已拥有职工58623人。主要从四个渠道,即兄弟企业的支持(包括企业的归并),接收转业、复员、退伍军人,接收大、中专、技校毕业生和招工,进行职工的结集。其中1954—1957年,从DH、SH、JH、TH、YLN厂等单位调入大批生产工人;1954年,J市建设公司归并J市工程公司;1955年从JX—H工厂安装工程处、DL工程公司、HRB金属结构公司、SY安装公司等单位调入大批安装施工力量;1978年,J省SYH工厂划归H企业。

H企业及其下属企业支援全国各有关企业的建设和生产。在基本建设方面,1957年、1958年成建制地将施工人员调往TY、LZ、HN,组建TY第二HJ公司、LZ第五HJ公司;HN第三HJ公司;1959年末,成建制地调往K市200人,组建第十一HJ公司;1965年,成建制调往 X 市 700 人，组建第六 HJ 公司，调往 G 市 1150 人，组建第九 HJ 公司；1971 年，调往 B 市总厂 150 人，组建 HJ 公司。在工业生产方面，据不完全统计，从 1965—1973 年，公司成批调往 Q 省 LMH 工厂、L 市 XJH 厂、S 省 HXH 工厂、S 省 RL 厂、H 省 YY—HF 厂、H 省第二 JP 厂、B 市 SH 总厂、H 省 HF 厂等 17 个单位生产技术工人 1074 人。据有资料可查的 25 个年份统计，公司调往其他企业的职工共 14804 人。

H 企业工人的招收制度以及调配与职工退职退休制度，都具有严格的上级审批制度。关于工人的招收方面。1953 年前，H 企业 HG 企业的招工指标由 HG 局审批；1954—1955 年，由 ZZG 部 HG 局、JZ 局审批；1956—1969 年，由 HG 部审批；1970 年以后，由 J 市 LD 部门审批。在招工条件中的文化程度上，"文化大革命"前要求高小以上，1970 年以后要求初中以上。1970 年，H 企业招工开始实行文化考试、政治审查、身体检查制度，经全面考核后择优录用。关于招工对象，主要是社会或下乡知识青年。1956 年、1960 年，从现有临时工挑选一大批转为固定工。1978 年以后，实行职工退休由子女顶替的办法，开始从退休职工子女中招工。1983 年 9 月 9 日，根据 GWY 传真电报，停止实行此办法，但对 1957 年前参加工作的工人，按 J 省政府规定，退休后可照顾一名符合招工条件的子女顶替。1978—1988 年，全公司子女顶替累计 5417 人。

关于工人的调配方面严格遵循制度规章。1958—1965 年，公司内各厂工人的调出调入，由公司集中管理，经公司劳资部门审批，办理调动手续。当劳动力比较紧张时，工人调配实行严格计划管理，各企业事先提出劳动力调配计划，公司建立劳动力调度会制度，进行劳动力平衡。工人调入公司，不通过省、市劳动部门，在劳动指标范围之内的，也不经过 HG 部审批。1970—1974 年，H 企业工人的调动，不通过总公司，由各企业直接对外联系。1975 年以后，各企业工人的调动，又开始由公司集中管理，调出调入本市的，并报省、市劳动部门审批。1982 年，H 企业颁发"关于加强工人调配工作的通知"，对工人调配做了具体规定。要求严格按劳动计划调配劳动力；工人对调要本着工作需要，坚持充实生产第一线，对生产一线工人调出，要坚持先补后调、不补不调的原则。1985年，公司对上述通知进行了补充修改，强调严格控制生产一线工人的调动，规定生产一线工人的调动需经公司审批。

1985年后，公司对复员退伍军人、顶替退休职工的子女、技校毕业生，不再分配父母工作单位，并规定复员退伍军人、顶替的子女一律分配到HG生产一线。1987年，为了进一步加强对一线生产工人的管理，公司将各企业控制一线生产工人的调动，列入评奖条件。从1975—1988年，H企业为解决职工的实际困难，共单调、对调5273人。其中单调入1227人，单调出1542人，对调2504人。

在职工退职退休制度方面遵循审查审批制度。1958—1965年，职工退休由各厂工会按规定审查同意后报市工会审批。1970—1977年，职工退休改由各企业劳资部门审查同意，并报公司劳资部门、市劳动局审批。1978年后，根据国发（1978）104号文件规定，干部退休，由各企业干部部门报公司干部部门审批（上级主管的干部还须经上级主管部门批准）；工人退休，由各企业劳资部门报公司劳资处、市劳动局审批。据1978年末统计，1978年前退休的职工628人。从1979—1988年，共退休7387人，退职41人。1988年末，共有退休职工7246人。

为了配合H企业的用工制度，企业制订了相关的劳动纪律管理制度，主要表现在以下方面。

"文化大革命"前，公司所属各单位，主要根据"企业内部劳动规则"、考勤制度，岗位责任制等进行劳动纪律管理，对严重违纪的给予记过、记大过，直至开除厂籍或给予除名的组织处理。"文化大革命"期间，劳动纪律管理曾一度松弛。1977年后，公司内各企业的各项管理制度逐渐恢复。1978年开始建立岗检制度。根据1982年颁发的"全国职工守则"和企业职工奖惩条例以及1983年J省政府颁发的"企业职工奖惩条例实施办法"，公司内各企业进一步加强了劳动纪律管理。1985年以后，各企业逐步建立劳动纪律三级（厂、车间、班组）管理制度。1987年，根据《国营企业辞退违纪职工暂行规定》和《J省人民政府贯彻〈国营企业辞退违纪职工暂行规定〉实施细则》，制定了"H企业贯彻《国营企业辞退职工暂行规定》实施办法"。1988年将上述"守则""条例""实施办法"汇集成"职工奖惩文件汇编"小册子，发给职工人手一册，广泛进行宣传教育。同时加强全公司各企业劳动纪律的检查评比、奖罚工作。1988年，全公司违纪1081人次，受各种处分71人，违纪率由1987年的3.9%降为1988年的1.8%。

1989年，H企业股份公司对原有固定职工逐步实行合同化管理，对新招工人实行合同制，对富余人员实行动态组合，实行了预退休制度。开展了技术工人达标考核，全公司有27个单位132个工种的近3万名技术工人参加考核，有28582人获得了证书。1992年，H企业集团公司在用工制度上进行改革，集团的核心层—下属单位之间（不含MC矿）、子公司内部职工调动，由各单位自行审批（领导干部子女调动要实行回避制）。各单位可以自行确定本企业内部编制订员和机构设置。各单位有权确定、变更工人工种；有权依法辞退职工；有权自行审批职工正常退休。各单位有权按规定的原则和标准，自行划分劳动岗位类别。支持各单位积极推进合理劳动组合，实行双向选择，择优上岗，各单位可自主实行全员劳动合同制。在工资制度上，各单位在公司核定的工资基数内，可选择不同分配形式，打破平均主义，拉开档次，向技术复杂程度高、苦脏累险岗位倾斜。逐步提高一线工人分配水平，对有突出贡献的职工给予重奖。公司在H厂进行了定编定员、岗位测评试点工作。为妥善解决富余人员安置问题，制定下发了《职工预退休暂行规定》《职工息工休假暂行规定》《职工停薪留职暂行规定》《精神病职工放长假暂行规定》，上半年全公司就有600多人办理了休长假、预退休或停薪留职手续。通过一系列的组合性措施，公司机关职能部室由过去的53个减少到23个；多个专业性管理职能从机关中分离；管理干部由677人减少到238人。为适应经营30万吨Y项目建设需要，公司通过严格的考试，择优选拔了200名中青年人才，用于外向经营、翻译、高科技、生产经营等方面。公司还在629名工人技师中，通过严格的理论考试和操作考试，选聘了26名高级技师。

1993年，H企业股份公司贯彻《劳动法》，开始实施劳动合同制。依据GWY《全民所有制工业企业转换经营机制条例》《J省国有企业劳动制度综合配套改革的意见》《HG部HG企业岗位劳动评价试行办法》等文件精神，制订了《H企业劳动人事配套制度改革总体方案》以及岗位劳动评价工作意见、岗位技能工资制实施方案和实行劳动合同制暂行办法。从"劳动合同的签订与履行""劳动合同的变更与续订""劳动合同的解除与终止""违反劳动合同的责任""劳动合同争议处理""有关政策规定"等方面进行系统规定。6月23日,公司三项制度改革试点单位公用事业总公司举行全员劳动合同制劳动合同书签字仪式。公用事业公司从8月起,实行了岗位技能工资制。岗位技能工资由技能工资、岗位(职务)工资和年功工资三个单元组成。9月22日,公司试点单位HF厂开始实行劳动合同制,科学定员定编,在岗职工精简了12.5%;工人择优上岗,签订了劳动合同,增强了危机感和责任感。10月26日,公司人才劳务交流中心成立,主要业务有:各类求职人员登记包括公司所属各单位在职职工要求内外流动、富余人员、公司技工学校不包分配的毕业生、各专业研究生、大中专毕业生、其他企事业单位要求调入人员;组织派遣专业技术人员和管理人员出国培训,各类劳务输出和人才引进;承担人才、劳动力流动有关政策的解释和咨询等。1994年,公司修订了《劳动合同制管理暂行规定》,全公司70%的职工签订了劳动合同。1995年2月17日,公司召开深入学习贯彻《中华人民共和国劳动法》动员大会,要求各单位切实抓好贯彻落实,全面实行劳动合同制,全公司95%的职工签订了劳动合同。公司先后两次进行定编定员,其减员分流14000多人。1997年,公司进行了第三次定编定员,定员又减少了14000多人。1999年,在1997年定编的基础上,两级机关再次精简10%,生产一线精简6%。经过4次大幅度减员,使公司在册国有职工净减少10901人。2000—2002年,H企业共有33098名职工与企业有偿解除劳动合同。

2002年,H企业对所属二级单位的机关机构进行调整,机关处室减少了87个,机关人员减少了893人,分别比上年降低了54%和48%,修订《劳动合同管理办法》。针对不同层次的员工,重新签订不同期限的劳动合同。劳动合同终止时间到期年限统一确定为6月30日或12月31日。对新进厂员工实施劳动合同一年一签制度。实行劳动合同期满预报制度,依据各二级单位劳动合同到期人员状况,提前三个月通告劳动合同期满人员并将终止指标分解下达给二级单位,对合同期满的在岗员工,按照10%的比例终止劳动合同,对合同期满的息工或待岗员工按有关规定全部终止劳动合同。全年共终止劳动合同112人。企业也加强了内部退养员工的管理。在及时办理正常退休手续的同时,积极争取政策支持,加大办理提前退休的力度,全年共办理提前退休176人。按照劳动合同的有关条款,对26名违约员工依法解除劳动合同。重新制订了计划外用工管理权限,整顿超计划用工和不合理用工,规范了用工管理,减少了用工总量和工资支出。

2003年,企业实行全员目标责任风险抵押考核管理。全体在岗员工均参与目标责任风险抵押。根据员工岗位职责和承担的工作,对目标进行逐级分解,落实责任。根据岗位、责任不同,确定风险抵押额度,将风险和利益紧密联系,实行抵一扣一奖二制度。将目标责任风险抵押与业绩考核挂钩,建立业绩考核体系,将工作目标和工作结果数量化,以考核分值评价工作的优劣、评价目标任务的完成情况。

2004年10—11月,H企业股份公司机关实行全员岗位竞聘,共有812人参加17个处室113个岗位的公开竞聘,有55人落聘,86人竞聘上岗。2006年,H企业集团公司加强劳工管理,重新对《劳务工管理规定》《劳务协议书》进行了修订,制订下发了《H企业集团公司劳务工管理(暂行)规定》。统一各类日常报表及文本格式,梳理业务流程,全年共统一各类文本和报表12种,梳理业务流程6项,促进了劳务工日常管理工作的规范化、制度化。通过采取严把入口、控制费用等措施,完成了全年费用控制指标。加强劳动合同管理,根据国家、省、市有关劳动合同管理方面的规定,制定下发《关于进一步加强劳动合同管理的规定(暂行)》。2007年,H企业股份公司制订了《关于规范公司员工管理的有关规定》,对员工厂内、厂际间流动,员工借调及借用,公司外调入、调出等方面,做出了明确要求;同时还规定员工劳动合同的签订、变更、续订、终止、解除须经公司审核,统一办理相关手续。2008年,从1月1日起,执行《ZYT股份有限公司劳动合同管理暂行办法》。

通过国有企业单位"用工制度"细则和流程的调研,我们概括了H企业具有空间制度授予特征,主要表现在以下几个方面:第一,工人流动性(指解聘、解约等,不包括城市间、厂际间调动)较少,一般在某一部门或厂内工作时间较为长久(一般在改制剥离前工作的时间最长的有20多年)。第二,这种"长久性"其确定及改变都是根据单位制度的自上而下的改革而进行的,因此,形构了"不失业""不流动"（即使是存在一些流动，按照单位需求指定计划展开）的特定现象。基于此，国有企业内工人被制度性地划分为固定工、合同工、临时工。如前举例，1972 年，GWY"关于改革临时工、转换工的通知"，常年性的生产、工作岗位不再使用合同工、临时工，原来在这些岗位上的临时工、合同工一般转为固定工，个别身体有病、1957 年前参加工作的，改为不辞不转临时工。对非常年性生产、工作岗位，允许使用季节性临时工。这种划分与身份转换，皆为制度授予的结果。第三，这种接班儿制度（也包括安置退伍军人制度）也是单位制度里的重要特征。何时接班儿，以什么条件接班儿，何时停止，这些均为 H 企业制度性的给予与规定。

（三）制度授予与互动中形构的"单位"语言体系模式

按照本质特征来说，语言本身既具有连接功能，又具有区别功能。同一单位制度体系下，具有其自己的语言方式和习惯，使用单位内部特定语言模式，能够增进彼此的联系和感情。另外，如果将不同的"单位"进行比较并相互区别，其本单位内部的语言就发挥了区别与隔离的功能。常见的语言方式，比如"我们单位不像你们单位，待遇是这种划分的，我们比你们更明确、细化、更公平（或更不公平、更模糊）"。

翻开 H 企业回忆录，诸如下述此类的语言表达习惯比比皆是。"我们对原来的厂子都是有感情的""以厂为家""以大局为重""我的 H 企业情结""我是 H 企业人""有条件要上，没有条件创造条件也要上""H 企业——我的事业我的家""组织的信任、领导的重托，我不能推辞。担起这副担子，是义不容辞、不可推卸的""回顾 H 企业的创业发展史，令我们这些当年曾经参加过创业的建设者无不感到骄傲和自豪""我们发扬了过去多年的光荣传统、艰苦创业精神""H 企业光荣我光荣，我为企业争光荣""企业领导与全体职工之间是'公仆'与'主人'的关系。具体做法是'一级带着一级干，一级做给一级看，一级对一级负责'""陷于困境不服输""对厂子的思想政治工作保持高度觉悟"。

单位制度的集体观念与单位意识的产生，既依赖于制度授予，也依赖于制度形构的特定语言体系，语言的中介功能及授予功能与制度的功能同步。企业的组织制度总是个人与企业的隐性话语、言说对象，尤其在企业内部的公开场所与情境之下，这是必备的表达方式，其语言模式通常表现在年终工作总结大会或集体活动时的公开讲话中。这种对企业的"感情"、"家"的感觉、"组织的信任"以及承受领导重托的责任感、思想政治工作的认同等等都指向企业组织及制度这一言说对象。因此，单位制度下特定话语体系实际上与单位制度的授予特征相互配适、共同作用于单位人之上。它（单位语言体系）联结了单位制度各个阶段的组织历史、组织制度与个体之间的关系，也传递着一些管理者与普通工人之间关联的情结，让人们感觉到"语言"在表达心声，落地有声。正是通过这种关联方式表达自己的归属、认同，也彰显出分类、区隔与排他——个体并非归属于其他"单位"；也在示意，个体对本单位存在一种忠诚感和荣耀感，它明显有别于其他单位。

此外，社会联结、情感传递中的"公私合一"也是"制度授予"的另一种形式的转化。如前所述，当人们被语言、时间、空间、社会联结、心理情感等被"单位"环绕时，那么，这种单位观念即不由自主地形成了。

第三节 单位权威的情感动员

一 单位作为一种"制度"为什么转换为"情感"

按照裴宜理的说法，单位制度在用工上并非在全国上下全部覆盖，即使在城市，也并没有全部覆盖；相反，这样的制度只是面向少数城市职工（那些受雇于大型国有企业的），而且以牺牲其他多数人利益为代价的。……在计划经济时代，合同工、临时工、学徒工等其他因非单位正式成员而被排除在单位待遇之外的人，都曾为要求同等待遇而进行抗争。① 因此，"单位身份"便成为相互角逐的必争目标。人与人之间的

---

① ［美］裴宜理（Elizabeth J. Perry）：《从原籍到工作场所：中国单位制的劳工来源及其影响》，袁泉、李放译，王星校，载田毅鹏等《重回单位研究：中外单位研究回视与展望》，社会科学文献出版社 2015 年版，第 94—110 页。

差别首先不是因为财富、知识、权力、声望等拉开的,而是由标志性"身份"这一门槛所决定,然后才能在其他方面展开比较。

单位的运行通过自身的刚性"制度"自上而下扩展开来。对于制度而言,这是其自身获得扩展的需要;对于个体来说,单位最为吸引人之处即为具有差异化、区别化功能的"单位身份"标识及其衍生开来的复制演绎功能,它同时构成了一个外在个体被吸纳为单位制度系统里获取合法性的关卡。在传统中国,"出身"问题就是关联"家"(私)—"国"(公)观念的一个核心问题。在传统社会里,相对个体而言,除了"正心""诚意""修身"等个体内在修炼之外,外在的社会关系主要表现在"齐家""治国""平天下"这样的一个纵向系统,它中断了许多应有的中间环节及横向交叉的社会关系。因此,人的情感归属除了家族(宗族)、乡土,应该就是王朝(或国家)了,这样的一个社会关系综合并融合了个体的伦理情感与政治抱负。那么,单位制度在中国传统社会迅速瓦解、变迁之际诞生,必然带有传统社会关系的形塑,因此,传统的家—国观念同样形塑着变革了的社会之个体。家国同源、家国同构、家国互构、家国同一(伦理、政治混淆)等观念根深蒂固。虽然单位制度确立,然而,作为家—国的关联与中介,实质上仍然是以家国同构为使命的。因此,"身份"与"情感"互为表里、共同表征在单位制度体系之中。除此之外,人们无法找到其他社会关系网络的"代理"形式,当然,也无从寄托个体的归属。在生存理性之下,个体都需要这种"身份"特征,以获得相关资源,并因此宁愿接受制度的"安排"与"主宰"。当所有的甚至自身的"权力、权利"都交付单位后,那么单位情感也被日积月累形塑而成。"单位"如何将国家与企业两个主体同塑为"一种观念""一种情结"的?我们可以回顾一下 H 企业创建者的心声:

> 1953 年底,我们伟大的中华人民共和国刚刚诞生 4 周年,朝鲜战争刚刚平息,党中央就决定在全国建设 156 项重点工程。其中包括在 J 市建设的 R 厂、F 厂和 D 厂三项重点工程。当时,党组织决定派我去 J 市参加这三项重点工程建设。参加这么大的工程建设,我既感到光荣和自豪,又感到任务艰巨和责任重大,心情久久

不能平静。……1954年1月,我满怀激情,从SH登上了北去的列车……这时我给自己定了三条原则:一要谦虚谨慎,戒骄戒躁,刻苦学习,努力工作。二要发扬艰苦奋斗的延安精神,不畏艰难,艰苦奋斗,完成任务。三要时刻牢记延安精神,自勉自律。……初到时,ZY-ZGY部党组决定我任R厂副厂长。当时,建厂筹备处和工程指挥部刚刚成立,基建还没有动工,展现在眼前的仍是一片空场地。时逢严寒的冬季,冰天雪地,北风呼啸,条件十分艰苦。但是,我们的血是热的,心是暖的。因为,大家都有一个共同的理想目标——建设繁荣富强的新中国。……1954年4月,在冰雪消融的初春,我和建设公司副经理M××同志一起,在这块荒凉的土地上,铲开了我国第一个HG基地建设工程的第一锹土。随即,由几十个单位、几万人组成的建设大军,陆续开进J市施工现场,开始了紧张的基建施工。……(其间经历的困难)几天几夜都说不完。……但是,再大的困难也吓不倒、难不住建设者们。工人们说:"在党的领导下,流血牺牲的战场都经过了,出力流汗还能算困难吗!建设自己的新国家,再苦再累心也甜。"……1956年底,SDH工厂已初见规模,昔日荒凉的景象不见了。人们骄傲地说:"这就是我们新中国的速度。我们党不但能领导我们砸碎一个旧世界,还能领导我们建设一个新中国。"①

人们这种"燃烧的激情"是具有特定的社会场域背景的。由于单位制度的产生是与"革命""新中国""战略性发展"等需要联结在一起的,因此,单位制度的情感形塑,必然与国家安全、战略决策(包括国家安全)、企业战略性创建及其生死存亡紧密关联,"一体化"模式的情感形塑是必然的选择。当然,这种情感形塑的模式,并不是只要自上而下地行动起来,即可见效,它还需要很多特定的各种(非)组织形式的渗透、动员。

---

① 《数风流人物还看今朝》,《H企业记忆》(二)(公司领导及老同志回忆录),"纪念H企业开工建设60周年系列丛书",J省资料性出版物(第02201403030号),2014年版,第135—141页。注:文稿写于1990年。

二 多种形式的"单位情结"渗透

对于 H 企业这样一个国有企业单位来说，其单位观念输送、单位情感动员、多种形式的单位情感渗透，与中国的传统文化及单位制度自身承载的政治功能相互协同、共同作用于单位里面的成员个体。学者李汉林也承认，单位制度里面承载着传统文化和现代意识形态，即使是改制后的现存国有企业，仍然保留着政治功能。[①] 单位制度所承载的单位文化，实质上是与制度伦理联结在一起的政治伦理，主要表现在中国国有经济制度中的组织权威、功能展开过程上，在过程中逐渐建立、坚固、强悍。单位制度转换为情感（依赖）是必然结果。"在这里（单位），一些传统的东西被意识形态化，一些意识形态的东西最终被结构化；而那些被结构化的基本东西，是既不可能一挥而去，也不可能朝令夕改的。人们行为的惯性，融入单位制度的结构，成为人们的行为规范和人们行为互动的条件和前提，并根据这种行为规范而'社会化'。"[②] 在数据资料的编码整理中，可以发现单位文化（包括社会伦理）与单位组织的政治功能、制度伦理结合得最为紧密。

在 H 企业，这种单位情感的联结与渗透首先是从领导班子（党委）着手开展的，即先是党委成员的示范行动，然后逐步扩展，辐射到各级党组织。

> 建厂初期，由于职工们刚刚走到一起，彼此之间关系生疏，东一伙西一伙的不愿多来往。为搞好职工队伍团结，厂党委从加强党员队伍的思想作风建设入手，通过开展党员与群众家访、谈心、交友活动，大力提升党组织的凝聚力（笔者注：其实为党组织在单位制度建构过程中所起到的情感联结作用），逐渐把广大职工群众团结在各级党组织周围，努力营造出一种团结、和谐、拼搏、进取的良好局面。……为搞好家访，我们领导班子成员做了明确的分

[①] 李汉林：《转型社会中的整合与控制——关于中国单位制度变迁的思考》，《吉林大学社会科学学报》2007 年第 4 期。
[②] 李汉林：《转型社会中的整合与控制——关于中国单位制度变迁的思考》，《吉林大学社会科学学报》2007 年第 4 期。

工，即年长者乘车到偏远市区走访，年轻者骑车就近走访。利用不到一个月时间的走访，我们初步掌握了全厂 80 多名科级干部、先进工作者和困难职工家庭的居住条件、人员构成、生活状况等，为加强职工队伍建设，提供了大量丰富的第一手资料。①

这种单位制度与家庭结构的关联，也曾经制定过正式的管理方案来确认。这种方案的实施是由 H 企业党委（领导）—工会（负责）、党员骨干积极参与来完成的。在 20 世纪 80 年代的 H 企业，党委及其成员的家访活动是作为企业必备的工作方案下达并做出责任划分的，这一制度化行动，使单位情感向职工的日常生活、家庭生活渗透，建立起公私连带的单位制度模式。如曾任 H 企业动力厂的一位党委书记这样记述：

> 为使家访活动常态化，厂党委研究制订了《关于开展好经常性家访活动的方案》，按照方案要求，以班组为单位，划分责任区，确定走访的时间、对象和内容。明确提出了以职工生病、逢年过节、生活困难等为主要内容的"十必访"，以职工思想波动、消极怠工、工作失误等为主要内容的"十必谈"。方案实施后，得到了很好的落实。据记载，仅在 1980 年春节期间，全厂就组成了 50 多个家访小组，共完成职工家访 1500 多户，占全厂职工家庭总数的 98%。通过开展家访活动，进一步增进了职工队伍的团结，密切了党群、干群关系。……通过家访调研，我们进一步摸清了职工工作和生活中存在的许多问题，厂党委立即责成工会首先把所有问题梳理出来，然后进行分类逐项研究确定解决办法。凡是现在能够解决的立即办，暂时不能办的要先说明情况，待时机成熟时再办，力求给职工一个满意的答复。例如，针对有的职工因病致贫、因人口负担重致贫、因子女上学费用过高致贫等情况，区别不同情况，由厂工会将其列为救助对象，施行定期和不定期救济。针对有的职

---

① 《八年 H 企业动力情》，《H 企业记忆》（二）（公司领导及老同志回忆录），"纪念 H 企业开工建设 60 周年系列丛书"，J 省资料性出版物（第 02201403030 号），2014 年版，第 157—164 页。注：文稿写于 2007 年。

工因娶妻生子无房居住，而当时工厂又不建职工住宅的实际情况，我们就将独身宿舍改成母子间，为他们解决燃眉之急。针对有的职工因子女辍学流落社会打架斗殴，严重影响家长工作的实际情况，我们就发动党员、干部与家长共同组成帮教小组，实行一对一的帮教。针对有的车间没有倒班宿舍，不利于夜班工人休息的实际情况，我们就在新建办公楼顶层辟出12个房间作为倒班宿舍，为倒班工人提供一个舒适的休息环境。针对职工学习文化技术的实际需要，我们就及时成立了职工夜校，办起了技术培训班。……工厂党、政、工、团组织密切配合，真心实意地为职工办实事解难事，使党群干群之间进一步密切了关系，增进了友谊，加强了团结。①

除了正式的组织形式的宣传、领导成员的示范行动，H企业也鼓励党员、劳动模范做好引领示范工作，使其在企业精神的感召下发挥先锋模范作用，积极培养教育企业成员的忠诚感、提升认同度。

算起来，我在H企业工作了共计18年。现在，虽已离开企业25年，且已退休了，但是我始终忘不了H企业，尤其是在D厂车间工作的那段日子。回忆起来有很多事情、很多人的身影仍然历历在目，令我无限感慨。是H企业培养了我，是在H企业工作的那段时间锻炼了我，我为自己曾是H企业人而感到骄傲。……1972年以后，我先后当了蒸发、电解、机修三个工段的工段长。在电解工段当工段长时，正是全公司抓基层、打基础，加强管理上台阶的时期。在"J贪黑"、"G起早"的年代，全体员工都动起来了。设备升级、创"无泄漏"、建"花园式"工厂等活动热火朝天。当时，厂党委书记H××和厂长分别抓SJ车间和JH车间两个重点单位。……DS厂的工人干部都清楚，DJ工段生产LQ、NYS、SJ、YS，这些都是强腐蚀性介质，能达到无泄漏标准，谁都不敢

---

① 《八年H企业动力情》，《H企业记忆》（二）（公司领导及老同志回忆录），"纪念H企业开工建设60周年系列丛书"，J省资料性出版物（第02201403030号），2014年版，第157—164页。注：文稿写于2007年。

相信。……（后来工作调转）在省机关工作的日子里，每当和同事们交谈时，我都自豪地说："我是 H 企业人。"现在我已经退休了。闲暇时间，回忆最多的还是 H 企业的领导、同事、装置、产品、厂区、宅区、厂矿、院校。H 企业让我津津乐道，倍感亲切。①

　　当时，我们是在非常艰苦的条件下搞建设的（指 H 企业 D 厂的创建）。可是，工人们的热情十分高涨（笔者注：其实这是经过动员之后才有的觉悟），纷纷表示要以最快的速度，提前完成建厂任务。靠什么呢？靠的是思想政治工作和工人的高度觉悟。在建厂过程中，我们不间断地进行广泛深入的政治思想发动工作，发挥了党政工团各级组织的作用，利用广播、板报、标语、谈心等各种形式，把各级党组织的指示贯彻到群众中去，做到了人人知晓，层层交底。通过思想发动，干部和工人克服了"H-Dg 厂规模小、工作量小、问题不大"的模糊认识，纠正了闹工资、闹待遇，给多少钱干多少活的思想，使职工们充分认识到，提前完成建厂任务是关系 6 亿人民吃饭穿衣的战略问题，增强了荣誉感和责任感，增强了积极性和创造性。②

H 企业的这种情感动员实际上发挥了扩大化效应，由被动动员转换为主动参与和奉献，形构为人人"创一流、争奉献"的企业精神。这种奉献精神使一些职工带着"完成任务"的使命，不计报酬，"着魔似的"奋战。

　　20 世纪 80 年代末，来 H 企业参观学习的人很多。在 L 厂，他们饶有兴趣地下到各车间，看装置、提问题、听汇报。而很多参观者往往会问："促使员工团结、拼搏、实干、奉献的动力源于何

---

① 《在 H 企业工作的日子》，《H 企业记忆》（二）（公司领导及老同志回忆录），"纪念 H 企业开工建设 60 周年系列丛书"，J 省资料性出版物（第 02201403030 号），2014 年版，第 44—48 页。注：文稿写于 2011 年。
② 《JLD 厂的创建》，H 企业口述史编撰委员会：《2011ZY 口述史·H 企业卷·H 企业记忆》，J 省资料准印证（第 201103093 号），第 69—72 页。

处?"对于这个问题，我曾反复地思考过。有人说是本厂的奖金多，福利待遇好。我说不是，起码不完全是。大家不知道，在建厂后很长一段时间里，职工并没有奖金，即使现在，工资奖金和福利待遇水平与有的单位比，也不是最高的。但是 L 厂员工却创造出了令人瞩目的"二次创业"的宏伟业绩。那么，其动力究竟源于何处？我的回答是：动力来源于企业精神。在建厂以来的 20 年里，L 厂逐步形成了"创一流、争贡献"的企业精神，正是这种精神，不断推动企业向前发展。凭着这种精神，在"第二次创业"中，把自己的检修队伍组织起来，承担了投资近 3000 万元的"ECY"工程。这样大的工程项目，就是有经验的专业施工单位，也要 20 多个月才能完成。可是，L 厂人充分发扬这一企业精神，不讲条件、不计时间、不计报酬，仅仅用了 10 个多月就将 ECY 装置保质保量地拿了下来，既缩短了工期，又节约了资金。……在二常压基础的施工中，绑钢筋的工作量最大。这是一项纯手工活，但又不能戴着手套绑钢筋，钢筋工只好光着手用力拧，这样才能把铁丝扣扎紧。施工现场不比办公室，在冻层下面的炉基础坑里积水足有一米深，一不小心，沾上水再去摸钢筋，就会被撕掉一层皮，每当这时，就是一阵钻心的疼痛。但是，没有一个叫苦叫累的。工人就是这样凭着毅力，冒着严寒，光着两手，握着钢筋作业。……1990 年大检修中，供排水车间共有 12 名女工，主动承担了清扫 LS 塔的任务。在塔底水池里，混合着 HX 药剂的淤泥一尺多深，上面还浮着一层油污，整个池子散发着一种令人作呕的腥臭味。人下到里面，不一会儿腿上便会泛起片片红点，钻心地痒痛。可这 12 名女工全然不顾这些，争先恐后地跳进池中，热火朝天地干了起来。她们用水枪冲，用铁锹铲，用扫帚扫……由于水枪压力大，一个人握不住，就几个人一起上，每个人身上都沾满了黑乎乎的油污，可谁都不在乎。整整干了一天，她们终于完成了清塔任务。……1990 年大检修，给 CH 装置再生器衬里 GJ 网补焊是一项十分艰巨的任务。能否按期完成，直接关系到整个大检修的进度。修建分厂的 15 名员工在段长 D××的带领下，承担了这项任务。作业时，再生器内粉尘四起，呛得人呼吸困难，再加上 7 台电焊机同时烧焊，使本来狭小的空间变得又闷又热。这15名焊工为了按时完成任务，个个就像着了魔似的，一进去就连续干几个小时，出来时，他们穿的工作服，一拧都淌水。中午抢时间吃点饭，撂下饭碗就接着干。下班时间到了，谁也不肯回家。有时领导见他们晚上干到10点多钟还不肯休息，就强行拉下电闸。他们就这样连续奋战了9天9夜。……①

为了弘扬H企业L厂精神，还经常开展各种竞赛活动，努力造就一种比、学、赶、帮、超的"气候"，积极培养职工的竞争意识和进取精神。运用电视、广播、黑板报等宣传工具，大力宣扬先进事迹，并请他们现身说法，为他们颁发奖状和证书。这样，先进真正成了人们学习的榜样和赶超的目标。在20年的建厂史上，特别是在"二次创业"的过程中，人们不难发现，凡是在关键时刻、在急难险任务面前，冲在最前面的多数是共产党员，而在一些涉及个人利益的问题上，退在最后面的也多数是共产党员。由此，我们发现，为了弘扬企业精神，H企业还是利用党组、党委等正式机构即正式制度的作用，使企业成员从企业领导到普通职工都"活跃"起来，单位认同的制度化动员显而易见。这种制度化效应不断向外辐射，形成了国有企业单位特有的名词——"先进典型"。例如，作为H企业作风典型的系列人物如"一心扑在事业上的高级知识分子X×××；退休前一天还在岗位上工作的H×××；身患绝症、自强不息的老工人W×××；数十年如一日，回收麻袋毛勤勤恳恳的老工人L×××；入厂34年倒班34年，几万次记录准确及时，消除了大量生产隐患，避免了几十次事故发生，被誉为具有'时钟'精神的老工人Z×××；上百万米的焊缝一丝不苟，精益求精，赢得在引进装置球罐的焊接免检殊荣的女焊工S×××等"，他们也获得了"钢筋铁骨""信誉满津门"等美誉。②

---

① 《动力源于企业精神》，《H企业记忆》（二）（公司领导及老同志回忆录），"纪念H企业开工建设60周年系列丛书"，J省资料性出版物（第02201403030号），2014年版，第432—436页。注：文稿写于1990年。
② 《H企业作风溯源》，《H企业记忆》（二）（公司领导及老同志回忆录），"纪念H企业开工建设60周年系列丛书"，J省资料性出版物（第02201403030号），2014年版，第427页。注：文稿写于2011年。

一次，YZQ 车间发生炉体耐火砖突然被烧坏塌陷，严重影响了全年生产任务的完成。工厂要求我们大班在 3 天内必须完成抢修任务。发生炉在正常运转时炉内温度为 1600 度，即便是停下来，炉膛内的温度也有近百度。如果按部就班，等炉内温度降下来就会延误工期。时间不等人，任务就是命令，我和车间领导开始想解决的办法。有人建议先向炉内洒冷水降温，可温度降到七八十度时，就不再往下降了。为了搞清情况，我穿上用冷水浸湿的棉工作服，戴好防尘帽、安全帽、安全镜和口罩进入了炉内，十多分钟后，就有些挺不住了。于是，我根据自己在炉内的体验，和领导商量把握人员的安全，轮流进行抢修。在抢修中，我第一个进入炉内，轮到我出来时，我就守在炉口，防止发生意外。大班的那几名骨干也发挥了作用，大家争先恐后抢任务，鼓舞了工友们的士气，有病的同志也坚持不下火线。经过大家的奋力拼搏，仅用一天时间就顺利完成了抢修任务。①

"以厂为家"的口号及其宣传，在 H 企业的历史中，既是一种宣传，又是公私合一模式的情感动员。"厂即为家"的观念就是依赖这样一种行动模式赋予的。公共制度与个体生存界限逐渐混淆，制度内生为情感，并且不断复制与辐射。因此，"单位"观念下的社会关系也转换为一种仿亲情伦理，不断扩展。H 企业一个又一个震撼人心的"争光""喝彩"的事例展现在眼前。

"把厂子的事儿当作自己家的事儿，就没有干不好的。"这是我经常挂在嘴边上的一句话。当上工长以后，无论酷暑严冬，不管风天雨天，每个工作日的早上 7 点多钟，我都会准时出现在车间的厂房里。一个准点儿，我踩了 20 多年。身为 HG 工长，每次的停开车，我都是吃、住、干在车间，少则辗转个三五天，多则摸爬滚

---

① 《我记忆中的那些往事》，《H 企业记忆（三）》（英模回忆录），"纪念 H 企业开工建设 60 周年系列丛书"，J 省资料性出版物（第 02201403030 号），2014 年版，第 207—211 页。注：文稿写于 2014 年。作者曾先后被评为厂先进生产者、先进生产者标兵、公司先进生产者、劳动模范标兵、"群众的贴心人党支部书记"，J 市劳动模范、J 省劳动模范等荣誉。

打半个月。从 1979 年到 1989 年,我每年义务献工都超过 800 个小时。①

"女的焊 YX 球罐,国外没有先例。"日本专家一半敬佩一半怀疑。当时,我在心底暗暗下定了决心:"我要破破这个先例,为中国女工争光。"按技术要求,球罐的每道焊缝背面都要加热到 150 度才能焊接,一道焊缝要用八九个小时才能焊完,中间不能停焊。当时,8 个电焊工在球罐内同时焊接,又正值炎热的 8 月,焊花飞溅的球罐内充满了灰尘,罐皮烫脚又烤脸,燥热的罐内令人眩晕、窒息,让人感到热辣辣的。有的焊工虚脱了,我的衣服也早已被汗水浸透,一米、两米……倔强的我和男电焊工们一样比着干。灼热的焊渣掉在鞋里,落在手上,溅进衣服里,起泡、破皮,紧接着就是钻心的疼痛。"坚持,一定要坚持到底!"我自己告诫着自己。日本专家一趟趟地到蒸笼一般的球罐内检查焊接质量,当这位专家看到我如此大汗淋漓地焊接时,友好地提出要替我焊一会儿,此时的我真想放下焊把喘口气儿,可我还是谢绝了日本专家的好意。一天下来,太累了,我只想喝水、喝汤,补充体内透支的水分。有时为了抢工期,我们工作到夜里两三点钟才收工,一天的焊接下来,我累极了,实在不愿意动弹,干脆就睡在了工地。就这样,我和参战的焊工们整整苦战了 93 天,终于完成了焊接任务。我所承担的焊口,经过 X 光探伤后,一次合格率达到了百分之百。"了不起,中国女工了不起!"日本专家连连向我这位小姑娘伸出大拇指。②

平地建厂,千难万难。但是,动力厂的职工、干部毫不气馁。各级领导积极进取,职工群众奋力拼搏,用勤劳和智慧战胜困难、创造条件,基建大干快上,环境大为改观,而且培养了艰苦奋斗的思想作风。1982 年,涌现出了"忠心耿耿为党工作的劳动模范 SO××""以厂为家的好干部 SU××""带头实干的 Z××"

---

① 《建功在平凡与伟大的事业上》,《H 企业记忆(三)》(英模回忆录),"纪念 H 企业开工建设 60 周年系列丛书",J 省资料性出版物(第 02201403030 号),2014 年版,第 179—182 页。

② 《当劳模就得自强不息》,《H 企业记忆(三)》(英模回忆录),"纪念 H 企业开工建设 60 周年系列丛书",J 省资料性出版物(第 02201403030 号),2014 年版,第 18—23 页。

"雷锋式的好青年C××""踏实肯干的老黄牛J××、X××、JI××、JA××、L××""操作数千次无差错的运行班长W××""攻克生产难关的工程技术人员P××""精心操作的泵工G××""长期坚持倒班的孩子妈妈Z××""孝敬公婆的好媳妇PA××"等一大批先进典型，成为全厂职工的学习榜样。[①]

透过大量资料我们不禁要问，国有企业单位制度的情感通过上述各种路径与形式调动起来，那么其目的与意义在哪里？

首先，这种HG企业的建成、投产及其发展重心都是围绕国家的经济发展战略及其工作重心而展开并推进的。对于H企业来说，其中，H-DS厂就是应国家发展重工业这一中心与前提，农、轻、重各业并举的方针而创建的。当时，相关领导视察、督促落实国家HG部提前工期的新决定，开展多方面的政治思想动员和组织协调工作，多次召开紧急会议，又派得力人员深入现场检查指导。例如，1957年8月19日，J市市委召开了"三大H"建设单位和施工单位党委书记、厂长、经理会议，提出"调动一切积极因素，采取一切积极措施，保证各项工程提前投产"的要求。9月1日，市委工业部和第五总公司的领导，检查H-DS厂QAHG车间的进度，并做出具体安排，使这个车间提前两个月建成投产。12月初，厂区联合党组落实中共J市市委二届党代会精神，决定CS车间于1958年1月试生产。但工程任务繁重，有30%的工作量要在一个月内完成。此时，H企业党组开展了"深入发动群众，宣传CS早日投产的重大意义"。这样，从历史发生过程来看，H企业的情感动员过程可概括为如下路径：国家下达经济发展计划（包括厂建计划，工程、设备项目计划，生产计划等）—国家主管部门领导的视察、督促—市委工业部的检查、督促—H企业党组、工团各级组织宣传并发动群众以及党员干部的模范作用，最后输送到员工个体。这是一个自上而下的动员链条，也并非企业单方面动员。国有企业单位的宏观

---

① 《八年H企业动力情》，《H企业记忆》（二）（公司领导及老同志回忆录），"纪念H企业开工建设60周年系列丛书"，J省资料性出版物（第02201403030号），2014年版，第157—164页。注：文稿写于2007年。

计划与微观行动逐步展开，国家与企业在其中扮演了双重作用。在任何一种行动发出之前，国有企业单位的行动与国家的制度场域都是紧密结联在一起的。

其次，这种情感动员、全员参与的模式及方式至关重要。我们的问题是，当时的企业管理者首先是在哪个层面切入进行动员的？动员又是怎样进入合法系统之中的？透过资料和调研，我们看到，管理者发现，因当时地理区域来源的不同，有的工人存在着地域区隔、情感生疏问题，有的面临生活困难、生存困境问题，这些都阻断了企业成员间的情感沟通与传递。于是，管理者采用了广泛的动员方式并以"集体的欢腾"仪式为媒介，形塑共同期待与集体情绪。人们通过"仪式性礼仪"如纪念大会、颁奖大会，创造了"共同在场""共同行动""相互注意""节奏性的交互愉悦""暂时情绪"与"共享心境"等各种参与活动，制造了"集体兴奋"，这即为柯林斯的"互动仪式模型"。它不仅能够集聚情感能量，形构群体团结，而且它能够将人的暂时情绪（短暂情绪）向持久情感转换，并以此作为仪式联想过渡、互动，定期举行，人们就会增进情感，从而产生"制度化情感"。仪式与仪式感对个体来说其功能具有集聚效应，并形成群体记忆无限循环。涂尔干曾说，导致群体关系被象征化为神圣的符号或特别的客体的，即为节奏同步、集体兴奋、情感愉悦等仪式，并且一旦以这种方式建立群体象征，团结便会增强。这种增强的团结感也将持续地补给情感愉悦和集体兴奋感，从而循环反馈到共同注意、共享心境之中。当然动员效果会受个体的心境、能力、影响力等各种变量因素的影响，但并不影响其终极情感的积聚。

最后，通过以上分析，不难得出结论，这种情感动员的终极目的与结果便是，H企业通过种种情感动员，表面上看，是在完成或者国家的或者企业的某项任务，实际上，它是在建构一种理性化制度以及制度控制的合法性与权威性。它的情感动员只是表层的，更重要的意义在于理性化制度的结果。情感可能是个体化的、非理性化的，但也可能升级为集体化的、理性化的制度，并与之融合、混合为一体。从而为建立一种特定的合法化理性权威减少阻碍，这是一种持续建构的管理制度，并混合了"文化置换""文化操控"等裴宜理谈及的因素。

在单位制度初步建立、不断成长时期，H企业采取了大量的动员行动，取得了惊人的效果，单位认同空前高涨；在单位制度变迁与改革阶段，H企业依据国家制度场域与自身特征，采取了相应的调整，单位认同开始出现分化，下面"精细管理"方式的提出即为表征。

第四节　精细管理的型构与情感动员的摒弃

一　新型国有企业的精细管理

浏览文献"H企业经验案例成果分析报告"，可以发现，21世纪H企业进入新国有企业模式。依据现代管理学原理将企业的管理层次划分为规范化管理、精细化管理和个性化管理，将本企业确定为一种"精细化管理"，这是一种规范化管理向个性化管理过渡的形态。H企业将精细化管理作为一种管理手段和方法，同时也作为一种管理哲学和管理文化。

精细管理源于丰田公司提出的生产管理模式。这是20世纪50年代丰田公司创造的一种作业成本核算体系（The activity-based costing system）。丰田公司利用适时购买方式（Just-In-Time purchasing way）[①]引进所有直接的（正好的）原材料，而且以无负债方式经营，让利息不再成为公司负担，只生产能够卖出的、质量优良的产品，以彻底排除浪费。它因此基本上不用开发新技术新发明，相反，公司要引进生产活动

[①] "Just-In-Time purchasing way"有的译为"准时制"。丰田公司倡导的"准时制"被认为是最具丰田特色的管理方式之一。丰田公司的准时制生产方式，也称作零库存生产方式、无库存生产方式。早在20世纪60年代，丰田公司就开始实行这种准时制生产方式，其做法就是在生产过程中将必要的材料、零件，以精确的数量在必要的时间内传送到生产车间的流水线，并且在正好需要的时间送到，既不提前也不延误。这种准时制生产方式是适应消费需要越来越个性化、多样化而采取的一种生产体系及物流体系。其核心目的就是减少库存，消除浪费，并且不断地进行循环式的优化和改进。如在生产过程中最后一道工序是总装配线，公司总部接到客户的订单后，只需要给总装配线下达生产任务和计划，列出客户订购的各种汽车型号、数量、交货时间，总装配线则按生产计划向前一道工序领取生产客户订购所需要的汽车的各种原材料和零部件。这样，层层往前，直到采购部门同步地、连锁地、准确地衔接，最终恰好按照公司规定的时间完成生产计划，同时能将库存的成本减少到最低限度。（这种生产方式，被称为"丰田模式"，生产过程本书暂称为"生产前诉"）参见李庚《丰田：彰显文化魅力》，《海外观察》2014年第8期。

所有需求，由此产生了大量的成本控制理论，建构起标准化成本和直接成本目标。丰田鼓励所有员工为减少成本、达到预期目标而献计献策，所有人都为单一的目标而行动，这种模式被称为"改造世界的机器"模式。

这里我们要立体透视"丰田模式"。其一，这种"适时生产""生产前诉"的方式①尽可能减少了资源的占用并提高了资源的利用率，力求减少浪费并实现持续改善。其二，"丰田模式"是针对市场化及全球化这一背景和场域而开展的成本核算体系。因此，"市场""消费""节约成本"等成为其关键词。其三，丰田公司将本民族传统的家庭文化观念（忠、孝、和等思想观念）、集体意识与企业文化融合，并利用其创造了商业价值。丰田公司坚持，企业管理的现代化并不是要完全抛弃可以合理利用的本土文化及传统的集体观念、集体意识。也有观点认为，丰田公司经历了历史上的辉煌之后，并没有再上一个台阶，也产生了不可预计的后果。认为丰田公司正因为沉迷于自我创造的经营模式，故步自封、停滞不前使其相对自身来说走向了下坡路，偏离了精细管理的初衷。该观点举证，根据日本《选择》月刊2009年1月16日登载的《丰田"经营业绩直线下滑"的真相——并非只是不景气和汇率影响的原因》②的文章分析，丰田公司经营业绩迅速下滑的主要原因有二：其一，生产方式上大举扩张造成了大量工厂开工不足、部分停工，反而造成了浪费的后果；其二，企业主导意识扭曲。因为一直想保持技术优势，所以对于增加生产能力和提高生产技术方面会不遗余力地加大投

---

① 丰田公司为了达到准时制生产方式，在生产中实行后道工序在需要的准确时间到前一道工序领取生产过程中所必需的一定数量的零部件。因为生产过程最后一道工序是总装配线，公司总部接到客户的订单后，只需要给总装配线下达生产任务和计划，列出客户订购的汽车型号、数量、交货时间，总装配线则按生产计划向前一道工序领取生产客户订购所需要的汽车的各种原材料和零部件。这样生产工序即变为从后向前倒过来进行，层层向前追加，经众多环节，直到公司的采购部门都能同步地、连锁地、准确地衔接，最终恰好按照公司规定的时间完成生产计划，同时能将库存的成本减少到最低限度。参见李庚《丰田：彰显文化魅力》，《海外观察》2014年第8期。

② 暮初：《丰田公司精细化管理模式的失败》，2009年12月17日，原日文标题为「选择」：トヨタ「経営垂直悪化」の真相——不況と円高だけが原因ではない，http://blog.sina.com.cn/s/blog_51a53bc90100g1dm.html。注：笔者查阅很多文献，没有查到原文，在此文献为转引。

资。甚至到了即使克扣新车的开发成本，毫不犹豫地引进最新生产设备扩大产能的地步。就此有人提出，单就丰田公司来说，其发展策略可为其他企业提供借鉴：企业不应忽视研发的传统，不能单纯以产能扩张为目的，更不能将生产过程的精细化管理取代其他企业管理要素。当单位利润率不仅低于全行业平均单位利润率，而且也低于相关联的替代性产业的平均单位利润率时，说明扩张已近警戒线。此外，购买技术将在企业内部弱化自主研发的意识和能力，引发对于技术开发的惰性，最终导致企业活力的丧失。因此，不可以设备投入见效快、技术投入见效慢为由，以设备投入替代技术投入。①

丰田公司的"精细管理"模式与 H 企业提出的"精细管理"理念是否一致？如果存在不同，其差异在哪里？H 企业的这种"精细管理"模式在单位认同方面产生了哪些影响？我们可以在其企业管理历程及档案资料中找到答案。

历史上的 H 企业，在"精细管理"模式出现之前，曾经历过一段过渡时期，即在 20 世纪 80 年代经过 10 年的实践磨炼以及坚持不懈的培养教育，H 企业催生了"严、细、实、快"的企业作风。② 据曾任企业集团公司机关党委书记、兼任集团公司党委工作部部长等职务的 S×× 回忆，在那个时期 H 企业就形成了自己的企业作风。

首先，"严"，为企业作风的核心，是企业职工对待一切工作的基本准则。其具体表现即为领导要求严，遵守纪律严，执行制度严等。这里所谓的"领导要求严"是以领导跟企业的关系为背景，通过身体力行来形塑职工与企业的关系。即领导通过以身作则来催生、要求职工尽职尽责。如领导对自身要求严，必须严格执行党的路线、方针、政策，严格遵守党的组织纪律，形成作风。这里主要包括"以厂为家""爱企业""遵守纪律严于律己"以及"遵守岗位责任制"等方面。具体来说

---

① 暮初：《丰田公司精细化管理模式的失败》，2009 年 12 月 17 日，原日文标题为「选择」トヨタ「経営垂直悪化」の真相――不況と円高だけが原因ではない，http://blog.sina.com.cn/s/blog_ 51a53bc90100g1dm.html。

② 《H 企业作风溯源》，《H 企业记忆》（二）（公司领导及老同志回忆录），"纪念 H 企业开工建设 60 周年系列丛书"，J 省资料性出版物（第 02201403030 号），2014 年版，第 423—431 页。注：文稿写于 2011 年。

即为，领导要求职工以厂为家，首先自身要做到以厂为家，不能下班就走；要求职工爱企业，领导首先要爱职工，不能分房子发奖金自己首先打冲锋；要求职工遵守纪律，领导首先要严于律己，不能当特殊公民；要求职工严格遵守岗位责任制，领导首先要尽职尽责，不能当"嘴把式"。例如，公司三级干部通过夜间上岗、查岗、值班、讲评、检查等形式坚持严要求。以刚刚恢复性整顿的1977年、1978年两年为例，因当时劳动纪律差，睡岗、脱岗、串岗十分严重。为了严明纪律管理，讲评会月月开，大检查不间断，促使队伍形成作风。当查出睡岗人员，第二天，由书记、厂长带上睡岗的人去讲评会上说清楚。各级领导更强调思想教育，从国家利益、工厂利益、工人切身利益讲清"严是爱、松是害"。对一个连续性很强的生产性企业来说尤其如此。在交接班这一制度上，多年来没有因为任何困难而影响交接班工人按时交接班。又如一年下大雪，平地二尺多深，交通堵塞，D厂青年女工L××家住市内，由小弟弟陪同步行三个多小时上夜班，没有影响交接班。

其次，"细"，是企业作风的特征。就是注意日常的、大量的平凡的细小事情，从点滴做起，达到质的飞跃。这里包括思想教育、勤俭节约、基础材料等几个层面。思想教育主要细在小中见大。比如，W××抢救落水儿童这件事，开展了万人百日大讨论，一个典型引起了十万人思索，小题目做出了大文章。勤俭节约求细，细在一点一滴上。R厂麻袋库老班长L××带领几名妇女长年累月把那些从外地回厂或由厂发往外地的包装物抖一抖，物料积少成多，连麻袋毛也回收起来。几年工夫就为厂回收了8.4万元的财富，但"麻袋毛"精神的价值影响深远。基础材料求细，细在一笔一画上。H厂是公司内基础资料管理比较好的单位。但他们并不满足，继续抓检查、抓整改、抓巩固提高，达到了记录规格化、字体仿宋化、坚持经常化、管理标准化。

再次，"实"，是企业作风的本质。它的内涵，就是实事求是的科学态度，实干苦干的劲头。据企业经验研究者阐释，这种实事求是的表现，在于不干图虚名而遭实害的事，不干自己糊弄自己的事。苦干实干的劲头，在企业每一个下属单位、每一级组织、每一个人的具体工作中。整顿厂容厂貌，从公司书记、经理到车间支部，大家经常吃住在厂里，当时就是苞米面、咸菜，没人叫苦。

最后,"快",为企业作风的执行力。就是雷厉风行,闻风而动,说干就干,干就干好;令行禁止,讲究效率,事不过夜,表现在执行上级决议快、生产公关快、改变面貌快。执行上级决议快。坚持局部利益服从全局利益。对党的方针、政策真心实意抓贯彻落实,十分迅速见行动。例如,1979 年,国家 JW 部门提出了"三年为期"解决环境保护问题的要求。企业即把"解决污染,造福子孙"的问题当作一件大事来抓。全公司的人力、物力、财力都集中起来,投入建设污水处理厂的总体战中。上下一团火,几万人斗风雨战严寒,仅用一年的时间,就挖土 100 多万立方米;铺设地下管线 48 千米;浇筑混凝土 11.5 万立方米,工艺管线 21 千米,投资 7484 万元,建成了日处理 19.2 万吨污水处理系统工程,使全公司每小时排放的 4000 吨污水得到了净化处理,达到了国家排放标准。被相关 SX 领导小组和 J 省评为"环境保护先进单位"。

以上为总体宏观管理理念,下面以 H 企业生产调度管理[①]为例分析一下这一时期的"严、细、实、快"的企业管理模式。

在生产领域,H 企业总调度室是全公司生产经营活动的指挥中心,也是全公司各生产系统(装置)信息反馈的中心,它代表公司主管生产副经理发布生产指挥令。公司各二级单位调度室负责贯彻公司总调度室的指示,代表本单位主管生产的领导行使生产指挥权。有了这样一个调度网,每天公司总调度室对全公司的生产进行情况、生产装置的开停车、产品产量、质量、生产安全、设备、环保、原料进货、产品销运等各方面的信息及时地收集上来,供公司领导分析决策。同时,再将领导的生产指挥的指令及时贯彻下去,使生产经营活动稳定正常地进行。

[①] 根据《公司老志》(1938—1988)H 企业的管理系统中,具体包括计划管理、生产管理、质量管理、机械动力管理、安全技术管理、环境保护管理、财务管理、劳动工资管理、物资管理、外贸外事管理、运输管理及集体企业管理 12 项管理内容,但并没有归纳其独具的管理模式及特色。在 20 世纪 90 年代之前,中国的国有企业并没有形成独具特色的管理模式,以之区别于其他类型的企业。也许,如果不是为了写回忆录,企业经验研究者可能也不会特别去关注管理模式这一问题。因为,在 20 世纪 80 年代,正文所述的管理模式和企业作风的提出是在记述者在特定情况下(比如企业管理培训班)"被逼出来的"(见前引注《企业作风溯源》)。

其中，总调度室其职责与权限主要包括：①总调度室是公司经理的参谋部。在业务上由主管生产副经理直接领导，指导二级单位的生产调度工作。②参与编制公司月份生产经营计划。③负责产、供、销、运的平衡和衔接。④负责全公司水、电、汽（气）的综合平衡。⑤掌握全公司主要设备运行情况，开停车时间、检修进度、正确解决生产和检修之间的矛盾。⑥掌握产品库存、发运和原材料的供应情况，及时做出准确预测和协调解决存在问题。⑦参与每年系统大检修的停车、置换和开车方案的制定和指挥开车。⑧直接指挥处理各类重大生产事故，分析事故原因，及时准确上报。⑨严格监督、检查各项工艺指标的执行，产品质量的控制，降低消耗和减少污染。⑩按时组织召开各种生产调度会。

而在生产调度指挥系统上共计包括八项制度。坚持生产调度指挥的准确性、连续性、稳定性和严肃性，必须有一套严格的工作制度。多年来，公司的生产调度指挥系统一直坚持以下八项制度：①调度人员岗位责任制度。从调度长到调度员责任明确、分工明确、各司其职、各尽其责，领导按制度检查工作，好的表扬，坏的批评。②调度值班制度。各级调度人员都随生产工人的班次倒班。总调度长、科长及白班调度员也要轮流值夜班。③交接班制度。倒班调度按规定的内容，在固定的时间进行交接班。保持指挥的一致性和连续性。④调度记录制度。当班调度员把本班的生产进行情况、主要装置的负荷、重要工艺参数、产品产量、大宗原料进货及主要原料、产品和中间产品的库存，填写在调度记录及调度报表上。⑤请示汇报制度。在正常生产时各二级单位要定时向公司总调度室汇报，如果生产有较大波动或发生事故时必须立即汇报。凡是有准备的较大的负荷变动或涉及协作产品设备的开停，必须提前向公司总调度室请示。⑥调度会议制度。⑦生产办公会议制度。⑧奖惩制度。公司对下属各单位生产经营情况制定了具体考核办法。对发生重大事故的单位不但要扣奖金，厂长还要在会上"说清楚"，以使各单位接受教训。

公司的生产调度会有四种，即日调度会、周生产办公会、周生产厂长调度会及专题例会。调度会每天早7点30分到8点召开，由主管生产的副经理主持，每周一、周三、周五公司各处（室）和政工部门的领导参加。每周二、周四、周六还有各生产厂参加（以电话会议的形式）。会上由夜班值班调度长汇报一天的生产经营情况，提出需要解决的问题，然后总调度长拿出安排意见,有关处室提出本系统要办的事情,最后副经理对一天的工作进行布置、提出要求。生产办公会,每周六上午召开,由生产副经理主持,各业务处室参加,讨论研究各方面业务问题。生产厂长调度会,每周一下午1点至3点召开。由主管生产的副经理主持,各厂主管生产的副厂长参加,各业务处室的处长参加,主要是检查上周工作完成情况、布置本周的生产经营工作。专题例会是不定期的,根据生产经营中的重大课题而定。有时还不定期地有针对性地到厂里去召开现场办公会,厂有关领导和科室人员参加,面对面地解决问题。

此外,公司还具备调度日报。调度管理信息主要是以调度日报形式,将产品生产、设备运行、动力消耗、原燃料到货、库存等及时报给指挥生产的各级领导和有关管理部门。因公司于1987年开始采用电子计算机管理,经过两年的工作,完成了调度管理信息子系统的开发工作。公司调度子系统是以公司内部计算机通讯网为基础,以M国DEC公司生产的VAX—11/785为主机而设计的,所用汉字终端为国产的CD—902A,打印机为M—1570(注:2007年公司启动了MES数据采集系统)。在当时,该系统的应用加快了公司内部信息的流通,提高了信息的准确程度,并能与供销和计划等子系统共享部门信息。

20世纪H企业的生产技术管理系统主要包括"组织制定生产工艺规程及岗位操作法""组织实施生产技术改造""组织实施合理化建议""工序管理""消耗定额管理"及"HG操作事故管理"六大内容。[①] 而20世纪末至21世纪最初十年,公司设立了生产运行处,专门负责组织生产运行、工艺技术管理,并管理公用工程运行、工艺技术、HG三剂、专业资源市场准入、生产准备、文明生产等工作。生产管理领域主要包括生产调度指挥系统和生产技术管理系统。跟20世纪80年代较为相近(但更为具体),公司调度中心负责日常生产运行管理和生产信息的传递、应急状态下的指挥和协调等。而在生产调度会议方面,除了每日的调度会之外,还增加了专门的每周一次的生产厂长例会、每月一次的生产设备厂长例会以及每月一次的安全生产专题视频会议。当然调度中心的值班调度日报仍然延续并相应改进。在生产技术管理系统方面,

---

① H企业史志编撰委员会:《H企业志》(1938—1988),第202—207页。

具体包括十个方面。如组织制订、修订生产工艺规程、岗位操作法及操作流程；生产受控全过程管理；岗位巡回检查；岗位交接班管理；消耗定额管理；生产装置和专业达标管理；工艺条件管理；"三剂"（助剂、添加剂、催化剂）管理；生产技术基础工作管理；循环水管理。其中，"岗位巡回检查""生产装置和专业达标管理""三剂管理""生产技术基础工作管理""循环水管理"等为新增加并细化的内容。

2002 年之后①，H 企业经过了改制、重组、剥离、划转、关停至部分破产等之后，企业发展经验的研究者认为，H 企业就是将"精细管理"理论吸收改造后，逐渐形成了自己的一种管理模式。其精细管理模式总体上就是在常规管理基础上并将常规管理引向深入、将精细管理的思想和作风贯彻到企业所有管理环节的一种管理模式。精细管理强调将管理工作做细、做实、做精，以全面提高企业管理水平和工作质量，是企业超越竞争者、超越自我的需要，是企业追求卓越的必然选择，也是确保企业在激烈市场竞争中实现基业长青的重要指导思想和管理理论。精细管理的重点在于监督和控制，它在管理过程中更加重视细节。细节决定成败，社会分工越来越细，专业化程度越来越高，必然要求企业进行精细管理。从粗放到精细，是企业管理的必由之路。

如果将其与粗放管理进行对比，那么精细管理的主要特征表现为：第一，强调建立标准。实施精细管理首先需要制订衡量、评价管理工作实施状况的标准，然后运用制订的标准对实施状况进行衡量、评价，并将衡量评价所得结果及时反馈到上一级部门，以便必要时采取相应的措施。第二，强调数据化、精确性。科学管理就是尽力使每一个管理环节数据化，而数据化则是精细管理最重要的特征之一。第三，强调垂直管理、重视管理流程。精细管理需要在企业流程的每一个环节中得到体现，所以不断地改进和优化流程是精细管理的主要特征。第四，强调持续改

---

① 2002 年，H 企业开启结构调整、技术改造、集约管理三大攻坚改革改组的序幕。这是深化企业资产重组和结构调整的标志性年份。即公司以规范实现整个公司股份制改造为引领，本着抓大放小，强化主业、剥离副业，净化资产的原则，特别在划归 ZY 集团公司所属之后，通过对相关非主业资产的改制、重组、剥离、划转、关停以至破产等方式，以提高企业整体资产的优良率和使用率为目标，适时有效地改善企业的人员、组织、资产和产品结构，以持续维护企业的稳定发展和健康成长。因此，进入企业结构调整最关键、最焦灼的阶段——下岗分流这一环节，它直接涉及人员的去留、身份归属、未来生活状态。

进。精细管理是一个不断改善、不断提高的过程，精细管理要求企业在管理实践中注重总结，持续改进，从而不断提升。第五，强调以人为核心，管理最核心的问题是人的问题。精细管理更是强调以人为核心。[①]

相对于之前20世纪80年代的"严、细、实、快"企业作风（其企业作风还不能完全等于企业管理模式，相对来说只是一种"粗放型""模糊型"），改制后的H企业，在"严、细"基础上，增加了标准化、数字化以及精确性，并提出了持续改进、以人为核心的新的企业管理决策。这种精细管理（与作风）与日本企业有所不同。从理论上说，其差异与不同的根本表现是，日本的精细管理原本是指在市场化的前提下创造的一种节约作业成本、提高质量、减少浪费等为目标的特定模式；其工序流程为一种从后到前的模式；此外，为了创造更高的商业价值，日本丰田公司并没有抛弃民族传统文化以及集体意识，反而与企业文化融合在一起。在H企业，精细管理多强调管理流程的精细化、数据化，"监督""垂直控制"成为新国有企业时期企业的关键词与重心；在市场化过程中逐渐与本企业的管理传统（如情感动员传统）相背离。事实上，透过H企业的史志可以发现，其管理方式的些许变化似乎跟生产流程向前追溯的适时生产模式的节约成本、杜绝浪费没有直接关联。如图5-1和图5-2所示。

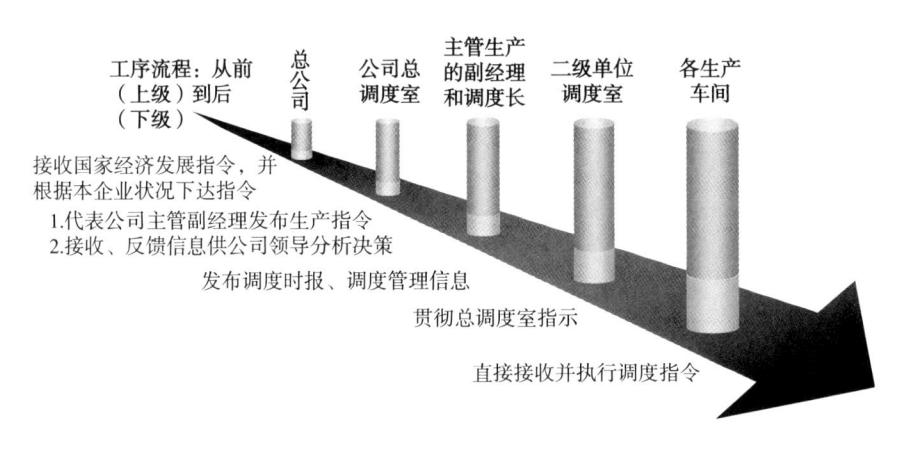

图5-1 H企业生产调度管理流程

---

① 中国国有企业联合会、中国国有企业家协会编：《"H企业经验"研究》，2014年版，第84—85页。

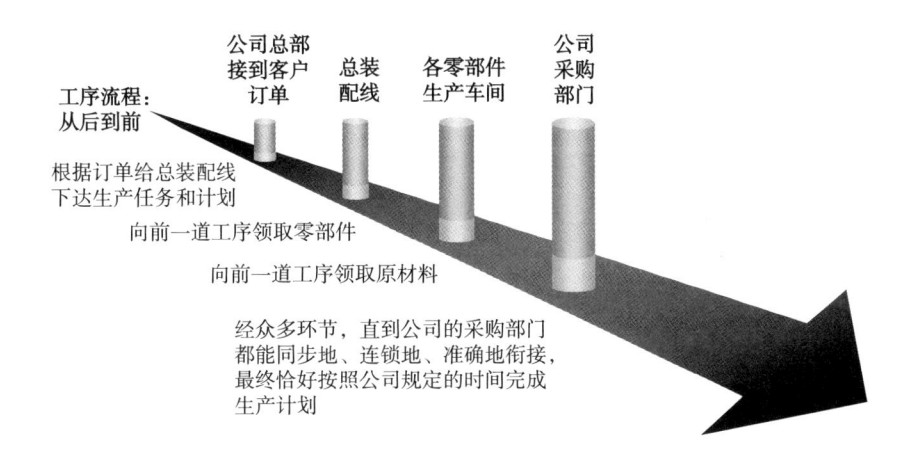

第五章 单位观念与单位认同的历史转换：从制度授予、情感动员到精细管理 | 163

```
工序流程：     公司总部    总装    各零部件    公司
从后到前      接到客户    配线   生产车间    采购
              订单                          部门

根据订单给总装配线
下达生产任务和计划
      向前一道工序领取零部件
         向前一道工序领取原材料
            经众多环节，直到公司的采购部门
            都能同步地、连锁地、准确地衔接，
            最终恰好按照公司规定的时间完成
            生产计划
```

图 5-2　日本丰田公司的准时制生产流程

日本的精细管理其重心在于以市场为导向的一种成本控制管理；H 企业精细管理的实施，是一种精细化、重监管的制度模式。相较而言，后者是一种自上而下的严控管理模式，并非为成本控制、效益最大化的市场化管理模式，企业没有达到充分（完全）的市场化。人员聘用没有完全达到市场化、企业也没有处于充分的竞争场域之中，大多生产与销售环节仍处于一种"制度安排"之中。在这种管理模式下，企业管理人员其自身也受制于此，内部气氛过度紧张。与日本的精细管理模式相比，正在进行市场化、工业化的 H 企业，其主要特征为：

第一，企业仅仅为了管理而管理，从而制定了"（超标准化）管理规章"。企业管理本质上并非为自我管理，而是自上而下的安排与管控，因此是一种虚之"理"、实之"管"。

第二，像许多其他企业一样，忽视了技术研发以及人才激励机制。强调以人为中心，企业的存在还在于研发过程。当探讨"企业立足的根本是什么"的问题时，往往仅仅停留在强强联合，而没有将重心置于"技术更新""市场占有率"以及"激励机制"、"企业生存主旨"等这些根本问题上。

第三，企业主导价值观逐渐模糊，产品用户的需求逐渐忽略。通过访谈，我们可以了解到，在 H 企业，主要的发展方向由国家经济发展政策所决定，管理者面临的首要问题，是与国家经济政策相吻合，而非市场占有率或者企业的生存；管理者面临的就是如何在"发展"的同时，管理效益（管理效益包括管理者任期内稳定、安全）逐步提升，依此可知晓 H 企业的发展方向。①

二 情感动员的摒弃及其后果

美国学者乔纳森·特纳、简·斯戴兹认为，情感从其基本来讲，是人们对社会和文化情境的反应。但是，情感还是人们与宏观结构之间建立联结的力量，或者破坏人们与宏观结构之间联结的力量。② 在 H 企业的单位制度形塑过程中，情感动员是制度与社会、文化情境相互作用产生的特定模式，它使国有企业单位、单位成员与中国特定的经济政治制度三者之间建立起紧密的关联，产生了既往时代从未产生过的效果。人们在情感归属中将"事业"与"家庭"混合，国有企业单位的社会认同达到空前高峰。单位化中国的集体观念与集体认同是制度化的情感动员及其仪式行动逐渐累积而成的，也是扣人心弦的集体主义制度产生的结果。不论哪种方式，集体情感的形塑对于企业生存与发展来说必不可少。然而，因国家企业制度导向的变革，企业管理者并没有将它作为一项必不可少的管理决策贯彻始终，所以它在企业变迁的特定时期被搁置甚至抛弃。

H 企业经历了这样一个情感动员—精细管理的变化过程。从制度变革、场域变迁来说，变迁过程是怎样的？

首先，在 H 企业，因重组分立后，H 企业内两大公司曾一度处于严重亏损的境地。因此，"重组""扭亏""脱困""装置淘汰"成为这一时期的主流话语。2002 年，在 ZY 集团公司的支持下，开展了"扭亏为盈的攻坚战"，提前一年实现了扭亏脱困的目标。其间，先后淘汰 98 套落后装置，完成了 30 万吨/年 HCA、22 万吨/年 BXJ 装置建设，并使

---

① 实际上，改制后的 H 企业，其重心在某种程度上不是单纯的"生产"，是否追求生产效益，关键看国家的政策方向以及管理者的"心思"。如果期望提高生产效益，以此也能获取或助长任期的业绩，那么便会对生产问题投入一定关注；反之，只要能够"安全"与"平稳"过渡即心满意足。

② ［美］特纳、丝戴兹：《情感社会学》，孙俊才、文军译，上海人民出版社 2007 年版，第 257 页。

原厂扩能改造。在某种意义上，随着装置的淘汰、人员的剥离与削减，行动上既表现为人员的流动、分离，设备淘汰与更新，它也是人员流动、重新组合的过程。同时，设备自动化程度越来越高，跟建厂初期甚至20世纪80年代初期相比都大有不同，用人减少，互动降低。因此，当面临新的人员更替时，管理思路也随之改变。

其次，这一时期H企业经历了市场化博弈，在进一步发展过程中存在巨大压力。虽然不同于私企的完全市场化，作为国有企业，也经历了部分市场化的压力。单就销售来说，产品销售是企业的第一利润源，最大限度地扩大销售利润空间，是提高企业效益的直接手段。面对市场化，国有企业传统上"守着三分地、坐等客户来"的销售观念使自身陷入绝境。H企业的销售管理模式首先是向销售团队施加压力，为销售人员划分任务指标，盯住市场，看住价格和量，使产品的价值最大化。其着眼点置于用户结构、高效市场、运作市场和引领市场上，使"营销"转变为"赢销"。[①] 在采购环节上，针对公司物资采购过程中暴露的问题，重新梳理了物资采购流程，在资源市场、物资计划到采购选商、技术交流、招标、定价、入库验收、结算等关键环节建立完善了相关管理制度，职责明晰，采购行为有法可依。并依此建立了公司商务管理信息平台，解决了采购业务流程中EAM、ERP、合同系统三部分数据流断裂、无法对采购全流程动态监控的问题，使采购数据流实现无缝连接、可视化管控，这样，能够及时发现物资采购和销售的计划执行率、选商、主动发现问题的作用，在业务操作过程中，构筑起制度上、行为上的管理防线。这种模式，是通过电子操作系统的数据化、监控严密化实现的。2014年首次将直采率纳入各地区公司物资采购工作指标，23个品种实现了竞价采购。正是因为如此，也让从前的"人情"管理、"人情"采购退出公司管理体系。

最后，H企业经历了一系列持续改革的过程，如统一管理、兼并、抓大放小、主营业务上市、退市、重组分立等。每一次改革，都

---

① 《在市场博弈中抓住三个利润源》，《H企业记忆》（二）（公司领导及老同志回忆录），"纪念H企业开工建设60周年系列丛书"，J省资料性出版物（第02201403030号），2014年版，第223—228页。注：文稿写于2014年。

需要经历调整与整合，管理体系上面临着的问题较为复杂。如工程系统、供应系统、销售系统、科研系统、检维修系统、甚至保卫（人武）部、护卫支队等都面临着流动再整合问题。同时，企业改组过程中也承担着上层集团公司"下达的各种任务"①——扭亏脱困、信访维稳等。

> 记得那是 2001 年 11 月，ZY 集团公司党组召开了 6 户特困企业扭亏脱困座谈会，我作为 6 户特困企业之首的代表应邀参加，会上给我们下达了 2005 年实现扭亏脱困的"军令状"。我和班子成员们感到面对我们企业的艰难现实，2005 年实现扭亏脱困还不行，必须自我加压，一定要提前完成，这是我们班子形成的共识。为了提前完成扭亏脱困任务，我们分层次召开科技人员、劳动模范、职工代表等各层面的座谈会、听证会、研讨会，集思广益，思路逐渐清晰起来，重新明确了企业定位，制定了三年扭亏脱困攻坚方案。企业扭亏决心已下，开弓没有回头箭。2002 年 1 月 31 日，公司隆重召开了"三年扭亏脱困攻坚动员大会"，标志着一场树立信心、立下恒心、上下同心、破釜沉舟、背水一战、奋斗三年、扭亏脱困，"结构调整、集约管理、技术改造"三大攻坚战役正式打响了。②

企业管理者似乎在几年内都要做跟生产并非直接相关的事务，比如"制度整合""人员整合"等工作，如管理理念"条目化""标语化""三改一加强""四大管理""六个依靠""整合年""发展年""管理年""建设年""创新年""文化年""提升年"等。当面对众多此类问

---

① 其实，国有企业在发展过程中一直要承担非生产性的其他"任务"或政治任务。H 企业即使改革至今，仍然承担着一项重要的政治任务——"信访维稳工作"。就 H 企业来说，从 2007 年重组整合到 2011 年初，公司已经妥善解决了 60 多个影响稳定的突出问题，支持集体企业基本解决了员工医保、社保等重大历史遗留问题。见《把握"四个关系"维护和谐稳定》，《H 企业记忆》（二）（公司领导及老同志回忆录），"纪念 H 企业开工建设 60 周年系列丛书"，J 省资料性出版物（第 02201403030 号），2014 年版，第 122—126 页。注：文稿写于 2014 年。

② 《H 企业三年扭亏脱困追忆》，《H 企业记忆》（二）（公司领导及老同志回忆录），"纪念 H 企业开工建设 60 周年系列丛书"，J 省资料性出版物（第 02201403030 号），2014 年版，第 54—59 页。注：文稿写于 2014 年。

题时，管理层以"十大"管理"瓶颈"为主题，围绕"队伍作风、质量效益"两条主线，强化"五转三改一提高"工作措施，积极促进队伍转变。管理上垂直化、理性化、标准化的控制行动替代了情感动员。有公司领导回忆：

> 整合是一个持续的过程。为发挥好整合后两个公司的整体优势，我常常夜不能寐，经过反反复复的思考，提出了持续整合的总体思路，即在确保安全生产工作秩序前提下，在各专业系统，充分发掘结构调整潜力，综合考虑区域相邻、专业相近、工艺上下游关系，成熟一个整合一个，平稳推进组织机构整合。到2009年初，公司机关处室由33个整合为22个，机关直属部门由13个整合为11个，二级单位整合由62个整合为43个。通过持续重组优化，精减了机构数量，压缩了管理层次，流程更为流畅优化，极大地提高了工作效率。……在实施重组整合的基础上，我按照"一年抓几件事，几年一件事"的理念，一年一个主题，从2007年到2013年，先后确立落实了"整合年、发展年、管理年、建设年、创新年、文化年、提升年"的工作部署，企业发展跃上了新台阶，公司面貌发生了新的历史性变化。①

我们发现，H企业经历的市场化改革，是国家推动并引领的市场化转型的改革，跟完全市场化的企业相比，仍然存在差异。正如之前探讨的情感动员的启动与扩展一样，这种市场化也是由国家、企业自上而下展开的。既然情感动员模式是在特定的时期、特定情境下推出的，那么也就意味着，在另一个变革、转型时期这种情感动员模式也会随之变化。正是在这一变革场域中，国家经济发展政策有所调整，生产设备淘汰更新，数字化控制加强，市场化中企业间竞相博弈，H企业在管理上逐渐摒弃了情感动员模式。由于情感动员是与单位制度的合法性、权威

---

① 《在重振长子雄风的希冀中前行——回忆在H企业重组整合的工作岁月》，《H企业记忆》（二）（公司领导及老同志回忆录），"纪念H企业开工建设60周年系列丛书"，J省资料性出版物（第02201403030号），2014年版，第115—121页。注：文稿写于2014年。

性协同展开的,当情感动员模式退出,部分人员"单位身份"的流动与变化,因此,单位制度的权威性及单位认同此时同样遭遇挑战。从前述管理层的信访维稳工作管理即可明确,管理模式的变化在深层意义上隐含的是单位认同的变化问题,它的直接后果即为单位权威与单位认同的"制度授予"及其"供给"式的权威形式渐趋隐退。

单位制度的认同与中国传统社会的交往关系、行动惯习相互作用,使制度与习俗的界限模糊。当制度授予隐退,单位制度的情感认同就会分化,因此,我们会发现,情感认同并没有完全与经济发展同步。换言之,虽然今天 H 企业的总体经济发展远远超越 20 世纪八九十年代(或之前),但是,我们并没有观察到,人们对单位制度的情感同比例大幅度增强,在当前状态下,人的情感认同却出现分化并疏离。正像韦伯所言,共同体行为有时既不表现为经济共同体,也不表现为经济行为的共同体,这毫无不寻常之处。[①] 对于 H 企业来说,观其改制前后的变化,也可称为一个共同体,尤其改制前,其经济、政治、社会(尤其还具有仿家族共同体属性)等属性总体上属于一种混合共同体。在这样一个共同体内,参与共同体行为的人们,尤其是其中那些手中拥有对这种共同体行为在社会方面有重大实际影响的人们,主观上把一定的制度视为适用的,而且在实践中,也是这样对待的,即让他们的行为以之为取向。据此,也就决定着法(企业制度)与经济之间的原则关系。[②] 在改制之后,工业主义的普世化、社会化在 H 企业开始显现。国有企业单位制度原来所发挥的仿家族共同体的职能逐步改变,对国有企业单位个体的影响也开始变化。像西方那样的工业化阶段一样,"家"和"职业"地点分开了,家不再是共同生产的场所,而是共同消费的地方。[③] 家族共同体之外的社会生活训练远胜于其内部的自然熏陶。个体的"社会心理"出现了客体主体化的转变,并因此使家族共同体的权威逐渐式微。

在韦伯方法论之上,我们观察到的结果与学者对纯粹工业主义的批

---

① [德]马克斯·韦伯:《经济与社会》,林荣远译,商务印书馆 1997 年版,第 377 页。
② 同上书,第 345 页。
③ 同上书,第 421—422 页。

判不谋而合。只不过，中国的国有企业改革所经历的工业主义是在自上而下制度化的、市场化不足的前提下进行的，它的市场化进程遭遇到了重重阻碍（这种阻碍并非完全是企业之外的，也有企业内部因素）。这让我们思考，制度的进程总体上既是理性化的，又是趋于社会化的，制度如同法一样，规范出来的间接后果是作用于人之上的。合乎理性的制度必然（可能这种作用的发挥并不是直接表现出来的）与个体（底层）的期待是同步的，而不是背离。换言之，假如说国有企业改革是不得不行动之举，那么，即使如此，它的改革进程及具体环节也需要一个合理化设计、思考及行动，否则，制度最终的结果便为自我否定，失去权威性与合法性。实际上，H 企业情感动员模式的摒弃、精细管理模式的推出，总体上说，是制度塑造的结果，有其合理的一面，但也存在一些需要剔除的问题。

基于上述，本书提出，工业主义的扩展并非意味着一定要弃置情感动员，回归理性制度。实际上，无论处于哪一发展阶段，情感传递、情感动员对单位权威的延续、单位认同的转换意义重大。如卡斯特所言，现代社会的经济功能日益强大，其合法化认同的根源正在面临枯竭。作为社会制度基础的劳动与价值一旦被忽略，那么社会系统的内在联结就会出现危机，由此认同必然遭遇解组。那么，社会的本性和焦虑的个体交锋，自我认同便会迷失，人自身被唤醒，单位认同被逐步反省。这种认同的反省就是在这种 H 企业的变革进程，即特定叙事进程中被开拓出来。"工业主义并不是资本主义竞争的产物或附属品，它也是塑造现代世界的独立力量，它使人类获得了改造和征服自然的能力。同时，工业主义也与劳动分工、生产集中等现象紧密相关。……因此，不能将工业主义看作是资本主义的附属品，或者正相反。"[1] 这样看来，工业主义并不是某一社会的专属品，不能简单化约；它同时意味着工业主义可以跟任何一个社会的某些因素相结合并不断拓展，形构为一种综合性的社会结构系统。比如中国的单位制度与工业主义的融合而形构成的复合

---

[1] 郭忠华：《群像与融通：吉登斯现代性思想渊源》（"译者序"），载吉登斯《资本主义与现代社会理论：对马克思、涂尔干和韦伯著作的分析》，郭忠华、潘华凌译，上海译文出版社 2007 年版，第 7 页。

结构，衍生为新型集体认同问题。

工业主义的扩展并不能完全等同于数字化、数据化与技术化，H 企业的精细管理也不能完全等同于日本的精细管理。国有企业的重"管"（外在的制度规范）轻"理"（内在的自觉调理以及内在的聚合力），影响（单位）制度的认同度。关键问题是，如何使国有企业自身制度合理化，并使制度的内容、形式与其运行相吻合。翰森（C. Hansen）曾说，汉语本身多强调部分——整体模式，语言模式容易出现虚拟。像何谓"集体"？何谓"管理"？国有企业单位发展进程中常出现对事物非个体化倾向的描述，故容易浮夸、标语化。

此外，认同能够唤醒，也能够重塑。单位认同当被持续地反省，制度权威及单位认同便需要重塑。借用威廉姆森的论述，学者汪和建提出，存在"群体（尊严）认知问题"的企业，其中人力资产专用性问题是一个值得关注的话题。因为，人力资产专用性是指那些在工作中掌握的"又深又专"的技能：既可能是一种高度专业化（即无法传授的）知识，如企业采购经理的人脉关系，也可能是长期积累的工作经验，如工人能通过机器的某些微妙变化预测故障的能力。① 在国有企业单位制中，同样存在这样一个人力资产专用性群体，只是被迅捷的改制流动过程淡化，并产生这样一个外部后果，即"你不干这个工作了，但总有人在那里等着（盯着这个位置或空闲）呢！"因此，在 H 企业，不是生产工序和生产环节的肢解造成的人力资产专用性的弱化，而是制度变迁、下岗剥离导致的人员冗员造成的"劳动力过剩"而产生的人力资产专用性的下滑。不管怎样，这种状态需要重塑员工的集体认同、制度认同感，否则，企业仍然要承担不可预知的社会风险。这样，企业需要理清管理环节，出台专项的管理举措，例如给予相应的物质收益、提升职位与社会认同度，扩展人力资产专用性相关信息以提升人的归属感、团队情结，建立收益、尊严、认同、价值实现与职业职责（精神）的正相关链条；通过建立"职业社会工作"工作室以开展"心理疏导训

---

① 威廉姆森：《资本主义经济制度：论企业签约与市场签约》，段毅才等译，商务印书馆 2002 年版，第 336、337 页；奥利弗·E. 威廉姆森：《市场与层级制：分析与反托拉斯含义》，蔡晓月等译，上海财经大学出版社 2011 年版，第 72 页；参见汪和建《尊严，交易转型与劳动组织治理：解读富士康》，《中国社会科学》2014 年第 1 期，第 106—120、206 页。

练""个体价值形构训练""团队精神训练"与"社会团体互动""企业历史纪念仪式"等活动重塑或提升集体情感、集体认同。在工业主义进程中不弃传统,在传统改造中融合工业主义管理理念,以个体价值的"自我实现"为中介,重塑集体意识、重构集体认同。由此,单位制度的改革进程才能顺畅,才能逐步提升自身应对市场化的能力。在中国转型时期,正在进行市场化改革的国有企业,区别于完全市场化的其他企业,工业主义与社会生活不能分割,更不能肢解。不能分割,并不是指回复国有企业的社会功能,即不是将社会化的机构再附于国有企业之上,而是指不可轻视、抛弃情感形塑的功能,本书提出,国有企业单位的社会化功能借"团队训练""价值形塑与实现""共享交往理性"及"社会影响"的形式复活,以增强制度的权威性、吸纳能力以及持久活力。连续认同架构,贯穿在自我认同、组织认同、集体认同与社会认同之中,将个体与组织、社会紧密地联结在一起。

第六章 结语与探讨

就整体来说，单位制度的改革与变迁，从外在的制度层面到内在的情感方面，其认同的变化都是在工业主义不断推进之中发生的。单位制度下的工业主义是如何展开并推进的？这种工业主义模式与西方的工业主义存在哪些差异？我们需要在工业主义理论体系中、中国单位制度的"制度"功能及延伸当中挖掘、探究。

从某种意义上说，现代社会是以资本主义为开端、工业主义为主导的社会。正如吉登斯所言，被视为"神圣三位一体"的古典社会学导师马克思、涂尔干与韦伯针对现代社会展开的观察与分析①，"位列所有其他人之上。"② 就资本主义和工业主义来说，显然，马克思对前者的论述要远远超过后者。③ 尽管如此，还是没有超越大工业的场域和背景。"大工业的起点是劳动资料的革命，而经过变革的劳动资料，在工厂的有组织的机器体系中获得了最发达的形式。"④ 这种工业必然经历一个从手工业、工场工业到大规模的工厂工业的过程，它制造了"机器体系"中人与人之间的区隔。不管怎样，工业自身的性质都是无限

---

① 陈戎女："译者导言"，[德]西美尔：《货币哲学》，陈戎女等译，华夏出版社2002年版，第17页。

② [英]安东尼·吉登斯：《资本主义与现代社会理论：对马克思、涂尔干和韦伯著作的分析》，郭忠华、潘华凌译，上海译文出版社2007年版，"序言"（1971年3月3日），第1页。

③ [英]安东尼·吉登斯：《资本主义、工业主义和社会转型》，载汪民安等主编：《现代性基本读本》，胡宗泽、赵力涛译，河南人民出版社2005年版，第419页。马克思明确写道："资本主义时代"，"肇始于16世纪"。不过，与韦伯不同，马克思不希望用"资本主义"这一术语来指称其他时期以及欧洲以外的情境中的经济活动。（参见汪民安等主编《现代性基本读本》，第419页。）

④ 《马克思恩格斯全集》第23卷，人民出版社1972年版，第432—433页。

扩张的，而且其原则是生产过程分解、分工明确、技术推陈出新。"因此，大工业的本性决定了劳动的变换、职能的更动和工人的全面流动性。……大工业在瓦解旧家庭制度的经济基础以及与之相适应的家庭劳动的同时，也瓦解了旧的家庭关系本身。"① 家庭纽带被资本主义生产方式撕断了，随之社会结构与社会关系开始变换。显然，马克思告知我们，工业主义之所以会诞生，是因为其与生产活动的特性形式（以及剩余价值问题）紧密相关。它的基本特征主要表现在，劳动形式转换、分工明确、技术不断革新、工人流动性增强、组织形式严密并不断扩展等环节。在社会结构上凸显出来的是，具有自然本性的、以情感为纽带的家庭关系被瓦解了，以理性制度为载体的生产关系、职业关系和组织关系成为其主要存在形式。

　　马克斯·韦伯也热衷于工业主义和资本主义之间关系的探讨。韦伯明确指出，资本主义的诞生远远早于工业主义，而资本主义大规模扩张的主要时期是十六七世纪，工业主义的产生导源于资本主义所带来的压力。生产"理性"在现代资本主义企业中占据着核心位置，工业主义被韦伯看成是资本主义的直接后果。② 据吉登斯考证："'工业'这一术语是18世纪后半期在英语和法语中同时新造出来的一个词汇，它原来主要与勤奋的劳动相联系，这也表明它同行政力量密切关联。亚当·斯密曾指出，'勤奋'（与'工业'拼写相同）是懒惰的对应物，他通常并不在乎这一词汇是指人类劳动还是指生产工具。弗格森（Ferguson）使'工业'同学习'尽责劳动'的习惯、人们努力改进他们的技能、扩展他们的商业、追求他们的所得以及建立自己的权利这些方面关联起来。……直到19世纪，这些术语才开始获得它们当今所具有的用法。……（可是）把'工业主义'当成是一种严格意义上的技术现象这并不妥切。正如圣西门所指出的，就'工业社会'这一概念而言，工业主义保存着一系列更为宽泛的含义。"吉登斯认为，"工业主义"是具有如下一些特点的制度：一是在生产或影响商品流通的流程中运用无生

---

　　① 《马克思恩格斯全集》第23卷，人民出版社1972年版，第533、534、536页。
　　② M. Weber, *General Economic History*, New York: Collier, 1961, p. 231, 转引自汪民安等主编《现代性基本读本》，河南人民出版社2005年版，第423页。

命的物质能源。二是生产和其他经济过程的机械化。三是虽然工业主义意味着制造业的普遍推广,但必须对如何理解"制造业"这一问题持谨慎的态度。制造业应被视为前两项特征的系统联系,存在创造产品"流量"的生产流程。四是正是在生产流程的这一正规化制度部件中,我们发现了它同人们从事生产活动的集中 HG 作地点之间的关系。正因为前三项特征还包含着一个存在条件,即它是一种人类社会关系组织,所以,工业主义不可能完全是一种"技术"现象;一旦具备新的经济机会,它本身就处于不断扩张之中。① 因此,我们会看到,在中国单位制度建立之初,国有企业的扩张不是单纯的技术扩展,而是更加广阔的社会组织的建构与辐射。阅尽涂尔干有关"工业主义"撰述,吉登斯评论,工业主义不能与资本主义简单化约,二者代表了两种迥然相异的现代性维度。工业主义所负载的价值色彩(灰暗悲观色彩而非涂尔干所言的乐观、明快的色彩),其多与生态灾难、环境破坏等后果紧密相连。②

　　工业主义及其现代性究竟制造了何种后果与影响?吉登斯基于这一困惑,梳理马克思、涂尔干与韦伯的著作③,揭示了以资本为联结纽带的工业主义不仅制造了社会分工,而且终将导致社会分化。工业主义使时间与价值的公众性、共享性特征表征出来。(具有现代性意义的)社会时间具有公众性而非个人性属性,它超越了个体与家庭等私域范围。"时间和空间并不像康德所认为的那样,是人类大脑中固有的范畴。每个人都清楚生活在现在有别于生活在过去。但是,'时间'这个概念并没有个人化,它是一个为群体所有成员所共有的抽象范畴。'受到这样安排的并不是我的时间,而是大众的时间……'"延续涂尔干的话语分析,时间概念其内涵与本质即为社会性与公共性、共享性,如果没有这一属性,时间概念的创造即毫无意义。时间即为社会时间,它标示着社会事件的时空延展,人类集体活动与仪式的周期性分配与空间场域的占有,人们共

---

① [英]安东尼·吉登斯:《资本主义、工业主义和社会转型》,载汪民安等主编:《现代性基本读本》,胡宗泽、赵力涛译,河南人民出版社2005年版,第429—431页。
② 郭忠华:《群像与融通:吉登斯现代性思想溯源》,"译者序",载[英]吉登斯:《资本主义与现代社会理论:对马克思、涂尔干和韦伯著作的分析》,郭忠华、潘华凌译,上海译文出版社2007年版,第8页。
③ [英]吉登斯:《资本主义与现代社会理论:对马克思、涂尔干和韦伯著作的分析》,郭忠华、潘华凌译,上海译文出版社2007年版。

享这种经验与观念，按其规制行动。当然，存在共享也意味着可以分隔与分离，现代性之下的空间属性能够衍生脱域性，此时此地的社会事件对彼时彼地的社会关系可以产生刺激与影响，并引导着人的未来行动，确切地说，这种社会事件的"共享性"意味着时间与空间可以共享、可以交合、可以分离，以其为场域可以对人们的行动合理与否进行解释与讨论。吉登斯说，"就其社会意义与经验意义而言，完全不同于所有的前现代的时代。世界地图，作为一种全球规划，其上面再也没有禁地，它在空间的'虚空'上是与钟表一样的符号。它不仅仅是描绘'那有什么'或作为地球地理学的模型，而且更是社会关系中基本转型的建构性要素。"① 正是时间与空间的共享性与脱域性，它形构、衍生了现代性自身的"反思性监控"体系与机制，在组织中可以毫无怀疑地运用这种共享性、脱域性进行管理与监控。"现代组织的特征不在于其规模或其科层制的品质，而在于受其认可和必须承担的集中式的反思性监控。当有人提及现代性，他就不仅仅指组织的种类，还指组织过程本身，即跨越无限的时空距离而对社会关系进行规则化的控制。"② 问题的关键是，反思性监控的权威话语掌控在哪一方？这意味着谁有权威来解释与操控社会事件，这其实是工业主义下组织内部矛盾纷争如何解决的关键问题。美国的司徒柴尔（Adolf Sturmthal）在《工业主义和工业人》③ 一文中谈到，人类社会的未来之路就是工业化，尽管对工业社会的看法存在分歧，但都具有一种单调的、郊区遍及的、中等阶级文明的某些方面，其许多特点区别于商业经济、农业经济、狩猎经济或渔业经济。工业主义制度体系下最重要的特点是"工业人分为管理者和被管理者"，其结果必然产生一套复杂的规章制度来管理两个集团之间的关系。④ 这预示着工业主义结构内的分工、分层可能会衍生为一系列矛盾甚至冲突。

那么，工业主义在现代社会生活上是怎样映射的？对社会及文化生

---

① ［英］吉登斯：《现代性与自我认同：现代晚期的自我与社会》，赵旭东、方文译，生活·读书·新知三联书店1998年版，第18页。
② 同上书，第17页。
③ Clark Kerr, John T. Dunlop, Frederick Harbison and Charles A. Myers, *Industrialism and Industrial Man: The Problems of Labor and Management in Economic Growth*. Cambridge, Mass: Harvark University Press, 1960, p. 331.
④ 摘自美国《政治经济学杂志》1961年8月号，定扬译。

活产生了怎样的作用？西美尔在《货币哲学》《时尚的哲学》等著述中进行的描述，意义深远。虽然表面上看货币似乎与工业主义无关，但是，货币却是工业主义结构体系的节点，体系中的任何行动实际上都围绕货币展开。没有货币，就根本无法展开纷繁复杂的现代社会生活。"无孔不入的金钱价值把这张网（由客观的和个人的生活内容编织而成的网）连缀在一起，一如赋予一切事物以生命的能量把自然界联结在一起。能量像货币一样似乎有数不清的千百种形式，但是能量借助其基本本质的统一性及其把任意一种具体形式转化为另一种形式的可能性，使各种形式相互关联起来，使所有形式都互为条件。在对自然过程的理解中，任何偏重情感的解释都已经销声匿迹，被一种客观理智的解释取代。与此类似的是，我们生活世界里的对象及其联系，由于它们组成了日益相互交织的系列，也把情感的介入排除在外。情感沦为智力的对象，只出现在目的论的终点站。"① 货币制造了人类社会生活中虚无的满足，工业主义为此推波助澜、愈演愈烈，直至人们迷失甚至忘却了终极价值。

弗里斯比（David Frisby）评述，"对西美尔而言，现代性以前的发展状况在于货币经济的发展。认为后者而非资本主义，对社会关系的转型和都市生活主要特征的根源负有责任……西美尔对成熟货币经济后果的反思代表了他的现代性分析的内核。"虽然货币不是进入工业社会才产生的，但是只有在工业社会里，货币才以前所未有的速度"繁衍"并使人与人的关系达到了史无前例的一体化。译者陈戎女说，《货币哲学》里描述的文化景观、分析的文化事件大多属于资本主义社会，但，真正使西美尔忧虑的是更普遍意义上的文化问题，或人的在世问题。② 透过看似"碎片化"的生活场景，西美尔展现给世人的是，具有反思性意义的现代工业社会里面人的存在方式，既具有文化监护者的姿态，又具有批判疗救意识。松散中见证整合，悲观—寂静下存在流动与拯救。这让我们不得不去思索：工业主义与社会生活怎么可能被随意肢解？作为文化人形象的西美尔是不是在做着一种悄无声息的努力，其长

---

① ［德］西美尔：《货币哲学》，陈戎女等译，华夏出版社2002年版，第347页。
② 陈戎女："译者导言"，［德］西美尔：《货币哲学》，陈戎女等译，华夏出版社2002年版，第16页。

篇著述的主旨就是渴望能够对现代人的精神有所救赎？

吉登斯将工业主义作为现代性维度之一展开分析，这意味着工业主义在其自身的反省上，即思想文化领域不应简单化约为现代性。总体来说，制度与个体之间是相互连接、相互作用，又互为分隔的统一体。工业主义在制度层面的表现常常是公式化的、理性的、一体化的，然而，它既然创造了统一，就意味着也会酝酿区隔、分化，因此，个体往往在相互联结过程中又呈现为断裂式的单子化、区隔与流变。与传统社会的社会生活相区分，工业主义在社会生活上总体表现仍然复杂、多变，其趋势是流动的、发展的、扩张的。它如同参加竞技场的每个个体，既争相展现自我，又无法逾越竞技规则。

为了承接工业社会这一话题，帕森斯的门徒法国社会学家阿兰·图海纳从"行动社会学"，即行动者、行动和社会运动之间关系这一层面展开研究。他认为，工人运动并不是孤立存在的，而是与特定的学说有关（比如马克思主义）。工人运动一方面为自由、正义和幸福而斗争，同时也是合理性和社会进步的工具。社会行动不是某种境遇的反映，它自身带有内在的逻辑；正如行动主义社会学试图做的那样，社会行动必须包含在自身行动里。工人运动无论采取何种形式都不可能通过社会变化的问题获得答案，但可通过工人意识两大形式中的双向运动和它们的交汇得到解释。工人运动既不是带有普世价值的公正和自由的舆论运动，也不是捍卫政治或经济的一种手段，它的总体目的只是从意识形态上明确其战略。图海纳指明，工人运动是一项社会运动，在所有的工业社会中，它的特殊重要性都来自与他们根基的联系：这个根基就是劳动。同时，图海纳也提出，工人运动不能被视为一种社会类型。对于某一类型的社会，工人运动只有通过斗争才能实现。工人运动也不能与某一政体相联系，因为它仅仅属于工人意识。它的角色也许随着工人意识的演变和所处的特定历史形势而变化。相对于这种境遇，它的角色也许能够被理解，但每个人根据自己的爱好确定一种模式时，它的角色也可能无法被理解。[①] 将图海纳的观点进一步延伸，如果在特定的社会制度

---

① ［法］图海纳：《行动社会学：论工业社会》（1999 年修订版），卞晓平、狄玉明译，社会科学文献出版社 2012 年版，第 240—241 页。

和社会场域之下,即使不会发生牵动社会变迁的工人运动,在历史变迁过程中,工人群体的主体意识、身份、角色、地位等方面也会发生反省与转换,虽然这一角色转换未必被知觉、被理解,但是这一过程终会发生。

面对都市与工业主义之间的关系,国内学者汪民安这样评述:都市,既是现代性的载体,也是其表征、内容和果实;我们可以在相同的意义上说明都市、资本主义和工业主义的关系,工业化促发了都市的成型。它将松散的人口重新配置,使乡村人口在城市驻扎起来,规模性的生产、分配、交换、消费和信贷才有可能。① 正是都市的社会生活特性,制造了个体的单子化问题。这种社会生活的扩展,依据的是工业主义以制度化形式进行。

将"制度""秩序"作为被思考和讨论的对象,进而考虑个体与制度之间的关系,思想家与社会学家一直竭力而为。制度与秩序为什么要被遵循,其承载的(正义)标准是否要重新检讨,人们信任的正义、公平的制度是否能够延续并值得坚守?现存的秩序与期待(可能)的秩序之间距离有多远?个体的行动选择倾向在价值与工具之间能否可以明确区分?依据个体与制度之间的互动关系是否能够确定个体的行动是理性或非理性选择的结果?这些都需要根据具体的社会场域对其分别探讨。学者李猛借助帕森斯的话语体系探讨了"社会的构成——自然法与现代社会理论的基础"② 这一问题。他从社会的起源这一角度探究了"社会何以可能、制度何以可能"的问题。李猛认为,霍布斯开启了一个非常有意义的话题,即社会秩序与行动选择之间的关系问题是人类的永恒主题。但是,具体分析却仁者见仁、智者见智。经验主义者会从功利这一偏好上进行挖掘,认为秩序是行动者暂时达成的妥协,否则就会两败俱伤,如霍布斯即为这样的经验论者。倡导规范论的思想家却从终极价值这一视域出发,将永恒正义的制度与秩序置于个体行动面前,既要探讨制度及秩序的合理性与自足性,又要论及个体的主体性及其权

---

① 汪民安:《步入现代性》,载汪民安等主编:《现代性基本读本》,河南人民出版社2005年版,第10页。
② 李猛:《社会的构成:自然法与现代社会理论的基础》,《中国社会科学》2012年第10期。

利、义务等问题，正如卢梭一直探讨的，社会的本性不但不可以在自身的存在形式上探寻，而且也不能凌驾于个体意志之上。主张行动主体性的理论大师帕森斯却坚持，社会结构及其秩序是行动者主观建构的结果。帕森斯讨论、探索了霍布斯、洛克、马尔萨斯、马克思、达尔文、马歇尔、帕累托、涂尔干与韦伯等的理论观点后，另辟蹊径，建构了行动—结构这一理论体系。学者李猛并没有因为涂尔干对滕尼斯的回应以及帕森斯对霍布斯的批判而妥协于任何一方，相反，他也陷入两难抉择之中："社会学家不仅无缘把握现代社会的最基本和最重要的特征，也最终难以真正理解现代社会中仍然发挥作用或可能重新生根的那些'共同体'，从而注定在传统和现代之间无所适从。"① 这说明了更加开放的理论视野并不会在二分法的路径面前止步，因此可以避免十字路口的尴尬。

工业主义从西方舶来，入驻中国本土，与单位制度相互交融，西方的工业主义理念是否发生了一些变化，如果的确产生了一些变化，那么是怎样发生的？主要表现在哪些方面，下文逐层阐释与分析。

中国国有企业单位的确立与变革其总体特征为，一方面，在形塑单位与个体之间的关系上，它依赖于制度授予、情感动员等模式扩展开来。动员过程凭借情感—语言模式展开行动，同时，将情感—语言模式契入家—国同构体系（具体即为个体—家—单位—国的同构体系，也即为公私合一观念体系）之中，确立了权威话语、权威认同以及制度认同。另一方面，国有企业单位的变革是依赖于国家以市场化为导向、依赖制度推进的改革。当制度变迁进入剥离与松解这一改革攻坚阶段之时，其语言模式开始转化，其中的动员过程隐含在转化话语体系之中，由此，认同唤醒伴随的是主体权利、义务观念的萌发、家—国分立观念的形成。

从表面上看，中国社会面对的似乎皆为制度层面如工业主义、单位制度的改革，但实际上，最根本的表现还是在单位人的种种变化上。因此，单位制度变迁过程中个体与单位之间的互动关系，一方面通过制度

---

① 李猛：《社会的构成：自然法与现代社会理论的基础》，《中国社会科学》2012 年第 10 期。

本身的变革可以反映出来，另一方面还需要透过个体的情感表达——言语（即惯常语言或重复性语言）来反馈。总体上说，中国的社会场域仍然是家—国同构式的，而非分立式的。从前面的访谈中窥见个体与单位之间的关系过程，即凝结—分化—再凝结等形式的显现，这些环节都是在个体、家庭、单位、国家相互关联甚至相互混淆的语境与场域中进行的。正如学者翟学伟所言，中国人的话语分析可以分为两个层面：一是当人们在运用其话语来表达其思想时，这些话语的自身特征（如构词）是否包含了使用话语的人不自觉地把社会建构设想或理解成这样，而不是那样了。翰森（C. Hansen）就曾经发现汉语本身多强调部分—整体模式，名词一般没有可数与不可数之分，这个特点导致中国人在描述事物时也不必将世界描述为由个体组成的，而家族的行为既可以由家庭来解释，也可以经个人来分析。这意味着，在语言和行动中，若以其追求的事功为目标，就会模糊个体、社会（家庭）、组织及国家的界限，而进入"一体化"的语境。二是社会权威人士的知识实践，即福柯所讲的严肃话语的传播和被接受过程。① 福柯话语体系中的严肃性，是指话语实践不是人们的日常语言，而是权威性主体以某种被人接受的方式所说的话，即所谓的"陈述"，一旦一个陈述产生，就会被明确地要求社会成员承认其真理性。② 那么，福柯提出，"谁在说话？在所有说话个体的总体中，谁有充分理由使用这种类型的语言？谁是这种语言的拥有者？谁从这个拥有者那里接受他的特殊性及其特权地位？反过来，他从谁那里接受如果不是真理的保证，至少也是对真理的推测呢？"③ 当单位制度建立后需要人们全力以赴与单位凝结为一体之时，单位多采取的行动是"动员"型，模糊各个主体间界限，并将动员型语言模式化、惯常化，以形构权威话语，其运用的场域经常是不止于单位内部，最终制造了家庭—单位—国家间的联结并模糊化。

---

① 翟学伟：《中国人行动的逻辑》，社会科学文献出版社2001年版，第27—28页。转引自[英]史蒂文·卢克斯《个人主义与集体主义》，载王宾、阿让·热·比松主编《狮在华夏——文化双向认识的策略问题》，中山大学出版社1993年版，第272页。

② 翟学伟：《中国人行动的逻辑》，社会科学文献出版社2001年版，第27页。

③ [法]福柯：《知识考古学》，谢强、马月译，生活·读书·新知三联书店2003年版，第54页。

在社会学意义上，中国社会存在两个传统：一方面，中国的政治、社会、家庭及个人之间的关系不同于其他社会，它们具有连续性和同一性的特点；另一方面，在中国社会被建构的过程中没有宏观与微观的明显划分，只有复制和缩放的制度缩影。尽管社会在复制和缩放过程中，各社会现象之间在贯通时仍会出现许多差异，但作为一种社会的思路就这样被确定下来。① 中国社会的话语分析，语言相对于制度具有一定的稳定性。奥古斯丁说，上帝创世之时不依赖任何质料和工具，仅仅依据"语言（或言语）"就创造了万物与世界。语言背后其意义的稳定性可见一斑。中国社会虽然出现了几次社会变迁，但是，语言的符号结构体系（能指、所指和意指②构成符号结构体积）相对来说具有相当的稳定性。在单位社会之下，语言"意指"的意义在于单位制度社会生活完整的展示而非单一的单位制度或工业主义体系。

西方工业主义结构的扩展意味着家庭经济功能的弱化，经济领域与家庭的区隔。由于工业主义要在差异当中追求效率，公司要戒除特殊标准，父亲们发现，将同类的工作指派给或安排给他们的儿子更困难。③ 而单位制度下的工业主义并没有斩断企业与家庭之间的经济关系，相反，单位制下的工业主义与家庭联结得更为紧密，只不过这种联结是以附属性（如国有经济中的集体经济形式）为其存在形式的。相比较而言，西方工业主义在一定程度上结束了精英垄断知识、技能的阶段。这种工业化主要通过两个关联过程使大众教育的扩展降低了对（高贵）身份的渴望与需求。一方面，当学校而非家庭提供职业训练时，掌握技能的机会通过社会阶层被平均化了。另一方面，当学校再社会化培训那些来自各个社会经济背景的学生时，文化壁垒这种流动性被削弱了，学生们被同样的价值体系所形塑。……工业主义与教育专属权的削减、职业提升相连，并且这些进程重新限制了普遍化获取模式的增长趋势。④

---

① 翟学伟：《中国人行动的逻辑》，社会科学文献出版社 2001 年版，第 30—31 页。
② 能指、所指与意指之间关系，参见［法］罗兰·巴尔特 R. B.《符号学原理》，李幼燕译，中国人民大学出版社 2008 年版，第 25—45 页。
③ David B. Grusky, Industrialization and The Status Attainment Process: The Thesis of Industrialism Reconsidered, *American Sociological Review* 1983, Vol. 48, August: 494 – 506.
④ Ibid. .

由此，知识与身份脱离，并使自身得到普及并下移。而单位制度下的工业主义并没有与精英垄断相联结或断绝，相反，它通过与国家、家庭建立关联使工业化知识普及并得以代代传递。在西方，由于精英主义与工业主义进程既相抗衡又相联结，不断推动工业主义的进展。后工业主义认为，后工业社会增加了教育专属权的扩展。后工业社会的身份维系主张者拒绝那种镶嵌在工业主义主题下的单线进化论观点。这种工业主义的主题可以由某些两难加以详细阐明，即伴随着增加职业角色专属权分配的后工业主义的两难而详细说明。……伴随着高端工业主义的发展，当职业提升减速时，专属资源获取的重要性就凸显出来了，因为前者工作的有限性使竞争激烈起来。除此之外，职业提升降低了身份专属权，像力的相互作用那样，又转换为职业需求迅速削减。所以我们的结论是，教育专属权的削弱和职业提升的局限（后工业主义的主张）可以限制精英管理组织模式的发展，这和工业主义理论的主张正好相反。社会精英会想方设法拉开与普通受教育者的距离。①

在制度与个体之间，在某种意义上是无法继续追问社会或制度变革的意义等问题的，我们面向的只能是制度之下的个体。仅仅就个体的人来说，工业主义本质上给予了个体均等的机遇与恰当的尊重，并尽可能地相应提升其个体技能，因为工业主义进程不允许个体的差异化与落伍；而单位制根底上的身份认同理念与符号意识②，却强调亲情化、特殊性与差异化。实质上当个体的人同时遭遇二者（工业主义与单位制）时，却是竞相背离的两个结果。工业主义的制度为什么能被单位制度所吸收并融合？通过调研我们得出的结论为，一方面，大规模的工业生产领域里面，当生产车间的"设备"与"机器"替代制度执行其命令时，"垂直的""刚"性的制度在人面前暴露无遗。但是，谁有机会、有权利站在机器面前？这需要进行差别化、特殊化处理。因此，工业主义与单位制度之间的交集没有能够持续。这跟西方的工业主义既相契合又相

---

① David B., Grusky, Industrialization And The Status Attainment Process: The Thesis of Industrialism Reconsidered, *American Sociological Review* 1983, Vol. 48, August: 494 – 506.
② 单位制度在形成过程中未必以身份认同为衡量准则，但是在发展过程中形构了根深蒂固的身份观念与符号意识。

分离。西方的工业主义进程是与精英主义教育理念、文化传统相伴随的，这种精英主义观念与贵族身份、血统、文化诉求以及自己的努力紧密相关，当工业主义需要将知识技能大众化、普及化之时，精英主义总是提高自身的身价，拉开与大众的距离，这是与工业主义相抗衡的部分。而中国的单位制度并不必然与精英主义相伴生，但确定与国家制度、单位制度、血缘亲情伦理紧密关联。当国有企业追随西方工业主义的步伐进行改革过程中，"工业主义"其理解存在很大偏差。工业主义并非为一座被建好的高楼大厦，本土企业搬进去即可居住；在中国，工业主义也不是模式与样板，复制其结构与行动就能生存。我们不可以从垂直的管理结构上解读工业主义，更不能打着工业主义的招牌强行推进组织化重塑、抛弃本土企业的良好传统（如人们的集体热情、集体记忆及集体情感，虽然它存在"血缘亲情"式的模仿、复制，但祛除此方式，其集体情结仍然值得推广）。单位制度从工业主义吸纳的不仅是工序管理的数字化、精细化、开放的市场化，更重要的是集体仪式的价值共享、集体合作的情感聚集与愉悦。单位制度向工业主义张开双臂的同时，不能抛弃既有的互动共享的仪式、行动与价值聚集，否则新型集体认同同样面临危机。单位制度吸纳工业主义的精神，是市场、勤勉、职业公共性与自我价值的追求与实现。

由于制度、空间场域不同，市场化不足、管理模式认识上的差异，致使进入后单位制模式的 H 企业并没有领会"工业主义体系"的实质，只是在外围的"垂直管控"上徘徊。由此，新型国有企业的集体认同、单位认同的情感化、认同唤醒、情感疏离等在这样一个场域中形构而成，其改革变迁的结果与目的不同于西方的工业主义。工业主义可能会导致越来越趋于精品化，而对于单位制度而言，如果我们能够挖掘自己已有的优良传统，适时跟随市场化改革，与工业主义找到恰当的结合点，那么中国的单位制度潜力巨大；否则，如果只是追求外在的形式。在中国，工业主义、单位制度双重压力下的后果，即看哪种方式呈显性，哪种方式呈隐性，强势能否保持自己的优势持续下去，对抗弱势。汪和建教授提出，经济社会学不再仅仅强调外部制度环境对组织的影响，而是转向关注组织内行动者的认知与行动在组织变迁中的作用。如果说员工的尊严认知与保护性行动是促进劳动组织治理结构转变的基本动力,那么,具有自觉理性的企业家认知及其包括构建工会和谋求"结构自主性"在内的策略行动则是实现这种转变的关键性力量。① 除此之外,员工的内在精神诉求、自我价值、文化传统及集体认知才是现代企业转型的真正动力源泉。

工业制度不仅具有工业主义工序管理的数字化、精细化、开放的市场化等属性,也存在仪式聚集、集体合作的价值共享性、公众性等特征。单位制度在变迁革新过程中应吸纳精英引领的文化传统,工业主义的共享性、公众性等特征,超越狭隘的血缘伦理,开拓脱域性,以适应时间与空间的分离。改制后国有企业构建的平等主体间契约式的集体认同,完全区别于依附式的、以情感淹没组织的单位认同。新型国有企业与作为制度结构的工业主义相结合,为预防或解决矛盾与冲突的发生,需要进行制度层面上持续的"反思性监控",以化解集体认同危机。货币制造了人类社会生活虚无的满足,工业主义为此推波助澜、个体常常背离终极价值。因此,需要庆典等集体仪式唤醒并重塑职业精神、社会价值。使工业人与企业紧密互动,在个体价值的"自我实现"过程中形塑职业公共性、社会生活共享性。

反省本书的研究,一些问题还需要进一步澄清,也有一些问题亟待进一步扩展。例如,在理论层面,"制度理性(或合理性)"方面的探讨仅仅作为一个理论预设,没有展开追溯,因此不够充实。在经验研究方面,关于对单位制度变迁过程还存在更多更复杂的问题。当单位制度自身转换和变革,其留存的功能仍然延续,如何有效地保留并发挥其合理的功能?在同一代人、代际,其集体认同与单位认同是如何断裂的?影响与后果怎样?我们怎样重拾记忆并推陈出新地转化?组织中的个体在确立合理的主体间性的感知、反省之后,如何从工业人转换为职业人?如何重塑集体观念并增进集体意识的凝结?这才是真正面对的问题。在未来的工业制度中,数字化与人工智能不断扩展,人与人工智能之间、人与人之间的多元联结模式如何共存是不可规避的难题,也具有不可想象的价值与意义。

---

① 汪和建:《尊严,交易转型与劳动组织治理:解读富士康》,《中国社会科学》2014年第1期。

此时，我们思考的是，假如主体反省、认知重构之后，制度空间怎样形塑才能与我们未来的工业人、职业人群体相互呼应、推进社会发展？在人工智能时代，职业人、职业群体与人工智能之间形构为一种新的社会关系，如何建立一种恰当的新的扎根理论研究，以探寻其间的奥秘，值得深入挖掘，这也是未来要做的工作。

附 录

访谈提纲

一 该企业的历史渊源、发展历程以及现在的生存状况

（企业建立、"辉煌"阶段、20世纪90年代中后期改制初期状况）

1. 规章制度是否更加细化？哪些能接受？哪些不能接受？这些规章你认为哪些是针对效率的？哪些是针对管理的？效率在这种规章之下提高了吗？

2. （1）作为企业员工，来自所属企业的"自我"认同感（自我声誉）是否很高？你如何评价自己所在的岗位？如何评价自己？合作伙伴（工友）与企业管理者怎么评价你？

（2）与外群（工作组、车间、部门、其他工厂与企业）相比较，您会以作为这一群体或组织的成员而感到自豪？与他人聊天或自我介绍时，在比较中是否存在组织荣誉感？您的认知、情感、评价与行为如何？

（3）在企业对个体的尊重程度上，您是怎么看的？举例说明。

3. 企业所给予个体的待遇、流动性发展平台等是否有变化？身份与收入是否有变化？

4. 除了遵循正式制度外，您主要的交往群体（人际关系）是哪些？经常的交往行动有哪些？

二 企业的内部结构与成员的变迁，这里主要从企业的结构变迁、员工构成的变化等方面访谈。具体包括：

1. 企业的各个部门分工从不明确到细化，能举一些例子吗？
2. 您认为近几年规章制度是否更加细化？企业组织与个体之间的联结，您认为主要都依赖于什么？
3. 管理人员或技术人员是怎样变化的？人事任免制度是否有变化？您了解其中的变动标准吗？
4. 一线工人是增多了？还是减少了？具体怎样变化的？
5. 每一个部门维持效率和占有资源的竞争性是否加强？
6. 管理层的管理技术是否增强？

三 员工分类访谈

（一）主要领导

1. 厂长与副厂长等对于本企业的"记忆"，如在资源分配上是外部控制还是内部控制？对这种变化有何看法？企业内部管理上，从前的管理方式到现在的管理有什么变化？管理权限是怎样变化的？包括管理技术、管理方式等是否变化？
2. 作为领导，您更关心的是企业的效率？企业的组织与管理？还是员工对于企业的忠诚？员工个体的价值还是团队合作？以及员工与管理部门的冲突？
3. 您能否讲讲与各部门沟通联结的方式？
4. 各个部门经理与员工个体的沟通、互动是否存在？有何困惑？
5. 您认为中国社会主义市场经济体制建立以来，您所在的国有企业遭遇的困境是什么呢？
6. 您觉得哪些行为或事情会意味着您和这个组织是合二为一的？

（二）中层管理人员：总经理或部门经理等

1. 您对本企业的"记忆"是怎样的？从前的管理方式到现在的管理有何变化？包括管理权限、管理技术、管理方式等是否变化？现在的企业与以前的国有企业相比，能否觉得更加关注员工个体的想法？
2. 作为管理者，您更关心的是企业的效率？企业的组织与管理？

还是员工对企业的忠诚？员工个体的价值还是团队合作？员工与管理部门的冲突？

3. 各个部门经理与员工个体是怎样沟通的？有何困惑？

4. 企业给予个体的待遇、流动性发展平台是否有变化？与上级领导、下属员工相比，身份与收入等方面是否感觉到差别？

5. 权威结构在这里能否分解？管理权限、资源支配是否有明确的划分，具体的权力能否分解并下放？

6. 您认为在企业当中要想立足（不仅是占据原有的位置，而且能够向上流动），主要源于有关领导的信任？还是自身创造的一个人际圈子？还是个人的知识、技能？还是企业制度的规范化（如将知识、能力、管理制度化）？还是其他原因？

7. 对于现有的人事任免问题（包括各级管理人员与一线工人），不太合理的地方是什么？您会经常考虑跳槽吗？

8. 规章制度是否更加细化？哪些能接受？哪些不能接受？企业对个体的尊重程度如何？

9. 企业除了正式制度之外，是否存在其他的非正式制度？如人际关系中的"圈子"。

10. 您会从内心把自己当成是这个组织的一员吗？为什么？

11. 哪些事例会让您对这个组织有一种归属感？

12. 您觉得哪些行为或事情会意味着您和这个组织是合二为一的？

（三）班长或车间组长（主任）

1. 您认为在企业当中要想立足（不仅是占据原有的位置，而且能够向上流动），主要源于有关领导的信任？还是自身创造的一个人际圈子？还是个人的知识、技能？还是企业制度的规范化（如将知识、能力、管理制度化）？还是其他原因？

2. 对于现有的人事任免问题（包括各级管理人员与一线工人），不太合理的地方是什么？您会经常考虑跳槽吗？

3. 规章制度是否更加细化？哪些能接受？哪些不能接受？

4. 您认为从制度上企业会经常关注员工的自尊、人际关系、发展平台吗？

5. 企业所给予个体的待遇、流动性发展平台等是否有变化？与上级领导、一线工人相比,身份与收入等方面是否感觉到差别?企业如果不能提供充足的生活费,您会不会考虑从企业外获得?

6. 您会从内心把自己当成是这个组织的一员吗?为什么?

7. 企业的哪些活动或作为会让您对这个组织有一种归属感?

8. 您觉得哪些行为或事情会意味着您和这个组织是合二为一的?

9. 企业除了正式制度之外,是否存在其他的非正式制度?如人际关系中的"圈子"。

10. 当突发事件发生时,您在选择策略时都考虑哪些因素?

(四)一线工人

1. 企业所给予个体的待遇、流动性发展平台等是否有变化?企业如果不能提供充足的生活费,您会不会考虑从企业外获得?

2. 您在加班劳动过程中觉得有目标吗?比如为了完成一期的任务?为了获得奖金?为了晋级?还是在乎企业的制度规范?参考了别人的做法(大多数人都这么做的)?在乎上级的权威?

3. 有矛盾时,您会从众,还是服从权威?

4. 您认为在企业当中要想立足(不仅是占据原有的位置,而且能够向上流动),主要源于有关领导的信任?还是自身创造的一个人际圈子?还是个人的知识、技能?还是企业制度的规范化(如将知识、能力、管理制度化)?还是其他原因?

5. 对于现有的人事任免制度(包括各级管理人员与一线工人),不太合理的地方是什么?您会经常考虑跳槽吗?

6. 您认为从制度上与人际关系上企业会经常关注员工的自尊、人际关系、发展平台吗?企业的规章制度是否严格?能接受的是哪些?不能接受的是哪些?其他非正式制度如人际关系中的"圈子"您怎么看?

7. 您会从内心把自己当成是这个组织的一员吗?为什么?你对自己身份的认定是(比如外界问你是哪个单位的?):中华人民共和国公民?J 市人?SY 行业的人?H 企业的职工?XX 厂的职工?X 家人?其他。

8. 哪些事例或行动会让您对这个组织有一种归属感?

9. 您觉得哪些行为或事情会意味着您和这个组织是合二为一的?

10. 疗养、年假、工龄假、婚期假、年终奖金等福利与待遇有什么变化？

11. 上级管理部门下派任务时，是直接按照规章制度下派吗？

（五）特定群体访谈

"40后"—"50后"员工群体代表：

1. 对于本企业的"记忆"是怎样的？如从前的管理方式到现在的管理有什么变化？管理权限、管理技术、管理方式等是否有变化？

2. 领导更关心的是企业的效率？企业的组织与管理？还是员工对于企业的忠诚？员工个体的价值还是团队合作？员工与管理部门的冲突？

3. 您能否讲讲与各部门沟通联结的方式、次数与结果等方面的问题？

4. 各个部门经理与员工个体的沟通、互动是否存在？有何困惑？

5. 规章制度是否更加细化？哪些能接受？哪些不能接受？在企业对个体的尊重程度上能讲一下事例吗？

6. 企业所给予个体的待遇、流动性发展平台等是否有变化？

7. 企业除了正式制度之外，是否存在其他的非正式制度？如人际关系中的"圈子"。

8. 中国社会主义市场经济体制建立以来，您所在的国有企业遭遇的困境是什么呢？

9. 您觉得哪些行为或事情会意味着您和这个组织是合二为一的？

"60后"—"70后"员工群体代表：

1. 对于本企业的"记忆"，如从前的管理方式到现在的管理为什么变化？管理权限是否变化？管理技术、管理方式等是否变化？

2. 领导更关心的是企业的效率？企业的组织与管理？还是员工对于企业的忠诚？员工个体的价值还是团队合作？员工与管理部门的冲突？

3. 您能否讲讲与各部门沟通联结的方式？

4. 各个部门经理与员工个体的沟通、互动是否存在？有何困惑？

5. 规章制度是否更加细化？哪些能接受？哪些不能接受？企业与个体之间的联结与互动主要是什么？

6. 企业所给予个体的待遇、流动性发展平台等是否有变化？

7. 您认为与退休返聘的老工人接触较多吗？具体接触较多的是哪个群体？是否能经常见到公司领导？

8. 您认为中国社会主义市场经济体制建立以来，您所在的国有企业遭遇的困境是什么呢？

9. 您觉得哪些行为或事情会意味着您和这个组织是合二为一的？

"80后"员工群体代表：

1. 您对本企业的"记忆"（其实为认同考察）有哪些？从前的管理方式到现在的管理有哪些变化？包括管理权限、管理技术、管理方式等是否有变化？

2. 领导更关心的是企业的效率？企业的组织与管理？还是员工对于企业的忠诚？员工个体的价值还是团队合作？员工与管理部门的冲突？

3. 您能否讲讲与各部门沟通联结的方式？

4. 各个部门经理与员工个体的沟通、互动是否存在？有何困惑？

5. 规章制度是否更加细化？哪些能接受？哪些不能接受？请在企业对个体的尊重程度上讲一些事例。

6. 企业所给予个体的待遇、流动性发展平台等是否有变化？

7. 您认为与退休返聘的老工人关系是怎样的？与"60后""70后"的关系怎样相处？是否能经常见到公司领导？与他们沟通的次数多不多？与领导的关系好处还是与工人的关系好处？举例说明。

8. 中国社会主义市场经济体制建立以来，您所在的国有企业遭遇的困境是什么呢？

9. 您觉得哪些行为或事情会意味着您和这个组织是合二为一的？

四　补充问卷

1. 您愿意参加企业的运动会、纪念仪式、表彰大会、技能竞赛等集体活动吗？管理者是否关注这类话题？

2. 与其他员工相比，您觉得自己的收入高吗？您对企业印象最深的是什么，举例说明。

3. 您对企业制度变迁、管理方式的主要印象是什么？

4. 您认为企业在整个发展历程上，是作为一个组织存在还是作为一个集体存在？抑或二者兼具？

调查问卷[①]

问卷编号_____

（企业厂级）部门编号_____

一、调查地点

_____城市_____区_____街道

_____社区_____厂（部门）

二、调查时间

1. 开始时间：　　年　　月　　日

2. 结束时间：　　年　　月　　日

三、在访谈中，是否有第三者参加和影响整个访谈过程？是_____否_____

四、调查员姓名_____

五、被访者回答内容：

1. 性别：_____年龄：_____

2. 文化程度：

①博士_____②硕士_____③本科_____

④大专_____⑤高中_____⑥初中_____⑦小学_____

3. 起始工作时间（在本厂）：

4. 婚姻状况：①未婚　　　②已婚

[①] 注：此问卷部分参考了李汉林等著述的《组织变迁的社会过程：以社会团结为视角》中的问卷设计，因其信效度较高，跟本研究主题又接近，故采纳该问卷，采纳时有调整。参李汉林等著：《组织变迁的社会过程：以社会团结为视角》，中国出版集团、东方出版中心2006年版，第255—264页。

5. 您每月的收入

①2000 元以下_____ ②2000—3000 元_____

③3000—4000 元_____ ④4000—5000 元_____

⑤5000—6000 元_____ ⑥6000—7000 元_____

⑦7000—8000 元_____ ⑧8000—10000 元_____

⑨10000 元以上_____ ⑩（年薪）_____

6. 您的政治面貌：①党员_____ ②团员_____ ③民主党派_____ ④群众_____

7. 您单位的类型是：①国有企业_____ ②私营企业_____ ③行政单位（事业单位）_____

8. 您工作单位的所有制现在是_____是否发生过变化_____在什么时间变化的_____

9. 您的行政职务相当于

①司局级以上_____②处级（含副处）_____③科级（含副科）_____④科员及科员以下_____

10. 您的技术职称是或相当于

①高级（相当于副教授以上）_____②中级（相当于讲师）_____③初级（相当于助教）_____④未定级_____⑤非专业技术人员_____

11. 您的技术等级是或相当于

①技师以上_____②高级_____③中级_____④初级及以下_____⑤未定级_____

12. 如果整个单位由上到下分为十层，第一层代表最低，第十层代表最高，您认为您的收入在单位中属于第_____层，单位中的地位（权力、声望、影响力、号召力）属于第_____层。

13. 下列问题，你和你十年以前的情况相比怎么样（以 2002 年为界）？

	好多了	好一些	无变化	差一些	差多了
1. 经济收入					
2. 银行存款					

续表

	好多了	好一些	无变化	差一些	差多了
3. 消费水平和能力					
4. 工作环境					
5. 住房条件					
6. 生活条件					
7. 社会条件					
8. 社会地位					
9. 医疗保障					
10. 发展空间与机会					
11. 对个体的尊重包括疗养、假期等					
12. 总体状况					

14. 作为企业员工，来自所属企业的"自我"认同感（自我声誉）是否很高？（即你在所属企业是否占有一个别人代替不了的位置？或者说工友与企业管理者都认为你很行？）

很高　1　2　3　4　5　　很低

15. 与外群（工作组、车间、部门、其他工厂与企业）相比较，您的社会身份评价如何？即是否以作为这一群体或组织的成员而感到自豪？与他人聊天或自我介绍时，在比较中是否存在组织荣誉感？

很强　1　2　3　4　5　　很差

16. 企业所给予个体的待遇、流动性发展平台等是否有变化？

很大　1　2　3　4　5　　没变化

17. 与上级领导相比，身份与收入等方面是否感觉到等级化的差别？是否突出？

很突出　1　2　3　4　5　　没差别

18. 企业如果不能提供充足的生活费，您会不会考虑从企业外获得？

特别想　1　2　3　4　5　　不想

19. 单位内一些基本问题的判断:
（1）我觉得我们厂的经济绩效还可以

　　　　　　　　十分认同　1　2　3　4　5　十分不认同

（2）我觉得我们厂的制度绩效还可以

　　　　　　　　十分认同　1　2　3　4　5　十分不认同

（3）我能感觉到我们厂有确定的文化目标与价值尺度

　　　　　　　　十分认同　1　2　3　4　5　十分不认同

（4）在很多时候，我都以作为我们厂的一名员工而感到骄傲，它给了我一定的归属感

　　　　　　　　十分认同　1　2　3　4　5　十分不认同

（5）我觉得我们厂的价值规范比较合理

　　　　　　　　十分认同　1　2　3　4　5　十分不认同

（6）在单位里工作，我感到

　　　　　　　　　很开心　1　2　3　4　5　　极不开心

（7）就个人来说，我的自我价值在该厂能够实现，而且我对自己在单位中将来的发展

　　　　　　　　十分乐观　1　2　3　4　5　　十分悲观

（8）我们领导总是首先为大家，然后为自己

　　　　　　　　十分赞同　1　2　3　4　5　十分不赞同

（9）在很多问题上，我对我的领导很信任

　　　　　　　　十分赞同　1　2　3　4　5　十分不赞同

（10）在很多问题上，我的领导对我很信任

　　　　　　　　十分赞同　1　2　3　4　5　十分不赞同

（11）在很多问题上，我对单位的制度很信任

　　　　　　　　十分赞同　1　2　3　4　5　十分不赞同

（12）在很多问题上，我对单位的人际关系很信任

　　　　　　　　十分赞同　1　2　3　4　5　十分不赞同

（13）在很多问题上，我对我的同事很信任

　　　　　　　　十分赞同　1　2　3　4　5　十分不赞同

（14）在很多问题上，我的同事对我很信任

　　　　　　　　十分赞同　1　2　3　4　5　十分不赞同

（15）总的来说，我对我们单位领导

很信任 1 2 3 4 5　很不信任

（16）我觉得我们领导的能力和号召力（包括为企业争取的资源以及在企业的效率提高方面）

很强 1 2 3 4 5　很差

（17）我觉得我们领导在分配资源和处理问题上

很公平 1 2 3 4 5　很不公平

（18）单位的发展与我个人的发展与利益

息息相关 1 2 3 4 5　毫不相关

（19）单位领导对单位中的是非的判断

十分清楚 1 2 3 4 5　十分模糊

20. 根据您的工作能力以及您所付出的劳动，您对您目前下列的状况是否感到满意

	1. 很满意	2. 很不满意	3. 一般	4. 不满意	5. 很不满意
1. 经济收入					
2. 银行存款					
3. 消费水平和能力					
4. 工作环境					
5. 住房条件					
6. 生活条件					
7. 社会条件					
8. 社会地位					
9. 医疗保障					
10. 发展空间与机会					
11. 对个体的尊重包括疗养、假期等					
12. 总体状况					

21. 在下列问题上，你觉得你与单位内的其他人相比怎样？

	1. 很高	2. 偏高	3. 差不多	4. 偏低	5. 很低
1. 经济收入					
2. 银行存款					
3. 消费水平和能力					
4. 工作环境					
5. 居住状况					
6. 生活条件					
7. 社会条件					
8. 社会地位					
9. 医疗保障					
10. 发展空间与机会					
11. 对个体的尊重包括疗养、假期等					
12. 权利状况					
13. 权力					
14. 总体状况					

22. 总体而言，根据您的教育水平、工作能力以及为单位的贡献，您对您目前下列的状况是否感到满意？

	很满意	还算满意	一般	不满意	很不满意
①您目前在单位获得的经济收入	1	2	3	4	5
②您目前的劳保福利和医疗状况	1	2	3	4	5
③您目前在单位的受尊重程度	1	2	3	4	5
④您目前在单位的身份与地位	1	2	3	4	5

23. 您对以下看法是否赞同?

	完全赞同	部分不赞同	完全不赞同	赞同	不赞同
（1）我的工作能力经常得到领导的肯定和赞扬。	1	2	3	4	5
（2）我的工作能力经常得到同事的肯定。	1	2	3	4	5
（3）当工作上遇到困难时，我总能得到大家的支持和帮助。	1	2	3	4	5
（4）我在工作中经常受到不公正的待遇。	1	2	3	4	5
（5）我的领导经常能跟我见个面，聊一会儿。	1	2	3	4	5
（6）在我的工作历程里，我很少被提职提薪。	1	2	3	4	5
（7）我的工作不稳定。	1	2	3	4	5
（8）我经常积极参与单位中的一些事务。	1	2	3	4	5
（9）决策和改革是上面和领导的事，老百姓管也无用。	1	2	3	4	5
（10）我目前的工作地位和我的教育程度和水平相适应。	1	2	3	4	5
（11）我在工作中的付出和努力能得到相应的荣誉和承认。	1	2	3	4	5
（12）我的工资和报酬与我在工作中的付出和能力相适应。	1	2	3	4	5

（13）如果我未能解决好工作上的问题，我会很不高兴。	1	2	3	4	5
（14）如果工作得不到相应的承认，我会感到很难受。	1	2	3	4	5
（15）目前人们在社会上很难找到自己所信赖的朋友。	1	2	3	4	5
（16）当一天和尚撞一天钟，过一天算一天。	1	2	3	4	5
（17）对将来没太多想法，这个工作干一辈子也行。	1	2	3	4	5
（18）对自己与自家的事管好就行了，至于其他的也管不了。	1	2	3	4	5

24. 您在加班劳动过程中觉得有目标吗？

①为了完成一期的任务②为了获得奖金③为了晋升④在乎企业的制度规范⑤参考了别人的做法（大多数人都这么做的）⑥在乎上级的权威

25. 有矛盾时，您会①从众沉默②看情况再说③参与集体反映④服从权威与默认这种规章

26. 您认为在企业当中要想立足（不仅是占据原有的位置，而且能够向上流动），主要源于①有关领导的信任②自身创造的一个人际圈子③个人的知识、技能④企业制度的规范化（如将知识、能力、管理制度化）⑤其他原因

27. 上级管理部门下派任务时，①是直接按照规章制度下派②领导根据自己的面子③依赖与员工的情感关系下派④其他

28. 对于现有的人事任免问题（包括各级管理人员与一线工人），不太合理的地方是什么？您会经常考虑跳槽吗？

29. 您认为从制度上与人际关系上企业会经常关注员工的自尊、人际关系、发展平台吗？企业的规章制度是否严格？能接受的是哪些？不能接受的是哪些？其他非正式制度如人际关系中的"圈子"您怎么看？

30. 企业的内部结构与成员的变迁。这里主要从企业的结构变迁、员工构成的变化等考察。

注：从中能否发现单位制度变迁过程中如下特征？

（1）企业的各个部门分工从不明确到细化？

（2）规章制度是否更加细化？企业对个体的尊重程度？

（3）如管理人员或技术人员是否增多？

（4）一线工人是增多还是减少？

（5）人事任免制度是否变化？

（6）每一个部门维持效率和占有资源的竞争性是否加强？

（7）企业除了正式制度之外，是否存在其他的非正式制度？如人际关系中的"圈子"。

（8）管理层的管理技术是否增强？

31. 您经常的社会联系与交往调查

编号	1.姓名（或人名代号）	2.职业	3.性别	4.年龄	5.关系	6.认识多长时间	7.对关系的深入定义	8.相互联系的频率	9.能否说心里话	10.你给过他实际帮助	11.你得到过他的实际帮助	12.你给过他精神上的支持	13.你得到过他精神上的支持	14.有困难时你会找他吗
1														
2														
3														
4														
5														
6														
7														
8														
9														
10														
11														
12														

随便说几位您经常联系和交往的人：

（1）首先，说一说他（她）们的名字。
（2）他们所从事的职业。
（3）他们的性别。
（4）他们的年龄。
（5）他们与您本人的关系。（选序号）

1. 单位内的同事 2. 单位内的朋友 3. 单位内的领导 4. 单位外的熟人 5. 单位外的朋友 6. 亲戚 7. 邻居 8. 同学 9. 老乡

（6）你们认识多长时间了？　　　　　年　　　　月
（7）请你再根据你的感觉描述以下你们的关系（选序号）

1. 业务上的朋友 2. 非业务上的朋友 3. 有业务关系的亲戚 4. 无业务关系的亲戚 5. 管我的领导 6. 被我管的同事

（8）你们之间多长时间联系一次

1. 每天 2. 每周多次 3. 每周一次 4. 每月多次 5. 每月一次 6. 每年多次 7. 每年一次 8. 一年以上联系一次

（9）你们在一起的时候能说心里话吗？
A. 能说　　　　B. 不能说　　　　C. 不知道
（10）你曾经给过他（她）实际的帮助吗？
A. 给过　　　　B. 没给过　　　　C. 不知道
（11）你曾经得到过他（她）实际的帮助吗？
A. 得到过　　　B. 没有得到过　　C. 不知道
（12）你曾经给过他精神上的支持和安慰吗？
A. 给过　　　　B. 没给过　　　　C. 不知道
（13）你曾经得到过他精神上的支持和安慰吗？
A. 得到过　　　B. 没有得到过　　C. 不知道
（14）如果你遇到问题或有困难时，会去找他吗？
A. 会　　　　　B. 不会　　　　　C. 不知道

参考文献

(一) 企业档案资料类

H 企业史志编撰委员会：《H 企业志》(1938—1988)，J 省资料准印证（第 9103090 号），1993 年版。

H 企业史志编撰委员会：《H 企业志》(1989—2010)，J 省资料性出版物（第 02201403030 号），2011 年版。

《H 企业记忆：党和国家领导人关怀 H 企业记述（一）》（纪念 H 企业开工建设 60 周年系列丛书），2014 年版。

《H 企业记忆：公司领导及老同志回忆录（二）》（纪念 H 企业开工建设 60 周年系列丛书），2014 年版。

《H 企业记忆：英模回忆录（三）》（纪念 H 企业开工建设 60 周年系列丛书），2014 年版。

《H 企业记忆：科技工作者回忆录（四）》（纪念 H 企业开工建设 60 周年系列丛书），2014 年版。

《H 企业记忆：主要生产装置形象纪略（五）》（纪念 H 企业开工建设 60 周年系列丛书），2014 年版。

《H 企业记忆：文学作品选（六）》（纪念 H 企业开工建设 60 周年系列丛书），2014 年版。

《H 企业记忆：书画摄影作品集（七）》（纪念 H 企业开工建设 60 周年系列丛书），2014 年版。

中国有企业业联合会、中国有企业业家协会：《"H 企业经验"研究》，2014 年版。

（二）专著、编著、学位论文类

金耀基：《从传统到现代》，中国人民大学出版社1999年版。

刘爱玉：《选择：国有企业变革与工人生存行动》，社会科学文献出版社2005年版。

梁漱溟：《中国文化要义》，上海人民出版社2005年版。

麻国庆：《家与中国社会结构》，文物出版社1999年版。

宓小雄：《构建新的认同：市场转型期国有企业的劳动控制》，社会科学文献出版社2007年版。

涂肇庆、林益民主编：《改革开放与中国社会：西方社会学文献述评》，牛津大学出版社1999年版。

田毅鹏、吕方：《单位共同体的变迁与城市社区重建》，中央编译出版社2014年版。

田毅鹏：《重回单位研究——中外单位研究回视与展望》，社会科学文献出版社2015年版。

汪民安等：《现代性基本读本》，河南人民出版社2005年版。

王彦斌：《管理中的组织认同：理论建构及对转型期中国国有企业的实证分析》，人民出版社2004年版。

王彦斌：《中国组织认同》，社会科学文献出版社2012年版。

张静：《个人与公共：两种关系的混合变形，社会冲突的结构性来源》，社会科学文献出版社2012年版。

翟学伟：《中国人行动的逻辑》，社会科学文献出版社2001年版。

王庆明：《身份产权变革——关于东北某国有企业产权变革过程的一种解释》，博士学位论文，吉林大学，2011年。

[美] 卞历南著译：《制度变迁的逻辑：中国现代国营企业制度之形成》，浙江大学出版社2011年版。

[加] 查尔斯·泰勒：《自我的根源：现代认同的形成》，韩震等译，译林出版社2001年版。

[法] 福柯：《必须保卫社会》，钱翰译，上海人民出版社1999年版。

[法] 福柯：《知识考古学》，谢强、马月译，生活·读书·新知三联书店2003年版。

[美] 华尔德：《共产党社会的新传统主义》，龚小夏译，牛津大学出版

社 1996 年版。

［德］哈贝马斯：《交往行为理论：行为合理性与社会合理化》，曹卫东译，上海人民出版社 2004 年版。

［德］海德格尔：《存在与时间》，陈嘉映、王庆节合译，生活·读书·新知三联书店 1987 年版。

［日］沟口雄三：《中国的公与私》，郑静译，生活·读书·新知三联书店 2011 年版。

［英］吉登斯：《现代性与自我认同：现代晚期的自我与社会》，赵旭东、方文译，生活·读书·新知三联书店 1998 年版。

［英］吉登斯：《资本主义与现代社会理论：对马克思、涂尔干和韦伯著作的分析》，郭忠华、潘华凌译，上海译文出版社 2007 年版。

［美］兰德尔·柯林斯：《互动仪式链》，林聚任等译，商务印书馆 2009 年版。

［美］劳伦斯·纽曼：《社会研究方法：定性和定量的取向》，郝大海译，中国人民大学出版社 2007 年版。

［美］鲁宾 Rubin, H. J.、鲁宾 Rubin, I. S.：《质性访谈方法：聆听与提问的艺术》，卢晖临等译，重庆大学出版社 2010 年版。

［法］罗兰·巴尔特·R. B.：《符号学原理》，李幼蒸译，生活·读书·新知三联书店 1988 年版。

［德］马克思、恩格斯：《马克思恩格斯全集》（第 23 卷），人民出版社 1972 年版。

［美］曼纽尔·卡斯特：《认同的力量》，夏铸九等译，社会科学文献出版社 2003 年版。

［美］诺贝特·埃利亚斯：《文明的进程》，王佩莉译，三联书店 1999 年版。

［德］齐美尔：《货币哲学》，许泽民译，贵州出版集团、贵州人民出版社 2009 年版。

［英］齐格蒙特·鲍曼：《通过社会学去思考》，高华等译，社会科学文献出版社 2004 年版。

［美］特纳、丝戴兹：《情感社会学》，孙俊才、文军译，上海人民出版社 2007 年版。

[美] 特纳：《人类情感——社会学的理论》，孙俊才、文军译，东方出版社 2009 年版。

[法] 图海纳：《行动社会学：论工业社会》（1999 年修订版），卞晓平、狄玉明译，社会科学文献出版社 2012 年版。

[法] 涂尔干：《孟德斯鸠与卢梭》，李鲁宁等译，上海人民出版社 2003 年版。

[法] 涂尔干：《社会分工论》，渠东译，生活·读书·新知三联书店 2000 年版。

[法] 涂尔干：《宗教生活的基本形式》，渠东、汲喆译，上海人民出版社 1999 年版。

[法] 涂尔干：《职业伦理与公民道德》，渠东等译，上海人民出版社 2000 年版。

[日] 尾形勇：《中国古代的家与"国家"》，张鹤泉译，中华书局 2010 年版。

[德] 西美尔：《货币哲学》，陈戎女等译，华夏出版社 2002 年版。

[德] 西美尔：《时尚的哲学》，费勇等译，文化艺术出版社 2001 年版。

[美] 约瑟夫·熊彼特：《经济发展理论——对于利润、资本、信贷、利息和经济周期的考察》，何畏等译，商务印书馆 1990 年版。

[美] 詹姆斯·S. 科尔曼：《社会理论的基础》（上下册），邓方译，社会科学文献出版社 1999 年版。

[日] 佐佐木毅、金泰昌：《公与私的思想史》，刘文柱译，人民出版社 2009 年版。

（三）学术期刊、电视网络信息类

艾娟、汪新建：《集体记忆：研究群体认同的新路径》，《新疆社会科学》2011 年第 2 期。

陈涛：《人造社会，抑或自然社会——涂尔干对社会契约论的批判》，《社会学研究》2013 年第 3 期。

成伯清：《没有激情的时代？——读赫希曼的〈激情与利益〉》，《社会学研究》2009 年第 4 期。

付诚：《国家与社会关系视角下的社会管理体制创新：集体认同的变迁与重构》，《社会科学战线》2012 年第 11 期。

郭台辉:《公民身份认同:一个新研究领域的形成理路》,《社会》2013年第5期。

金太军、姚虎:《国家认同:全球化视野下的结构性分析》,《中国社会科学》2014年第6期。

黄岩:《国有企业改制中的工人集体行动的解释框架:以西北某省X市H纺织公司的一场抗争为例》,《公共管理学报》2005年第4期。

李钘金:《车间政治与下岗名单的确定:以东北的两家国有工厂为例》,《社会学研究》2003年第6期。

李静君:《中国持久的不平等:革命的遗留问题与改革陷阱》(上),《国外理论动态》2011年第9期。

李路路:《单位制的变迁与研究》,《吉林大学社会科学学报》2013年第1期。

李猛:《社会的构成:自然法与现代社会理论的基础》,《中国社会科学》2012年第10期。

梁捷:《以情感建立企业认同》,《21世纪商业评论》2007年第6期。

路风:《单位:一种特殊的社会组织形式》,《中国社会科学》1989年第1期。

刘爱玉:《国有企业制度变革过程中工人的行动选择:一项关于无集体行动的经验研究》,《社会学研究》2003年第6期。

刘能:《怨恨解释、动员结构和理性选择——有关中国都市地区集体行动发生可能性的分析》,《开放时代》2004年第4期。

刘平、王汉生、张笑会:《变动的单位制与体制的分化——以限制介入性大型国有企业为例》,《社会学研究》2008年第3期。

闵学勤:《社区认同的缺失与仿企业化建构》,《南京社会科学》2008年第9期。

马珂:《哈贝马斯集体认同理论的发展及其对中国的意义》,《学术探索》2007年第5期。

满永、葛玲:《单位制与城市社会整合研究:以20世纪50年代为背景的分析》,《唯实》2008年第8期。

裴宜理:《重访中国革命:以情感的模式》,《中国学术》2001年第4期。

祈建华：《国有企业备忘录》，CCTV2 电视专栏，http://jingji.cntv.cn/special/guoqibeiwanglu/index.shtml。

苏雪梅、葛建华：《组织认同理论研究述评与展望》，《南大商学评论》2007 年第 4 期。

田毅鹏：《单位制度变迁与集体认同的重构》，《江海学刊》2007 年第 1 期。

田毅鹏、汤道化：《转型期单位内部个人与组织关系的变迁及其影响》，《吉林大学社会科学学报》2012 年第 6 期。

童世骏：《政治文化和现代社会的集体认同——读哈贝马斯近著两种》，《当代国外马克思主义评论》2000 年第 7 期。

佟新：《延续的社会主义文化传统：一起国有企业工人集体行动的个案分析》，《社会学研究》2006 年第 1 期。

汪和建：《新经济社会学的中国研究》，《南京大学学报》（哲学·人文科学·社会科学版）2000 年第 2 期。

汪和建：《自我行动的逻辑：理解"新传统主义"与中国单位组织的真实的社会建构》，《社会》2006 年第 3 期。

汪和建：《尊严，交易转型与劳动组织治理：解读富士康》，《中国社会科学》2014 年第 1 期。

王伟、武中哲、成锡军：《国内学术界关于"单位制"的研究综述》，《发展论坛》2001 年第 3 期。

王鹏、侯钧生：《情感社会学：研究的现状与趋势》，《社会》2005 年第 4 期。

王伟、武中哲、成锡军：《国内学术界关于"单位制"的研究综述》，《发展论坛》2001 年第 3 期。

魏万磊：《情感与认同——政治心理学的孪生子》，《江西科技师范大学学报》2012 年第 6 期。

喻琰：《单位制传统下的当代企业组织认同研究》，《企业天地》2011 年第 8 期。

姚德薇：《论社会认同研究的多学科流变及其启示》，《学术界》2010 年第 8 期。

杨东、吴晓蓉：《疏离感研究的进展及理论构建》，《心理科学进展》

2002 年第 1 期。

詹小美、王仕民：《文化认同视域下的政治认同》，《中国社会科学》2013 年第 9 期。

张晓溪：《认同唤醒视角下的单位认同研究》，《学习与探索》2015 年第 6 期。

周雪光：《关系产权：产权制度的一个社会学解释》，《社会学研究》2005 年第 2 期。

周晓虹：《认同理论：社会学与心理学的分析路径》，《社会科学》2008 年第 4 期。

周雪光：《制度是如何思维的》，《读书》2001 年第 4 期。

［美］司徒柴尔（Adolf Sturmthal）：《工业主义和工业人》，定扬译，《美国政治经济学杂志》1961 年 8 月号。

（四）外文文献

Andrew G. Walder, "Elite Opportunity in Transitional Economies", *American Sociological Review*, 68 (6), 2003.

Andrew G. Walder, "Organized Dependence and Culture of Authority in Chinese Industry", *Journal of Asian Studies*, 43 (1), 1983.

Cheung, Ngan – Pun Ngai, "Training to raise unemployed youth's work commitment in Tianjin", *Children and Youth Services Review*, 32 (2), 2009.

Douglas, Mary Tew, *How Institutions Think*, Syracuse University Press, 1986.

Durkheim, *The Rules of Sociological Method*, translated by W. D. Halls. London and Bsingstoke: The Macmillan Press, 1982.

Efraty., D., Sirgy, M. J. and Claiborne, C. B., "The effects of personal alienation on organizational identification: A quality – of – work – life model", *Journal of Business and Psychology*, (6) 1991.

Jurgen Habermas, *Legitimation Crisis*, translated by Thomas McCarthy, Polity Press 1988, Reprinted 1992.

Jürgen Habermas, *Communication and Evolution of Society*, Translated and with an Introduction by Thomas McCarthy, Beacon Press, Boston,

1979.

J. C. Sarros, G. A. Tanewski, R. P. Winter, J. C. Santora, I. L. Densten, "Work Alienation and Organizational Leadership", *British Journal of Management*, 13 (4), 2003.

Lee C K., "The transformation politics of Chinese working class1", *China Quarerly*, (2) 1999.

Lee Ching Kwan, "The Labor Politics of Market Socialism: Collective Inaction and Class Experiences among State Workers in Guangzhou", *Modern China*, Volume 24, Issue 1 (Jan.), 1998.

Moshe Banai, William D. Reiselb, Tahira M. Probstc, "A managerial and personal control model: predictions of work alienation and organizational commitment in Hungary", *Journal of International Managemen*, 10 (3), 2004.

Nisha Nair, Neharika Vohra, "The concept of alienation: towards conceptual clarity", *International Journal of Organizational Analysis*, 20 (1), 2012.

Nisha Nair, Neharika Vohra, "An exploration of factors predicting work alienation of knowledge workers", *Management Decision*, 48 (4), 2010.

Weber Max, "*Economy and Society: An Outline of Interpretive Sociology*", Edited by Guenther Roth and Claus Wittich, University of California Press, Berkeley and Los Angeles London, 1978.